VISON

LET LIFE REJOICE VISON

発刊の想《おも》い。

これからの世代のみんなが、
日本中と交流をするためには、
「デザインの目線」がとても
重要になっていくと考えます。
それは、長く続いていくであろう
本質を持ったものを見極め、
わかりやすく、楽しく工夫を感じる創意です。
人口の多い都市が発信する
流行も含めたものではなく、
土着的でも、その中に秘められた「個性」——
それらを手がかりとして、
具体的にその土地へ行くための
「デザインの目線」を持った観光ガイドが今、
必要と考え、47都道府県を一冊一冊、
同等に同じ項目で取材・編集し、
各号同程度のページ数で発刊していきます。

d design travel
発行人　ナガオカケンメイ

problems, we will point out the problems while recommending it.
- The businesses we recommend will not have editorial influence. Their only role in the publications will be fact checking.
- We will only pick up things deemed enduring from the "long life design" perspective.
- We will not enhance photographs by using special lenses. We will capture things as they are.
- We will maintain a relationship with the places and people we pick up after the publication of the guidebook in which they are featured.

Our selection criteria:
- The business or product is uniquely local.
- The business or product communicates an important local message.
- The business or product is operated or produced by local people.
- The product or services are reasonably priced.
- The business or product is innovatively designed.

Kenmei Nagaoka
Founder, d design travel

編集の考え方。

・必ず自費でまず利用すること。実際に泊まり、食事し、買って、確かめること。
・感動しないものは取り上げないこと。本音で、自分の言葉で書くこと。
・問題があっても、素晴らしければ、問題を指摘しながら薦めること。
・取材相手の原稿チェックは、事実確認だけにとどめること。
・ロングライフデザインの視点で、長く続くものだけを取り上げること。
・写真撮影は特殊レンズを使って誇張しない。ありのままを撮ること。
・取り上げた場所や人とは、発刊後も継続的に交流を持つこと。

取材対象選定の考え方。

・その土地らしいこと。
・その土地の大切なメッセージを伝えていること。
・その土地の人がやっていること。
・価格が手頃であること。
・デザインの工夫があること。

SIGHTS
その土地を知る
To know the region

CAFES
その土地でお茶をする
お酒を飲む
To have tea
To have a drink

RESTAURANTS
その土地で食事する
To eat

HOTELS
その土地に泊まる
To stay

SHOPS
その土地らしい買物
To buy regional goods

PEOPLE
その土地のキーマン
To meet key persons

A Few Thoughts Regarding the Publication of This Series

I believe that a "design perspective" will become extremely important for future generations, and indeed people of all generations, to interact with all areas of Japan. By "design perspective," I mean an imagination, which discerns what has substance and will endure, and allows users to easily understand and enjoy innovations. I feel that now, more than ever, a new kind of guidebook with a "design perspective" is needed. Therefore, we will publish a guide to each of Japan's 47 prefectures. The guidebooks will be composed, researched, and edited identically and be similar in volume.

Our editorial concept:

- Any business or product we recommend will first have been purchased or used at the researchers' own expense. That is to say, the writers have all actually spent the night in at the inns, eaten at the restaurants, and purchased the products they recommend.
- We will not recommend something unless it moves us. The recommendations will be written sincerely and in our own words.
- If something or some service is wonderful, but not without

三重県の12か月

12 Months of MIE

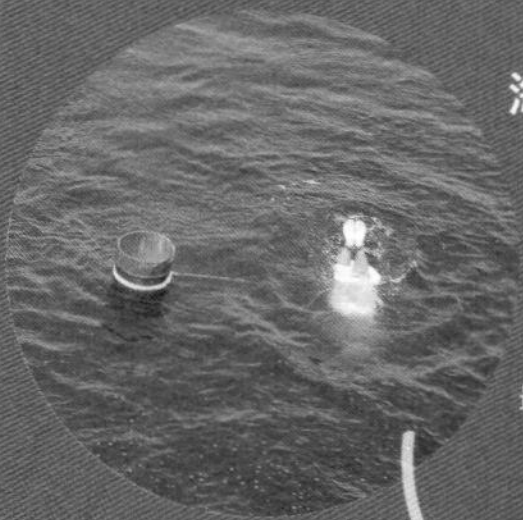

海女《あま》のあわび漁解禁（志摩市）

三重県に来てから、特に伊勢志摩エリアで食べた「鮑《あわび》」が忘れられない編集部。お造りに火場《ひば》焼、焦がしバターステーキにグラタンなど、どれもが絶品で三重県の人が羨《うらや》ましく思った。そんな海女さんの最大の獲物だが、近年、漁獲減少が深刻に……

朔日《ついたち》餅（伊勢市）

和菓子店「赤福」が、1月を除く毎月1日限定で販売する餅。伊勢地域の風習である「朔日参り」にちなんだもので、月ごとに異なる餅を販売。それぞれ季節感が織り込まれており、みんなそれぞれ好みの朔日餅もある。ちなみに、写真は2月「立春大吉餅」で、黒大豆と大豆を使った2種類の豆大福。美味しそう！

四日市萬古《ばんこ》まつり（四日市市）

萬古焼の普及と宣伝のために、1963年から始まった直売会の祭典。萬古神社周辺に窯元をはじめ、たくさんの露店が並ぶ。土鍋や急須、食器など、お気に入りを探してみては。2022年は、四日市ドームで開催。

6	5	4	3	2	1
JUNE	MAY	APRIL	MARCH	FEBRUARY	JANUARY

伊勢えび祭（志摩市）

「三重県のさかな」にも指定されている伊勢海老（?）。そんな伊勢海老に感謝するとともに、その年の大漁を願う祭り。しかし、6月は伊勢海老の禁漁期。この時期に祭りを行なうというのも、「伊勢海老を護り 殖やし育もう」という思いが込められている。ちなみに、この日に網掛けされた初物は、伊勢神宮に献納される。

ホンツヅキ三重（津市）

伊勢市の「古本屋ぽらん」や、大紀町《たいきちょう》の「CAFEめがね書房」、尾鷲《おわせ》市の「トンガ坂文庫」など、三重県にある9つの古本屋が手がけるブックイベントが2022年に初開催。新刊書から古書まで幅広いラインアップの中、本の管理などの相談窓口もオープン。まちの古本屋さん座談会も開催。

御縁日（菰野町《こものちょう》）

昭和レトロな風情ある湯の山温泉の納涼盆祭。粋な妙味な屋台にアート、昭和歌謡に特化した魅惑のDJ盆踊り、などなど。これまで「淵ト瀬」が企画してきた晩夏の夜の風物詩は、コロナ禍をも乗り越え、さらにパワーアップして帰ってくる日が必ずやってくる！

伊賀焼陶器まつり（伊賀市）

伊賀にある35の窯元が集合する陶器市。例年あやまふれあい公園内の「すぱーく阿山」で開催し、お客さんとの対面販売で「長谷園」や「土楽窯」なども参加。なんといってもこれだけの窯元の作品を一堂に見れることはそう滅多にない。福引コーナーや轆轤《ろくろ》の実演や体験も楽しい。

こもガク（菰野町）

「アクアイグニス」の駐車場をメイン会場に、大人も子どもも、菰野のことをもっと知って、楽しみながら学ぶことを目的としたイベント。「町民全員が先生で、町全体が教室だ！」をコンセプトにした『こもガク塾』や、「見て、食べて、触れるコモノ」を体感できるマルシェ『伝売市』など。

伊勢神宮奉納全国花火大会（伊勢市）

宮川の下流で開催される競技花火大会。きっかけは、1949年、茨城県の花火師が、伊勢神宮に「花火」を奉納したいとの申し出があったからだそう。北は秋田県、南は鹿児島県など、全国各地から選抜された花火師たちが神宮に奉納する。神様に認められるためにも、花火師は日々鍛練している。

写真：伊勢神宮奉納全国花火大会委員会

12 DECEMBER　11 NOVEMBER　10 OCTOBER　9 SEPTEMBER　8 AUGUST　7 JULY

桑名石取《いしどり》祭（桑名市）

毎年8月第1日曜日の午前0時、祭りの始まりを告げるのは、鉦《かね》や太鼓の音。江戸時代に始まったとされ、しばらく耳を離れない轟音《ごうおん》から、「日本一やかましい祭り」と称されている。それにしても、夜中じゅう「チキチキドンドン」と、近所迷惑もはなはだしいが、国重要無形民俗文化財である。

写真：大道 雪代

式年遷宮（伊勢市）

20年に一度、宮処《みやどころ》を改め、社殿や御装束神宝《おんしょうぞくしんぽう》をはじめ、全てを新しくして、大御神に新宮へお遷《うつ》りいただく神宮最大のお祭り。1300年にわたり繰り返されてきた式年遷宮は、次回、2033年に行なわれる。

鈴鹿8時間耐久ロードレース（鈴鹿市）

夏の鈴鹿を彩る名物レースの一つで、オートバイによる8時間の耐久レース。昼にスタートして日暮れから日没をまたいで終盤はナイトレース。バイクのマフラー・パーツメーカー「クラフトアルマジロ」も参加し、レースでは「マフラー」でチームやライダーの応援を、コースの外では「カップ」「タンブラー」を販売。

亀山トリエンナーレ（亀山市）

亀山市で開催されている三重県唯一の公募による現代アートの芸術祭。前身は、2008年から2013年まで毎年開催されていた「アート亀山」。展示会場は、加藤家屋敷跡や旧舘家住宅、遍照寺の金毘羅堂など、旧東海道沿いに点在する民家や市指定文化財、寺社仏閣など。ぜひ、旅の目的でも訪れてほしい。

湯の山温泉銘菓 湯の花せんべい / SINCE 1957 / 日の出屋製菓 / www.hinodeya-seika.net

＊1 d design travel 調べ（2022年6月時点） ＊2 国土地理院ホームページより
＊3 総務省統計局ホームページより（2022年6月時点）
＊4 社団法人 日本観光協会（編）「数字でみる観光」より（2021年度版） ※（ ）内の数字は全国平均値
*1 Figures compiled by d design travel. (Data as of June 2022) *2 Extracts from the website of Geographical Survey Institute, Ministry of Land, Infrastructure,Transport and Tourism. *3 According to the website of the Statistics Bureau, Ministry of Internal Affairs and Communications. (Data as of June 2022)
*4 From Suuji de miru kanko, by Japan Travel and Tourism Association (2021 Edition)
※ The value between the parentheses is the national average.

三重の数字
Numbers of MIE

美術館などの数 *1（122）
Museums
Number of institutions registered under the Mie Prefecture Association of Museums

98

スターバックスコーヒーの数 *1（36）
Starbucks Coffee Stores

21

歴代Gマーク受賞数 *1（1003）
Winners of the Good Design Award

69

経済産業大臣指定伝統的工芸品 *1（5）
Traditional crafts designated by the Minister of Economy, Trade and Industry

伊賀くみひも、四日市萬古焼、伊賀焼、鈴鹿墨、伊勢形紙
Iga *kumihimo* braiding, Yokkaichi Banko ware, Iga ware, Suzuka ink, Ise *katagami*

5

JAPANブランド育成支援事業に採択されたプロジェクト *1（17）
Projects selected under the JAPAN BRAND program

10

日本建築家協会 三重県の登録会員数 *1（69）
Registered members of the Japan Institute of Architects

27

日本グラフィックデザイナー協会 三重県登録会員数 *1（65）
Registered members of the Japan Graphic Designers Association Inc.

6

県庁所在地
Capital

津市
Tsu City

市町村の数 *1（36）
Municipalities

29

人口 *3（2,683,959）
Population

1,770,254 人

面積 *2（8,042）
Area

5,774 km²

1年間観光者数 *4（49,734,750）
Annual number of tourists

49,960,000 人

郷土料理
Local specialties

伊勢うどん
てこね寿司
僧兵汁《そうへいじる》
時雨《しぐれ》蛤《はまぐり》
めはり寿司

Ise *udon*, *Tekone zushi* (marinated fish on *sushi* rice), *Soheijiru* (*miso* soup with pork and vegetables), *Shigure hamaguri* (clams boiled in soy sauce), *Mehari zushi* (rice wrapped in pickled leaves)

海女さん *1（29）
Ama divers

647 人

主《おも》な出身著名人（現市名、故人も含む）
Famous people from Mie

松尾芭蕉（俳人・伊賀市）、**浅田政志**（写真家・津市）、**江戸川乱歩**（作家・名張市）、**大橋歩**（イラストレーター／デザイナー・津市）、**高畑勲**（映画監督・伊勢市）、**中谷泰**（画家・松阪市）、**藤原ヒロシ**（ファッションデザイナー・伊勢市）、**松浦武四郎**（探検家・松阪市）、**御木本幸吉**（実業家・鳥羽市）、**元永定正**（画家・伊賀市）、**吉田沙保里**（レスリング選手・津市）、他
Basho Matsuo (*haiku* poet, Iga), **Masashi Asada** (photographer, Tsu), **Ranpo Edogawa** (writer, Nabari), **Ayumi Ohashi** (illustrator, Tsu), **Isao Takahata** (film director, Ise), **Tai Nakatani** (visual artist, Matsusaka), **Hiroshi Fujiwara** (fashion designer, Ise), **Takeshiro Matsuura** (explorer, Matsusaka), **Kokichi Mikimoto** (entrepreneur, Toba), **Sadamasa Motonaga** (visual artist, Iga), **Saori Yoshida** (wrestler, Tsu), etc.

三重号 目次

CONTENTS

Normal for MIE

三重のふつう

d design travel 編集部が見つけた、
三重県の当たり前。

絵・辻井希文《つじいきふみ》
文・神藤秀人《しんどうひでと》

松阪牛《まつさかうし》を食べない　三重県を代表する食材「松阪牛」。日本三大和牛の一つであり、〝肉の芸術品〟という異名も持つ。県内の有名レストランには、必ずと言っていいほどメニューに「松阪牛」の名前が載っているが、実は三重の人は、ほとんど注文しない。その理由は、やっぱり高価だから。それよりも、鶏肉が好んで食べられ、三重県で焼き肉と言ったら、〝鶏焼き肉〟がふつう。とはいえ、松阪牛は、ハレの日に「牛鍋（すき焼）」で食べるのが一番だとか。

妊娠すると、鮑《あわび》を食べる　〝海女どころ〟志摩の女の子は、子どもの頃から、海に潜れないとお嫁にいけないとまで言われてきた。海女さんが獲るのは、サザエやオオアサリ、ワカメやヒジキ……そして、最大の獲物こそ、海の宝石ともいわれる「鮑」だ。志摩では、そんな鮑を、妊娠したお母さんに食べさせるという風習がある。実はこの鮑、栄養の宝庫なのである。タウリンや、ビタミンB1・B2、コンドロイチン、コラーゲン……鮑を食べると、「目が美しい子どもが生まれる」という言い伝えもある。

忍者がいる　三重県伊賀市は〝忍者の里〟。今でこそ「忍者シティー」として行政を中心にプロモーションもしていて、漫画家・松本零士氏がデザインした忍者列車が走っていたり、上野公園内にある「伊賀流忍者博物館」には忍

***Ninja* sightings**
The city of Iga is known as "*Ninja* City." Ordinarily, *ninjas* tried to blend in with the common folk by posing as farmers and townspeople. But when you see "*Ninja* Wanted!" posters about, it's hard to tell what's real and what's not.

New Year's decorations, year-round
Look at the houses along the road to Ise Shrine and you'll see New Year's decorations—even in July. New Year's in Japan is a time when every household welcomes the gods in, and it's customary to decorate one's front door with *shimenawa* ropes during the year-end and for about a week after New Year's Day. In Ise, though, they leave the ropes up all year.

Tear soup at funerals
In some parts of Mie, it's customary to drink "tear soup" at funerals. The soup is extremely spicy, so spicy that it brings tears to your eyes. It signifies both remembrance of the departed and compassion for the bereaved, as it helps relieve the weariness that comes with the funeral.

者屋敷もあり、実際の忍者の道具や資料も展示。さらには、三重県公認の忍者集団による忍者ショーまで……忍者の日常は、農民や町人など、普通の人として暮らしていた（る？）そうだが、『忍者募集！』の張り紙を見ると、どこまでが本当なのか錯乱させられる。

しめ飾りを外さない　お伊勢参りの道すがら、各家の玄関先に目をやると、お正月でもないのに「しめ飾り」が飾ってある。しめ飾りといえば、年末から松の内の終わる頃まで玄関に飾るのが一般的。しかし、伊勢では、一年中飾りっぱなし。その理由は、内宮《ないくう》に祀《まつ》られる天《あま》照大御神《てらすおおみかみ》の弟である須佐之男命《すさのおのみこと》が旅の途中、蘇民将来《そみんしょうらい》という男が貧しいながらも宿を貸し、その恩として『蘇民将来の子孫と書いて茅《かや》の輪を腰に着けておけば子々孫々を免れる』と言い残したという。以来、伊勢の人々は「蘇民将来子孫家門」の札をしめ縄につけて、一年中、飾るようになったとか。

葬式で「涙汁」を飲む
三重県の一部の地域では、お葬式の際、「涙汁」と呼ばれる汁が出され、それを飲む風習が残っている。この汁は、かつおだしを使ったすまし汁で、名前の通り香辛料がたっぷり。とても辛《から》く、これを飲んだ人が辛さのあまり涙を流すことからこの呼び名が付いたそう。辛い汁を飲むことで涙を流し、故人を偲《とうと》ぶという意味と、葬儀という非日常の疲れを癒《いや》すという遺族への心遣いもある。

Normal for MIE
Ordinary Sights in MIE Found by d design travel

Text by Hideto Shindo
Illustration by Kifumi Tsujii

Who eats Matsusaka beef?
Mie's iconic Matsusaka beef is one of the three premier varieties of Japanese wagyu, also known as "art in meat form." But Mie natives actually hardly order it at all. Why? Because it's too darn expensive. Still, they say there's nothing better than a nice pot of Matsusaka beef sukiyaki on a celebratory occasion.

Pregnant? Eat your abalone
Girls in Shima, home of the *ama* divers, are said to be unmarriageable unless they can dive. It's customary there to feed abalone to those who are pregnant. Indeed, abalone are a treasure trove of nutrients. Eat your abalone and your child will have beautiful eyes...or so the old saying goes.

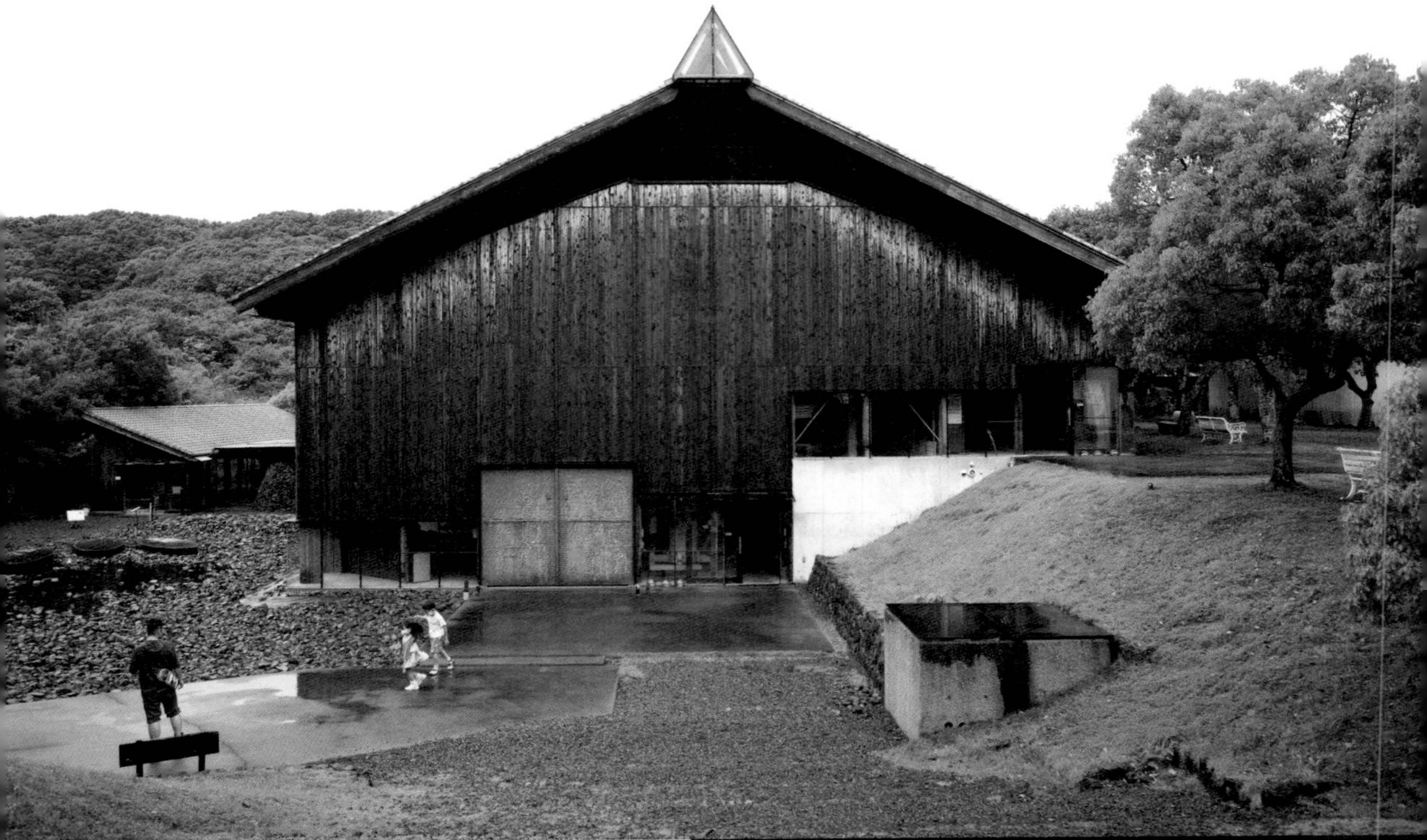

茶
茶
茶
茶
茶
茶

NAGASHIMA SHIP YAR

d design travel MIE
TRAVEL MAP

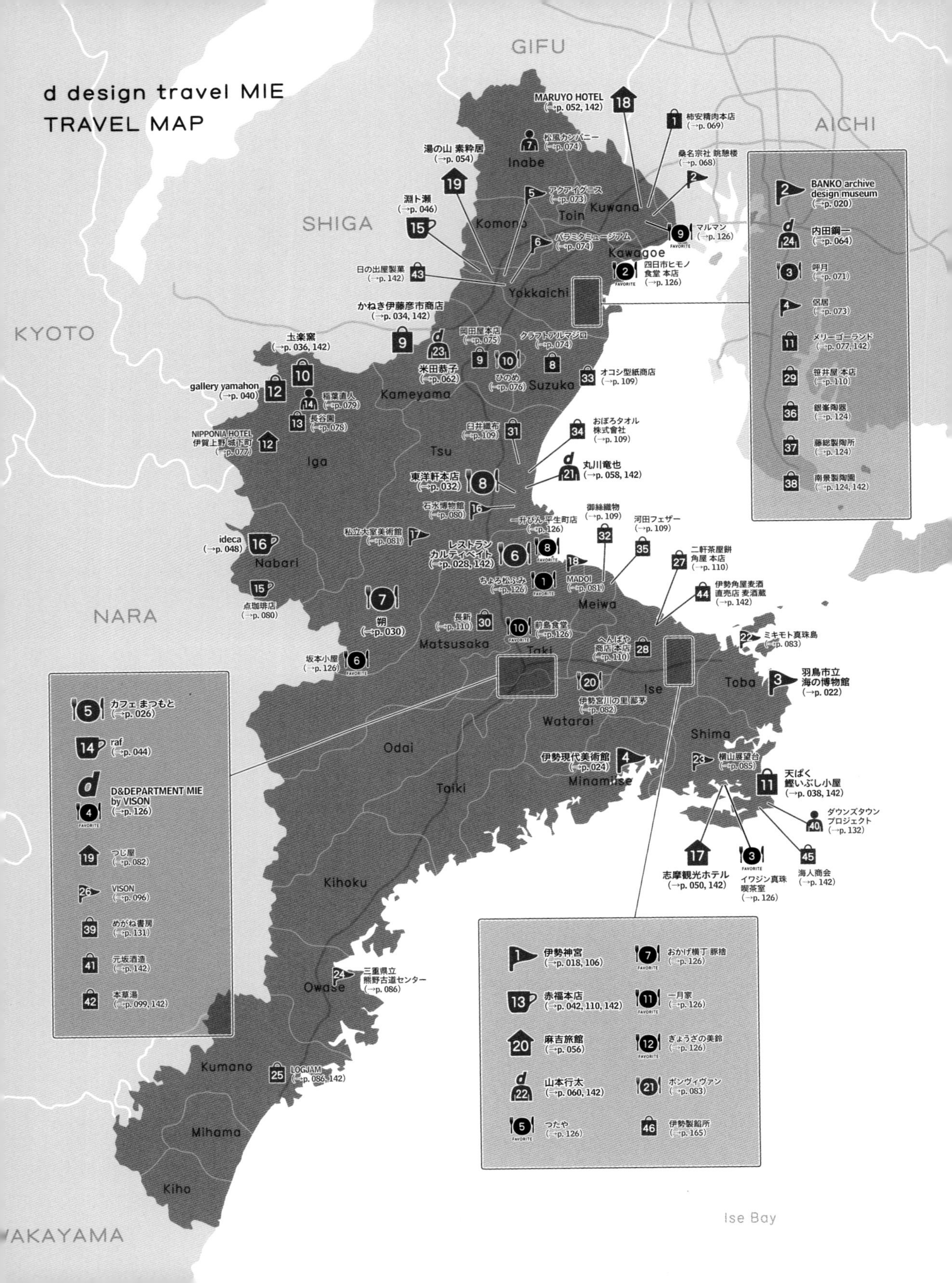

d MARK REVIEW MIE

1

伊勢神宮

三重県伊勢市宇治《うじ》館町《たちちょう》1（内宮《ないくう》）
三重県伊勢市豊川町279（外宮《げくう》）
Tel: 0596-24-1111（神宮司庁）
5時〜17時　無休　www.isejingu.or.jp
伊勢市駅から徒歩約5分（外宮）
外宮から車で約10分（内宮）

1. 内宮・外宮をはじめ、125の宮社から成る歴史ある神社。

五十鈴川《いすずがわ》のほとりにある「皇大神宮《こうたいじんぐう》（内宮）」。まちの中心部にある「豊受大神宮《とようけだいじんぐう》（外宮）」。他、志摩半島に点在する宮社。

2. 変わらないために変える、20年に一度の「式年遷宮」。

常に瑞々《みずみず》しい状態を保つ、“古くて新しい”社殿。
宮大工や美術工芸、日本の伝統技術を後世に伝える。

3. 神様のアーカイブ博物館「せんぐう館」。

年間約1500ある祭りのことから社殿の建築のことまで、
伊勢神宮のさまざまを知れる、アーカイブミュージアム。

憧れの世界建築「お伊勢さん」の名で親しまれ、2000年以上にわたり〝一生に一度は行ってみたい場所〟であり続ける「伊勢神宮」。その正式名称は、単に「神宮」。特定の地域を示すのではなく、日本全体を護《まも》っていただいている神社である。さて、そんな伊勢神宮だが、その歴史や伝説もさることながら、固有の〝デザイン〟に注目したい。伊勢神宮は、実は、125もの宮社の集合体であり、中でも最も古い歴史を持つ「皇大神宮（内宮）」と、「豊受大神宮（外宮）」。両宮は決して同格ではなく、皇大神宮が最も尊いお宮であり、伊勢神宮の中心でもある。世界中にはパルテノン神殿などに代表されるように、石造などの半永久的な建築が多い中、あえて古来の「唯一神明造《ゆいいつしんめいづくり》」という耐久性の低い建築様式を貫いている。それは、〝最も古くて、最も新しく〟生き続ける、伊勢神宮ならではの思想があり、そこには、さまざまに関わる日本人の魂が宿っている。20年に一度の『式年遷宮』が伝えてきた精神や建築技術などは、「せんぐう館」で知ってほしい。取材中、毎月一日にお参りする「朔日《ついたち》参り」に習って、僕は朝5時に内宮へと向かった。正面の大鳥居で一礼をし、清々《すがすが》しい気持ちで宇治橋を渡る。この鳥居や橋も、令和15（2033）年（次の式年遷宮）には、建て替わるという。変わらないためにも、変わり続けてきた伊勢神宮。日本中が憧れた伊勢への道（伊勢路）は、もはや日本の未来への道でもあり、今もこれからも美しく続いていく。（神藤秀人《しんどうひでと》）

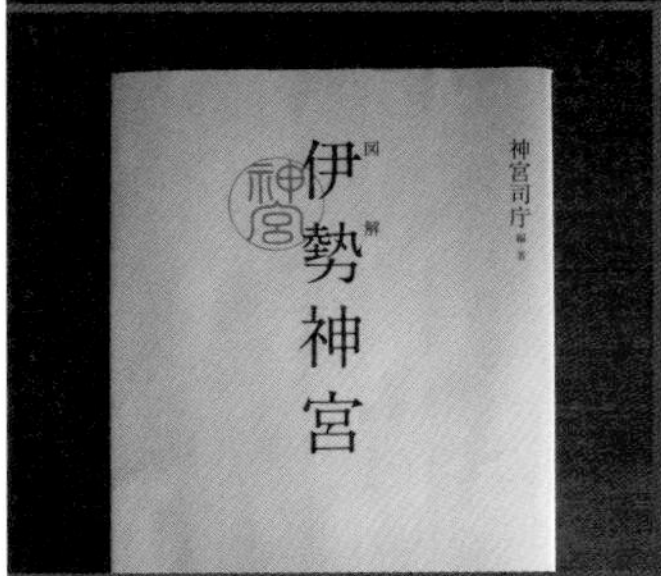

Ise Jingu

1. Historic ***Shinto*** **complex comprising 125 shrines, including the** ***Naiku***(inner shrine) **and** ***Geku***(outer shrine)
2. **Changing to prevent change: shrine structures are rebuilt every 20 years based on Shikinen Sengu tradition**
3. **Includes the Sengukan archive museum, which is dedicated to divine** ***Shinto*** **artifacts.**

For more than 2,000 years, Ise Jingu has been a destination that everyone hopes to visit at least once in their lifetime. It is a shrine not protecting a particular region, but the whole Japan. In addition to Ise Jingu's rich history and traditions, the complex boasts a unique design. It comprises 125 shrines, including the *Naiku*(inner shrine) and *Geku*(outer shrine) which have the longest histories. *Naiku* is the more prestigious of the two, serving as the core of the complex. In many parts of the world, religious shrines are often made of long-lasting stone material or similar; the Jingu uses a low-durability design and serves simultaneously as the oldest and the newest shrine in Japan. This is achieved via the Shikinen Sengu tradition, wherein the shrine is rebuilt every 20 years—you can learn more at the Sengukan museum. (Hideto Shindo)

2

BANKO archive design museum

三重県四日市市京町 2-13-1F
Tel: 059-324-7956
11時～18時　火・水曜休　当日臨時休館あり
banko-a-d-museum.com
近鉄四日市駅から車で約10分

1.「萬古焼《ばんこやき》」を知るデザインミュージアム。

幕末・明治から昭和初期までのデザイン性の高い萬古焼を紹介。
『器ではない日用品の陶磁器』などの企画展も魅力。

2. 館長は四日市市在住の陶芸家・造形作家の内田鋼一さん。

三重県出身の大橋歩さんをはじめ、山口信博さん、
小泉誠さんら名のあるデザイナーたちが協力。

3. ミュージアム入館にかかわらず利用できるカフェスペース。

1954年築の萬古工業会館の1階をリノベーション。
歴史好きもカフェ好きも利用する、四日市の憩いの場。

身近に魅せる伝統工芸

僕が、〝楽しい萬古焼〟を知ったのは、間違いなくこの場所。四日市市の陶芸家・造形作家の内田鋼一さんが館長を務める私設ミュージアム。昔ながらのレトロビル、萬古工業会館の1階。黄色いイメージカラーに、三重県出身のイラストレーター大橋歩さんの可愛《かわい》いロゴは、これまで見てきた萬古焼の雰囲気とがらっと変わって、ライフスタイルショップのようなポップな佇《たたず》まいでもある。館内に入ると、まずはミュージアムショップで、内田さんが集めた雑貨やグラスなどのアンティーク品に混じって、湯呑《の》みや皿など、本物の萬古焼のアンティークも並ぶ。さらに館内の3分の1ほどのスペースは、気軽に利用できるカフェになっていて、萬古焼そっちのけで、地元の人も珈琲とケーキを楽しんでいる。入館料を払って観る展示は、一言でいうと、超明快。萬古焼の歴史はもちろん、内田さん自らが蒐集《しゅうしゅう》したものを中心に、テーマに沿って幕末から明治、昭和初期までの本物の萬古焼が展示される。中には、カラフルな人形や貯金箱、さらには金属の代用品として作られた鎖やガスバーナーまで。今ある萬古焼からは想像もつかないようなアイデアがある。土産物の萬古焼ではなく、四日市という唯一無二の港町の〝産地としての魅力〟が伝わってくる。生み出すことだけが重要ではなく、伝統と歴史が身近に見える仕掛けも、文化継承の要素だと気づく。全国の博物館・資料館の参考にしたいミュージアム。（神藤秀人）

BANKO archive design museum

1. A museum of design that teaches visitors about Banko ware
2. Yokkaichi City resident and potter Koichi Uchida serves as museum director
3. Hosts a cafe space that can be used regardless of one's interest in Banko ware

The BANKO archive design museum makes Banko ware more fun. A private museum run by potter Koichi Uchida, it's located on the first floor of the Banko Industrial Hall. The museum shop displays old toy cars and drinking glasses intermixed with antique Banko ware teacups, plates and more. One third of the space is used as a cafe where locals can enjoy coffee and cake regardless of their level of interest in Banko ware. Exhibits themselves are clearly divided into themes and cover various historical eras, featuring pieces collected by Uchida as well as those lent by locals. There are also colorful Japanese dolls and even ceramic chains, gas stoves and other imaginative items made as Banko ware. This is not a place to just go and buy souvenirs; it's a facility that conveys the charms of the singular port town Yokkaichi. (Hideto Shindo)

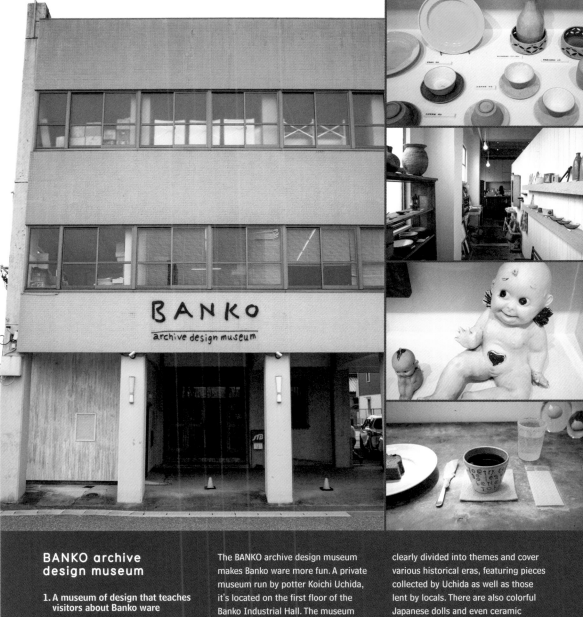

3

鳥羽市立

海の博物館

三重県鳥羽市浦村町《うらむらちょう》大吉《おぎっ》1731-68
Tel: 0599-32-6006
3～11月 9時～17時（入館は16時30分まで）
12～2月 9時～16時30分（入館は16時まで）
船の収蔵庫は、9時～16時 6月26～30日、12月26～30日休
umihaku.com 鳥羽駅から車で約20分

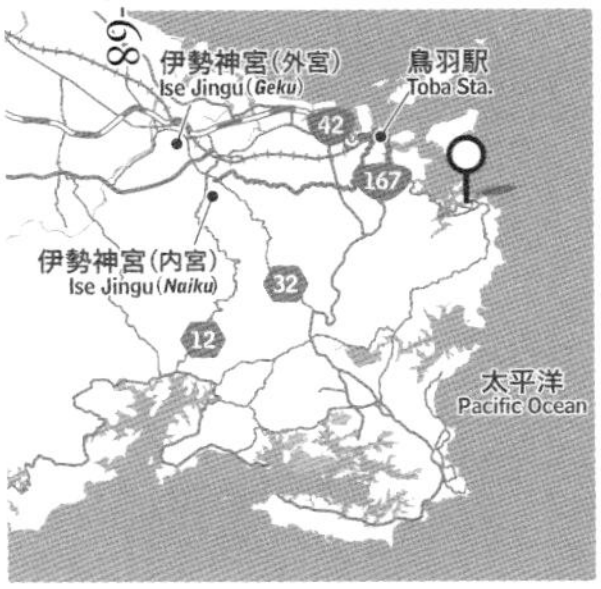

1.「海民《かいみん》」の伝統文化を伝えているミュージアム。

漁師や海女をはじめ、伊勢神宮へ献上する行事「調進」や、
日本最初の水軍大将・九鬼《くき》嘉隆《よしたか》のことなど、
伊勢志摩ならではの展示。

2. 日本最大の湾を望む、内藤廣建築。

1992年築。重厚なデザインの2つの展示棟に、
企画展や体験学習も行なう2つの棟。
志摩半島で見ておきたい名建築の一つ。

3. 全国から寄贈される船や漁具など、約6万点の実物資料。

国の重要有形民俗文化財約7000点を含む、
膨大で個性豊かな“海のアーカイブ”。

海を守る博物館　伊勢湾がある三重県は、土地から海産物の宝庫。伊勢エビにはじまり、鰹《かつお》や蛤《はまぐり》、牡蠣《かき》、そして、ワカメやアオサなどの海藻類も。特に、僕が印象に残っているのは、海の宝石ともいわれる「鮑《あわび》」だ。「志摩観光ホテル」では、焦がしバターソースで、海女小屋「はちまんかまど」では、「火場焼《ひばやき》」だったが、そのどれもが絶品で、こんな鮑が身近にある三重県の人が羨《うらや》ましく思えた（高級だが）。鳥羽市にある「海の博物館」では、そんな鮑ひとつとっても、面白い歴史背景がわかる。鮑といえば、古くから志摩半島では、海女の漁。海女にとって、鮑が貴重な獲物であったと同時に、その潜水漁法が適していたという。現在、志摩半島の海女の数は、およそ６５０人で、日本一を誇る。中でも国崎町《くざきちょう》は、現在も伊勢神宮へ「のしあわび」を献上する〝海女どころ〟としても有名だそうだ。ちなみに、のしあわびとは、のし袋の右上に付いている添え物の起源。神事のお供え物として新鮮な鮑を用いたことが始まりだそうで、思わず唸《うな》る。開館は、１９７１年。「公益財団法人 東海水産科学協会」の石原義剛《よしかた》（故・元館長）が中心となり、およそ3万点の資料を、学芸員と共に漁村を歩いて収集したという。今では、資料は全国からも集まり、その数約6万点。日々、展示だけでなく、海の啓蒙活動と、ＳＯＳ運動も怠らない博物館。内藤廣氏設計の建物は、まるで巨大な魚の内部のようで、30年経《た》った今でも見応えがある。（神藤秀人）

Toba Sea-Folk Museum

1. **A museum that conveys the traditions and culture of fishers, *ama* divers and other people in marine trades**

2. **It was built in 1992 by architect Hiroshi Naito and boasts a view of Japan's largest bay**

3. **About 60,000 items are on exhibit, including boats, fishing implements and other items from all over Japan**

The Toba Sea-Folk Museum's historical exhibits are fascinating, even when focused on something as simple as abalone, a mollusk caught by *ama* female divers since ancient times in the Shima region. Abalone are valuable products to *ama* and ideal targets for their diving method. Today, about 650 *ama* work within the bay—more than anywhere else in Japan.

The museum was opened in 1971 by the late Yoshikata Ishihara, a member of the Tokai Marine Products Science Institute and the former museum director. Ishihara traveled to fishing villages to collect materials, and today the museum has 60,000 items from all over Japan. In addition to exhibits, the museum is involved in sea-related education and awareness-raising efforts. The building was designed by architect Hiroshi Naito and its interior resembles the inside of a huge fish.

(Hideto Shindo)

4

伊勢現代美術館

三重県度会《わたらい》郡南伊勢町《みなみいせちょう》 五ヶ所浦湾場《ごかしょうらわんば》102-8
Tel: 0599-66-1138
10時～16時30分（入館は16時まで）
火・水曜休（祝日の場合は開館、振替休館日あり）
臨時休館日あり
www.ise-muse.com
玉城 ICから車で約30分

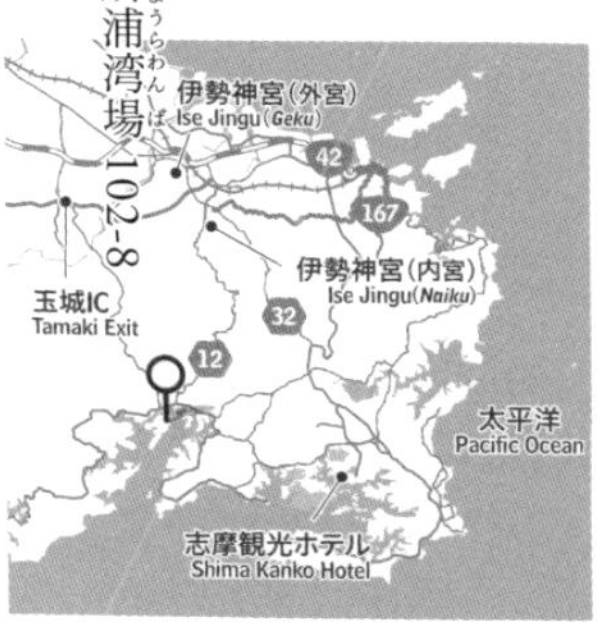

1. 五ヶ所湾を望む、志摩半島随一の絶景美術館。

伊勢志摩国立公園内の海沿いに建つ。真珠養殖のいかだが浮かぶ海を借景に、唯一無二のアート鑑賞。

2. 2003年開館。伊賀市出身の元永定正（故）をはじめ、さまざまアーティストと出会える美術館。

山を背にした彫刻庭園のある彫刻館「宇空《うくう》」では、名だたるアーティストの常設展。

3. 旅の目的地にもなるカフェ&ガーデン。

海を眺めながら、アート鑑賞の余韻を楽しめる。

海と山の狭間《はざま》のアート　志摩半島の一帯からなる「伊勢志摩国立公園」は、その区域の内、約90パーセントが私有地だと聞く。つまり、自然と人間とが共存しているとも解釈できる豊かな土地。そんな伊勢志摩の旅の目的地に、ぜひ入れておきたいのが、「伊勢現代美術館」だ。国立公園内にある当館は、「伊勢神宮」からでも志摩半島を、北から南へ縦断すること（寄り道せずに）およそ40分。決してアクセスがいいわけではないが、神宮林の自然豊かな山道を進み、途中、伊勢神宮の別宮「伊雑宮《いざわのみや》」に立ち寄ることができ、少し足を伸ばせば、海女小屋体験や的矢《まとや》牡蠣《かき》など、この土地ならではの海の幸にも巡り会える。真珠養殖で有名な英虞《あご》湾に浮かぶ賢島《かしこじま》では、珍しいあこや貝料理にも出会えるだろう。そんな道のりもこの美術館の〝プロムナード〟と言える。伊勢現代美術館に到着すると別荘地のような佇《たたず》まいに、どこかほっともする。本館のエントランスからは、五ヶ所湾の美しい海景色が広がり、まずは、カフェ&ガーデンでひと休みするのもいいだろう。2022年の7月、僕が訪れた際には、津市の現代アーティスト・鈴木幸永さんと、愛知県立芸術大学大学院卒のイラストレーター・郝芸妹《かくげいしゅう》さんの展示が開催中だった。2003年に開館し、これまで約400回もの展示を行なってきた伊勢現代美術館。ここにしかない環境の中で、次はどんな〝アート〟と出会えるのだろう。わざわざでも行きたくなるような、伊勢志摩ならではの美術館。（神藤秀人）

Contemporary Art Museum ISE

1. **Looking out over Gokasho Bay, this art museum boasts one of the Shima Peninsula's finest vistas**
2. **The museum opened in 2003 and shows works by Sadamasa Motonaga (from Iga) and many other artists**
3. **The museum's cafe and garden alone are well worth the visit**

The Shima Peninsula is managed as Ise-Shima National Park, roughly 90 percent of which is privately owned land—in other words, the lands are shared by both nature and humans. For any visitor to this region, Contemporary Art Museum ISE is a must-see destination. The museum grounds have the air of a private vacation home and feature an expansive view of Gokasho Bay. I recommend stopping first at the cafe and garden. When I visited in July 2022, art by Tsu City–based contemporary artist Yukinaga Suzuki and Aichi University of the Arts alumnus and illustrator KAKU Geishu was on display. Since the museum's opening in 2003, it has hosted roughly 400 such exhibitions. Visitors have the opportunity to encounter new art in a unique environment here, making it well worth the trip. It is a museum one could only find in Ise-Shima. (Hideto Shindo)

5

カフェ まつもと

三重県多気郡多気町前村 1808
Tel: 0598-39-3368
9時～14時　木～土曜のみ営業、他、第2木曜休（完全予約制）
www.matsusaka-ushi.com/cafe.html
勢和多気《せいわたき》ICから車で約10分

1. 多気町の山の中にある自然豊かな“松阪牛《まつさかうし》カフェ”。

ローストビーフやしぐれ煮など、贅沢《ぜいたく》かつリーズナブルなモーニング。サイコロステーキからハンバーグまで、地元のお米や野菜といただく絶品ランチ。もちろん珈琲だけも大丈夫。

2. 江戸時代後期から続く牛農家「松本畜産」。

敷地内の牛は、およそ150頭。仔牛から1000日以上、代々伝わる肥育方法。毎月29日（“にく”の日）には精肉を販売。

3. 農家だから語れる「松阪牛」のあれやこれや。

アイデア商品「ビーフオイル」のことや、ギフトや調理法の相談など、気さくで明るい家族経営。

〝本当に美味《おい》しい〟松阪牛「松阪牛」と聞くと、誰もが高級なイメージを持っていて、三重県で暮らしている私でさえ、日常の食事では、滅多にお目にかからない（むしろ、県外の人の方が食べているのかも）。そんな私でも、誰にでも、気軽に松阪牛に接せられる機会をと、あえてカフェスタイルで、松阪牛をリーズナブルに提供している「カフェ まつもと」。パンにサラダ、スープに珈琲まで付くモーニングは、なんと1000円を切る。ローストビーフは、専門家でなくても上質な肉だとわかるほどに美味しかった。店主の松本一則さんは、江戸時代から続く牛の畜産農家「松本畜産」の5代目。日本有数のブランド牛・松阪牛は、どこで生まれようが、出生地よりも1日でも長く松阪牛生産地域で肥育されれば松阪牛となる。一般的には、およそ600日ほどで出荷されるのが、経営上、当たり前。いかに「早く大きく成長させるか」を追求する農家が多いという。しかし、「美味しい」かどうかは別問題。松本畜産では、1000日以上かけた長期肥育を行なっている。代々培ってきた目と感性と技術を駆使して、（牛と相談しながら）出荷している。だから自信を持って提供できるのだ。さらに注目したいのが〝珍味料〟「ビーフオイル」。大事に育てた牛を余すことなく使えるよう考えたアイデア商品。年末年始にすき焼きを食べる習慣のある三重県ならではだと私は思う。松阪牛の農家が、直々に松阪牛の〝本当の美味しさ〟を教えてくれる。（藤川吾子《あこ》）

Cafe Matsumoto

1. A cafe in Taki-cho serving Matsusaka beef amid impressive, natural mountain scenery
2. Operated by Matsumoto Chikusan, a cattle ranch in operation since the 19th century
3. The owner is a rancher highly knowledgeable in everything related to Matsusaka beef

Most people consider Matsusaka beef to be a high-end luxury food. I live in Mie and rarely encounter this beef in everyday meals—it seems to be eaten mostly by visitors to Mie. However, Cafe Matsumoto gives even locals the opportunity to enjoy Matsusaka beef anytime at a reasonable price. Their breakfast set costs less than 1,000 yen (reservation required). And make sure to try the roast beef—its high quality is readily apparent, even if you're not a meat expert. Owner Kazunori Matsumoto is a fifth-generation rancher from Matsumoto Chikusan, which was started in the Edo Period. The ranch makes use of their many years of experience to cultivate healthy cattle and sell high-quality beef, and they are fully confident in their products. At Cafe Matsumoto, you can learn direct from the source what makes Matsusaka beef so great.

(Ako Fujikawa)

6

レストラン カルティベイト

三重県松阪《まつさか》市嬉野《うれしの》下之庄《しものしょう》町《まち》 1688-5
Tel: 0598-31-2088
ランチ　11時30分〜15時（予約優先）
ディナー　18時〜22時（要予約）
火曜、第2・4水曜休
www.cultivate.jp　一志嬉野《いちしうれしの》ICから車で約5分

1. 松阪牛《まつさかうし》を筆頭に、三重県産の食材を使ったアレンジ中華。

松阪産アオサ入りの「自家製胡麻《ごま》の豆乳担々麺」や、
嬉野の豆腐を使った「鉄鍋麻婆豆腐」など、三重を感じる料理。

2. 一品一品驚かされるデザイン性の高い器たち。

玉城町の中田篤さんや、瀬戸市のキム・ホノさん、
常滑《とこなめ》市の畑中圭介さんなど、“箸も止まる”楽しい料理。

3. さまざまな文化を伝える「シードベッド ギャラリー」。

陶磁器だけでなく、絵画や写真など、さまざまな分野の展示。
『I設計室の仕事展』では、無料相談会も。

人生を耕すレストラン「レストラン カルティベイト」は、農機具倉庫をリノベーションした、中華ベースの料理店。一見、ライフスタイルショップのようだが、店内に入り、ガッチャンガッチャンと中華鍋を振る音が聞こえてくると頭の中は、即〝中華モード〟に切り替わる。オーナーシェフの山本祐也さんは、津市出身。東京の中華料理店で働く中、三重県の食材の豊さに改めて気づき、Uターン。妻の陽子さんとともに店をスタート。「cultivate（耕す）」の語源には、「culture（文化）」の意味もある。開業当初から彼の思いは〝土地の文化〟を発信することだった。それは、料理に限らず、生活全てにおいて関係していること。店内2階の「シードベッド ギャラリー」は、陶磁器や絵画、写真など、定期的に企画展を開催していて、建築設計の相談会までも行なっている。中華というと、ラーメンや炒飯から、酸辣湯や北京ダックまでさまざまあって、四川や広東、台湾など、地域別に見てみても多種多様。三重県の豊富な食材を調理する上で、バリエーションの多い中華は、もはや打って付け。人気メニューの担々麺は、松阪産のアオサが絶妙で、瀬戸市のキム・ホノさんの器（毎回作家が変わる）が、心も満たしてくれる。今でこそ日本は「まち中華」が根づき、中華料理は日常食としても定着している。美味《おい》しい料理を味わい、器を楽しみ、大切な人と有意義な時間を過ごす。そうして〝たがやされた人生〟から、新しい文化は芽生えるのだ。（神藤秀人）

Restaurant Cultivate

1. Creative Chinese cuisine made with Matsusaka beef and other Mie-made ingredients

2. Dishware with outstanding design quality and features in every piece

3. Various types of culture showcased in the seedbed gallery

Restaurant Cultivate is based out a renovated farm storehouse and serves creative, Chinese-style dishes. Owner and chef Yuya Yamamoto is from Tsu City, and while working at a Chinese restaurant in Tokyo he came to realize just how wonderful the cooking ingredients are in his home of Mie, so he moved back and set up shop together with his wife Yoko. "Cultivate" in the restaurant's name (as in farm field cultivation) has linguistic roots in "culture" as well; Ueno has always the goal of disseminating local culture more widely. The second-floor seedbed gallery exhibits pottery, paintings and photographs, and even hosts exhibition events. Ueno's popular *tantan* noodles are made using delectable sea lettuce from Matsusaka. Dishware is rotated out regularly, and my meal was served on dishes made by Kim Hono over in Seto City, Aichi. (Hideto Shindo)

7

朔

三重県津市美杉町《みすぎちょう》八知《やち》3541
Tel: 080-6928-3939
11時30分〜、13時15分〜(完全予約制)不定休
saku.jp.net
一志嬉野《いちしうれしの》ICから車で約30分

1. 美杉町の山間に佇《たたず》む、創意溢《あふ》れる日本料理店。

土壁や桧皮《ひわだ》ぶきの屋根、大きく取られた窓は、
自然に溶け込むデザイン。庭やビオトープも店主自らが造作。

2. 天魚《あまご》や鹿、春には山菜など、三重県の豊かな食材。

美杉町を中心に、毎週異なる旬の食材を使ったランチコース。
メインは、おくどさんで炊かれる伊賀焼土鍋ご飯。
夏には、鹿丼やカレーも人気。

3. 料理人・沓沢《くつざわ》敬さんと、造形作家・沓沢佐知子さん。

敬さんの料理と、佐知子さんの器の絶妙な共演。
店内だけでなく、「トリガウエギャラリー」の作品も秀逸。

命のリレーの最終章　カウンター6席だけのランチ営業は、極めて人気。日本料理「朔《さく》」がある場所は、美杉町の山の麓。雲出《くもず》川に併走するように田園風景の中を進み、『朔』という看板を頼りに山の中へ。敷地内は、小さな公園のような庭になっていて、山羊《やぎ》がいる広場や、お茶畑、ビオトープ、放し飼いの鶏も自由気ままにしている。店のオーナーの沓沢佐知子さんは、造形作家でもあり、「トリガウエギャラリー」をはじめ、庭には彼女の作品も点在しているので、ぜひ見てほしい。席に通されると、カウンターの向こうは、〝山〟。今にも野生動物が出てきそうな気配もして、料理人のご主人、敬さんによると、昨日は鹿が出たとか!? 鳥羽のサザエは、パッションフルーツのゼリー寄せで、香良洲《からす》のヒラメの握りは、鰆《さわら》のカラスミをのせて。炭火で1時間じっくり焼いた鮎《あゆ》や、とうもろこしのすり流しなど、どれもが絶品。そして、それらの料理を際立たせているのが、佐知子さんの器だ。二人でつくり上げる独創的なコースのメインは、「土楽窯《どらく》」の土鍋で炊いたご飯。1杯目はそのままで、2杯目以降は、おこげや鹿丼などから選べる〝土鍋ご飯のフルコース〟(僕は全部食べた)。食後には、近くの肉桂《にっけい》の木で採取したニッキを使った水ゼリーと、自家製の美杉茶をいただいた。壁に掛かる佐知子さんが作った、地元の草木を使った動物のお面が、どこかこの土地の神様を祀《まつ》っているかのようで、全ての命のありがたみに、僕は感謝した。(神藤秀人)

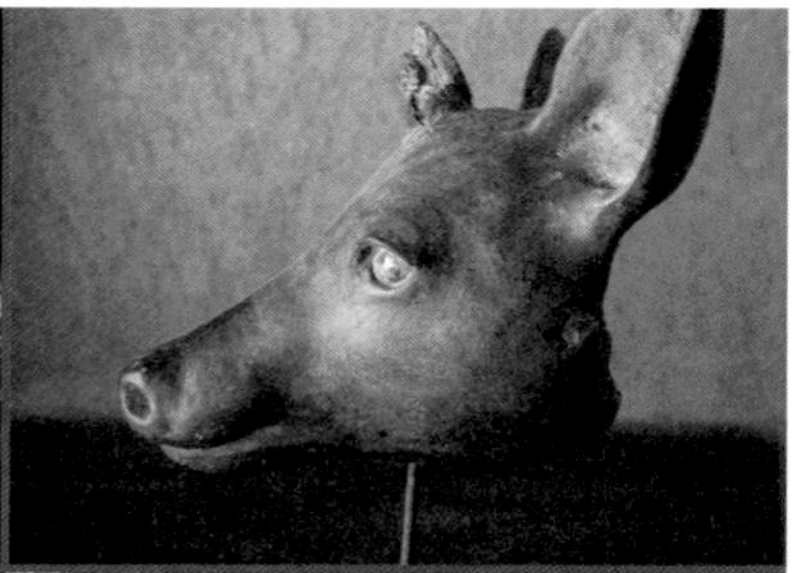

Saku

1. **A Japanese restaurant bursting with originality, nestled amidst the mountains of Misugi-cho**

2. **Uses many natural ingredients from Mie including masu salmon, deer venison, and wild springtime plants**

3. **Operated by chef Kei Kutsuzawa and sculptor Sachiko Kutsuzawa**

Saku's lunches, served at a small six-seat counter, are extremely popular. The shop is in Misugi-cho at the foot of several mountains and has a small park-like garden, goats and roaming chickens, and a tea-leaf garden. Owner Sachiko Kutsuzawa is a sculptor, and her works can be found all over the site. The counter seating, of course, offers a view of the mountains. Sachiko's husband Kei is the chef. The food he prepares looks and tastes amazing, and it's further enhanced by Sachiko's ceramic wares. The creative, multi-course meals use rice cooked in a Doraku-gama earthenware pot: the first serving is eaten as-is, whereas the second is served as *okoge* scorched rice, with venison on top, or in other forms. Animal masks, made by Sachiko using local plants, line the walls and inspire feelings of gratitude for all forms of life. (Hideto Shindo)

8

東洋軒本店

三重県津市丸之内《まるのうち》 29-17
Tel: 059-225-2882
ランチ 11時～14時30分（L.O. 14時）
ディナー 17時～21時30分（L.O. 20時30分）
月曜休（祝日の場合は翌日休）
www.touyouken.co.jp　津駅から車で約10分

1. 三重の文化人・川喜田半泥子《かわきたはんでいし》ゆかりの洋食店。

1928年、川喜田半泥子の勧めにより津市に開業。
大正時代の百五銀行・伊賀上野支店を移築改築した店舗。

2. 半泥子と開発し、松阪牛《まつさかうし》を使った伝統の「ブラックカレー」。

「ロイヤル」（松阪牛100%使用）は、
半泥子が遺した「廣永窯」オリジナルのカレー皿でいただける。

3. 1889年に創業した本家「東京東洋軒」の歴史をも引き継ぐ店。

目にも美しいカニクリームコロッケなど、日本の洋食文化を
現代に伝える店。創業当初の献立や、国会議事堂の
竣工式で使われたノリタケの皿なども展示。

津市から伝える洋食文化　1889年、東京・三田四国町に誕生した「西洋御料理 東洋軒」。当時は、「精養軒」や「中央亭」などと一緒に、日本の洋食文化の草分けともいわれ、中でも東洋軒は、現・宮内庁御用達として皇居内の晩餐会などにも出張していた。一方、三重県の「百五銀行」の頭取に就いていた川喜田半泥子。川喜田半泥子といえば、「東の魯山人、西の半泥子」とも称され、三重県でも一、二を争う豪商の家に生まれた文化人。そんな彼が、東洋軒の料理に惚《ほ》れ込んだことで、1928年、県下初のビルディングであった津市の百五銀行の4階に、「東京東洋軒」の出張所が開設されることになる。1950年には、本社から独立し、伊賀市の百五銀行支店の建物を移築し、改めて自店舗を構えた。ある時、「黒いカレーができないか」と、半泥子からの相談を受けた初代料理長の猪俣重勝。そこで彼が作ったのが「ブラックカレー」だ。長い間研究を重ね、3週間以上も煮込んで作るカレーは、今も多くの地元の人にも愛される故郷の味。松阪牛を、100パーセント使った「ロイヤル」は、「半泥子 廣永窯」のお皿でいただけるのが嬉《うれ》しい。現在、東京東洋軒から8代目として正統に歴史と暖簾《のれん》を受け継ぎ、東洋軒本店となった。〝洋食〟とは、西洋料理で使われている食材を、日本の食材で代用し、日本に馴染むようにした料理であり、〝ご飯に合うご馳走〟。そんな日本の郷土料理とも言える洋食を、これからも伝えていく店。（神藤秀人）

Touyouken Main Shop

1. A Western-style restaurant with links to Handeishi Kawakita, a famed man of culture from Mie
2. The restaurant's traditional Black Curry was developed alongside Handeishi and is made using Matsusaka beef
3. The restaurant also carries on the history of Tokyo Toyoken, which was established in 1889

The Western-style restaurant Toyoken was first established in Mita-shikokumachi, Tokyo, in 1889. In 1928, after falling in love with the restaurant's food, Handeishi Kawakita —then president of Hyakugo Bank—opened a new branch of the restaurant on the fourth floor of the bank's branch in Tsu. In 1950, the Iga branch of Hyakugo Bank was dismantled and moved, and reborn as the new home of Toyoken. Toyoken's famous Black Curry, which is simmered for more than three weeks, was created upon a request from Handeishi, and continues to be a favorite among locals today. Made with only Matsusaka beef, the "Royal" version is served on plates of *hironaga-gama* designed by Handeishi himself. Today, managed by the eighth-generation head, the restaurant carries forward the history and reputation of the first Toyoken. (Hideto Shindo)

9

かねき伊藤彦市商店

三重県亀山市関町《せきちょう》中町《なかまち》 390
Tel: 0595-96-0357
10時～17時　日曜休（7・8月は、日・水曜休）
www.kaneki-isecha.com
関駅から徒歩約7分

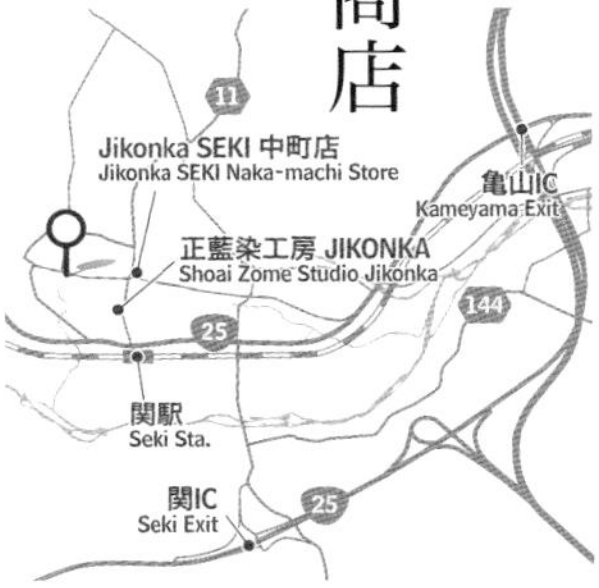

1. 1865年創業。関宿に構える老舗《しにせ》伊勢茶問屋。

三重県の北と南の茶葉をブレンドした「天下一《てんがいち》」や、
樹齢100年を超える「百年乃茶」など、ここにしかない伊勢茶。
関町の「而今禾」や、明和町の「みのりや」などとのコラボも。

2. 築約300年の建物の店内にはデザインがある。

陶芸家・造形作家の内田鋼一氏の勉強会に参加。
伊賀の組子を誂《あつら》えた立礼《りゅうれい》台など、モダン。

3.「四日市萬古焼《よっかいちばんこやき》」など、お茶の周りの“ものづくり”を知れる。

試飲は四日市の「南景製陶園」の茶器でいただけ、購入もできる。
奈良県の「垣本鉄工所」のチタントレイなど店主がセレクト。

愛情溢《あふ》れる伊勢茶問屋　江戸時代、東海道47番目の宿場町として栄えた「関宿」。当時の面影残る町並みを歩くと、「茶」と描かれた白い暖簾《のれん》の「かねき伊藤彦市商店」がある。築300年の趣を生かした店内には、木製の棚やお茶箱が置かれ、萬古焼の急須、湯呑《の》みなど、お茶に関する道具や、北勢から南勢までの三重県産のお茶「伊勢茶」が並ぶ。時間がゆっくり流れる静かな店内は、心地よい。「どれが一番美味《おい》しいではなく、それぞれのお茶の味わいを楽しんでもらいたい」と、店主の伊藤ちなみさん。そのお茶のブレンドや、味わい方について丁寧に教えてくれた。飲んでみたいというお客さんには、店内の伊賀組子の立礼台で試飲もできる。店内の主なお茶は、店独自のブレンド。中でも「百年乃茶」と名づけたお茶は、鈴鹿峠の麓で100年以上続く「在来種」。茶葉をブレンドする時に、茶葉が均質でないために「混ぜにくい」と言われていたそうだが、野生味のある優しい味わいに驚いた伊藤さんは、もっとたくさんの人に飲んでもらいたいと商品化。角がなくじんわりとまろやかな味わいで、普段の生活の中で気軽に楽しめる。店内に並ぶお茶の名前や、パッケージは、彼女が手がけており、飾り過ぎず、手に取りやすいシンプルなデザインで贈り物にも喜ばれそうだ。お茶が生活の中の一部であるように、お客さんとの出会いを楽しみ、これからの伊勢茶問屋のあり方を考え、学び、表現し続けている。（清水友麻）

Kaneki Tea Store

1. An old *Ise-cha* teashop in Sekijuku, founded in 1865
2. Features attractive interior design in a 300-year-old building
3. The owner is highly knowledgeable about Yokkaichi-region Banko ware and other tea-related products

The elegant 300-year-old shop building's interior is enhanced by tea chests and Banko ware tea sets. Visitors can enjoy these tea implements and local teas from all over Mie while relaxing and taking it slow.
"It's not about which tea tastes best; rather, it's about enjoying the unique tastes that each tea offers." So says owner Chinami Ito, who is happy to explain each blend and how to best enjoy it. Most teas offered here are unique to the shop, including Hyakunen-no-cha ("Hundred-Year Tea") made from tea leaves grown for more than a century in Suzuka Pass.
Ito names and creates packaging for teas sold here, and their designs are simple and appealing, making them ideal as gifts. She sees tea as a part of daily life, savoring her encounters and chats with customers as she continues to learn and teach about Ise tea. (Yuma Shimizu)

10

土楽窯

三重県伊賀市丸柱《まるばしら》1043
Tel: 0595-44-1012
11時～17時　土・日曜休（要予約）
www.doraku-gama.com
伊賀上野駅から車で約20分

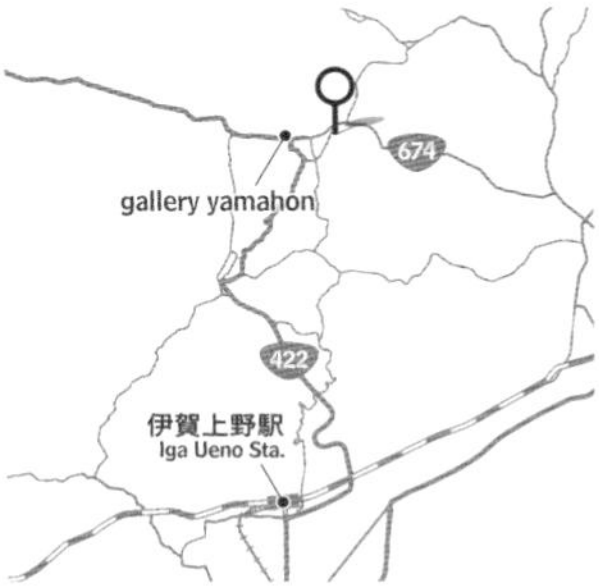

1. 江戸時代から続く、手挽《てび》きろくろによる伊賀焼の窯元。

耐火度の高い伊賀ならではの土を使い、全て手作りの土鍋や土瓶。
付随する碗やれんげなども制作。

2. 7代目・福森雅武さんがデザインしてきた唯一無二の"調理土鍋"。

白洲次郎・正子夫妻ほか、さまざまな出会いから
生まれてきた作品の数々。ステーキが焼ける「黒鍋」は、
40年のロングライフデザイン。

3. 料理業界から転身した8代目・福森道歩さん。

料理本を出すほどの料理の腕前はもちろん、
"土鍋屋"だからわかる、本当の土鍋の魅力を伝えている。

一年中使える土鍋　伊賀は、世界でも稀《まれ》に見る上質な粘土が採れる焼物産地で、その特徴は、耐火度が高いこと。そのため、江戸時代からは、土瓶や土鍋が作られてきた。我が家で土鍋というと、満を持して登場する機会は著しく少なく、寒い季節になると、水炊きやおでんがほとんどで、使ったらしばらくはまた食器棚の奥……良くも悪くもそれが、僕の土鍋だったが、「土楽《どらく》窯」で改めて、土鍋の魅力に気づかされた。創業は、江戸時代末期。現在は、7代目の福森雅武さんが当主で、8代目・福森道歩が代表取締役。昔は、石膏型を使った生産を行なっていたが、6代目が急逝して、若くして雅武さんに代替わり。彼は、独自に手挽きろくろによる成形方法を見出し、それが周囲からの評価を得ていったという。次第に多くの人から注目され、さらに自分自身を高めていき、〝今の土楽〟をつくった。一方、道歩さんは、もと料理人という異色の経歴を持つ8代目。彼女は、調理道具としての土鍋を、もっと普及させていきたいと、土鍋屋と〝土鍋料理人〟の二足のわらじを履き、「料理本」なども出版。すっぽん鍋として生まれた「黒鍋」は、実は、ステーキも焼ける。蓋がお碗型になった「文福鍋」は、煮るより蒸して、野菜をたっぷり食べられる。蓋以外に取っ手を無くした「忍び鍋」など、遊び心もある。「器は、前に出ず、後ろに下がらず」雅武さんの言葉通り、いつもの食事を最大限に引き立てる土鍋がある。（神藤秀人）

Doraku-gama

1. A pottery workshop dating back to the 19th century that now makes Iga ware on hand-spun potter's wheels
2. Offers unique earthenware cooking pots designed by seventh-generation potter Masatake Fukumori
3. Michiho Fukumori, representing the family's eighth generation, worked as a chef before joining Doraku-gama

Doraku-gama, founded in the 19th century, is now run by seventh-generation potter Masatake Fukumori, with eighth-generation Michiho serving as company president. Young Masatake took over after his father's death, employing a new and unique hand-spinning approach which has earned numerous accolades. In this way, he has refined his craft and made Doraku-gama into something that he can call his own.

Michiho, in contrast, was a chef before joining the workshop, and her goal is to popularize *donabe* earthenware cooking pots. Some of her innovations include the *kuronabe* pot which can be used to grill steaks, the *bunbuku-nabe* for steaming vegetables, and the *shinobi-nabe* ("sneaky pot") which has no grips or handles except on the lid. Both Fukumoris agree that these pots bring out the best in the food that is served. (Hideto Shindo)

11

天ぱく 鰹いぶし小屋

三重県志摩市大王町波切《なきり》 393
Tel: 080-2612-3801（見学は、完全予約制）
10～5月　11時～、15時～
6～9月　10時～
katuobushi.com
賢島駅より車で約20分

1. 太平洋を望む、大王町波切の鰹節《かつおぶし》屋四代目。

古式燻《いぶ》しの「手びやま製法」“現役の作業場”。
コンクリート壁に瓦屋根の独特の建物。

2. 御《み》食《け》つ国《くに》「志摩」のことから鰹節の原点を学べる体験小屋。

煙がもくもくした作業場で、「本枯節」の作り方から
丁寧に説明してくれる。一番出汁《だし》の試飲に、最後は、
土鍋で炊いたおかかごはんを試食。

3. 版画家・徳力富吉郎（故）によるグラフィック。

「花鰹 四季重寶《ちようほう》」をはじめ、粉鰹「だし押味《おしみ》」、麺つゆ「つけ流《る》」、
だしパック「手まいらず」、そして、「たべるかつお節」まで。
アイデアとデザインがある商品。

鰹節のフルコース　太平洋の荒波が寄せる大王崎。志摩市大王町波切は、かつて織田信長の水軍「九鬼《くき》」の本拠地でもあり、志摩の江戸とも呼ばれていたそう。港から坂道が続き、集落内を歩いていくと、今でも防風石垣が残っていて独特な風情もある。「天ぱく 鰹いぶし小屋」は、そんな波切の海沿いにあり、鰹節の商品を扱う「まるてん」の現役の作業場でもある。見学は、完全予約制。実際の作業を見学でき、わかりやすく鰹節のことを教えてくれる。一本一本カツオの切り身の状態を確認しながら燻す「手びやま製法」は、今では希少価値も高く、モクモクと煙が充満している空間は、エンターテインメント性も高い。もともとこの辺りは、カツオ漁が盛んで、大量に獲れたカツオを保存するために適していたのが鰹節だった。志摩半島の里山には、ウバメガシが茂り、その間伐材を薪として使用した「自然の循環」の中で生まれてきた。そして、志摩国が「御食つ国」として、皇室や朝廷に鰹節をはじめとする海水産物を貢《みつ》いだということも、代表の天白幸明さんが話してくれた。途中、一番出汁の試飲や、土鍋で炊いた「おかかごはん」の試食も感動的。版画家・徳力富吉郎（故）がデザインした商品シリーズは、定番の「花鰹 四季重寶」はもちろん、さまざまなアイデアで、鰹節を楽しませてくれる。ちなみに「鬼鰹 漁師厚削り」は、濃厚な出汁好きの東京生まれの僕のお気に入りで、軽く火で炙《あぶ》ってそのまま食べても絶品。（神藤秀人）

Tenpaku Katsuoibushi-Goya

1. **A fourth-generation *katsuobushi* bonito flake shop overlooking the Pacific Ocean in Daiocho-nakiri, Shima**
2. **Boasts a hands-on learning facility centering on Shima and the roots of *katsuobushi***
3. **Products feature graphic designs by late woodblock print artist Tomikichiro Tokuriki**

The shop's Ibushi-goya (reservations required) teaches visitors about *katsuobushi* dried bonito flakes and gives them the opportunity to actually watch it being made. *Katsuobushi* made by cutting and smoking each bonito individually is rare these days, and watching this process in a smoke-filled hut is quite thrilling. Bonito fishing has always prospered in the area, and *katsuobushi* is a good way to preserve large catches.

According to owner Yukiaki Tenpaku, Shima-region producers have historically supplied *katsuobushi* and other marine products to the Imperial Family and Court. Their product lineup even includes items with packaging designed by late woodblock print artist Tomikichiro Tokuriki. Personally, I like their Onigatsuo Ryoshi-Atsukezuri, which has a rich bonito taste that Tokyo-born people like me tend to favor. (Hideto Shindo)

12

gallery yamahon

三重県伊賀市丸柱《まるばしら》1650
Tel: 0595-44-1911
11時〜17時30分　火曜休
gallery-yamahon.com
伊賀上野駅から車で約20分

1. 伊賀焼の窯元が集まる丸柱にあるモダンなギャラリー。

代表は建築家であり、ギャラリストの山本忠臣さん。
全国のクラフト作家が集まる『生活工芸展』など、魅力的な企画展。

2. オリジナルブランド「studio yamahon」。

土鍋だけでなく、茶器やお盆、匙《さじ》や箸など、さまざまにプロデュース。
電子レンジでも使えるおひつ「めしびつころりん」などは、
兄・忠正さんの「やまほん陶房」ブランド。

3. 丸柱随一の「Cafe & Library Noka」。

ギャラリーに併設し、作家ものの器で一服できる。
アートやデザイン、建築、ライフスタイル全般の本をアーカイブ。

焼物産地発の美しい日常

伊賀市丸柱は、「伊賀焼」の産地とも知られ、西に向かって峠を一つ越えると、そこは、滋賀県の「信楽焼」。共に〝忍者の里〟ともいわれ、県を跨《また》いだ交流も盛んだが、しばらく滞在していると焼物も然《しか》り、景色もそれぞれの良さが際立ってくる。特に丸柱で、全国からも多くの人がわざわざ目がけてやって来る「gallery yamahon」。2000年に創業し、伊賀焼の窯元「やまほん陶房」の倉庫物件をリノベーションしている。伊賀焼の土鍋や土瓶はもちろん、オリジナルブランド「studio yamahon」の生活用品も素敵で、もし商品に悩んだ時には、併設の「Cafe & Library Noka」で、ひと休憩。若者たちにも人気で、さまざまな作家さんの器を使ってお茶ができる。代表の山本忠臣さんは、伊賀焼の窯元の次男として生まれ、子どもの頃から陶芸に触れてきた。その後、建築を学び、大阪で建築設計事務所に勤務。先代が亡くなり、一時は帰郷し、家業を手伝うが、兄の忠正さんが継ぐことになり、自身は建築家とギャラリストの道へ。都会ではなく、伊賀という山の中の焼物産地で、自分には伝えるべきものが必ずあると信じてきた忠臣さん。毎年夏には、全国のクラフト作家が一堂に集結する『生活工芸展』を開催し、今では、伊賀の風物詩のようにも根づいている。福森道歩さんの陶器や、岩本忠美さんの木工など、土鍋だけではなく、美しいものと出会える日本ならではの日常を、丸柱から発信している。（神藤秀人）

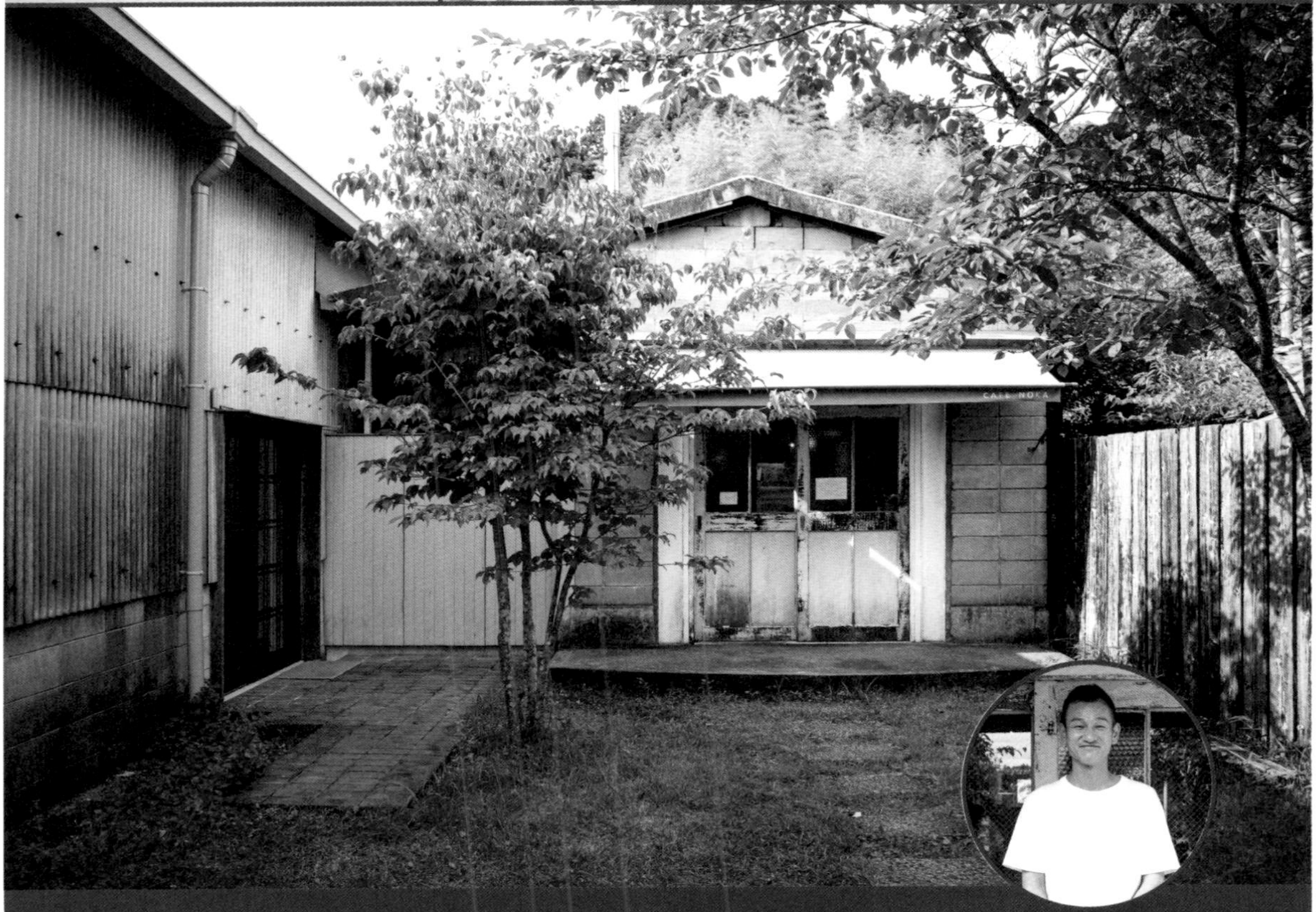

gallery yamahon

1. A modern-style gallery in Iga's Marubashira area where many Iga ware potters live

2. Home to the unique "studio yamahon" brand

3. Hosts Cafe & Library Noka, a place for rest and relaxation in Marubashira

People from all over Japan travel to Marubashira, Iga to visit gallery yamahon. Housed in a renovated potter's storehouse, the gallery offers Iga-style earthenware cooking pots and teapots as well as unique "studio yamahon"–brand daily wares. Cafe & Library Noka is adjacent to the gallery. Owner Tadaomi Yamamoto is the second son of an Iga ware potter and has been around pottery since childhood. He studied architecture and worked at a design office in Osaka, but upon his father's death he returned to his hometown and started a career as an architect and *gallerist*. Rather than staying in the city, Yamamoto felt drawn back to the mountains and pottery kilns of his home. Now, he hosts the annual *Lifestyle Crafts Exhibition* for creators throughout Japan and strives to convey the everyday beauty that Japan has to offer. (Hideto Shindo)

13

赤福本店

三重県伊勢市宇治中之切町《うじなかのきりちょう》 26
Tel: 0596-22-7000（総合案内）
5時〜17時（繁忙期は時間変更あり） 無休
www.akafuku.co.jp
伊勢神宮（内宮《ないくう》） 宇治橋から徒歩約5分

1. 1707年創業。「お伊勢参り」と併せて寄りたい、老舗《しにせ》和菓子店。

伊勢神宮に準じて、朝5時に開店。伊勢名物「赤福餅」の本店。
作りたての赤福餅が食べられる不動の“餅街道”の名店。

2. 五十鈴川《いすずがわ》を望む、季節を感じる小上がりの席。

1877年築の、趣ある妻入り造の伊勢の町屋。
「三宝荒神《さんぼうこうじん》」を模した朱色の竈《かまど》など、古き良きデザインがある。

3. まちの文化にもなった、毎月（1月を除く）一日限定の「朔日餅《ついたち》」。

2月の「立春大吉餅」から、12月の「雪餅」まで、毎月異なる餅。
それぞれ包装紙のデザインは、版画家・徳力富吉郎（故）。

餅街道の終着点

江戸時代、一生に一度は行ってみたい、と「伊勢神宮」への参拝がブームにもなり、6人に1人が伊勢（三重県）の地を目指したという。まだ自動車や鉄道もない時代に、人々は徒歩で旅路を行った。そんな旅人を、伊勢でもてなしたのは、各店工夫を凝らした個性豊かな餅。今でもその名残はあって、『餅街道』と称されるほど。中でも特筆すべきは、「赤福餅」。赤福といえば、ピンク色の箱で、東海地方を中心にお土産でも有名。僕は、伊勢神宮（内宮）への参拝の途中、今でこそ活気のある「おはらい町通り」（伊勢街道）を歩き、かつての旅人と同じように「赤福本店」へ立ち寄った。建物の入り口には、「三宝荒神」を模した赤い竈。毎朝、伊勢神宮の開門に合わせ5時に開店するが、その前には、お客様へ出すお茶のためのお湯を沸かすことから始めるのだそう。間口が狭く、奥に広い空間は、伊勢の町屋ならではで、僕は、五十鈴川が見える縁側に腰かけた。イートインでいただけるのは、赤福餅と番茶のセット「盆」のみで、店内では「餅入れさん」という職人が実際に赤福餅をその場で作ってくれる。赤福餅の特徴ともいえる餡《あん》この盛り付けは、五十鈴川の清流を模したもので、作りたてのそれは格別だった。この地域の風習でもある伊勢神宮の朔日参りの日（1月を除く）には、限定の「朔日餅」も提供され、早朝から多くの人で賑《にぎ》わっている。旅人だけでなく、まちにも愛される、文化的和菓子店。（神藤秀人）

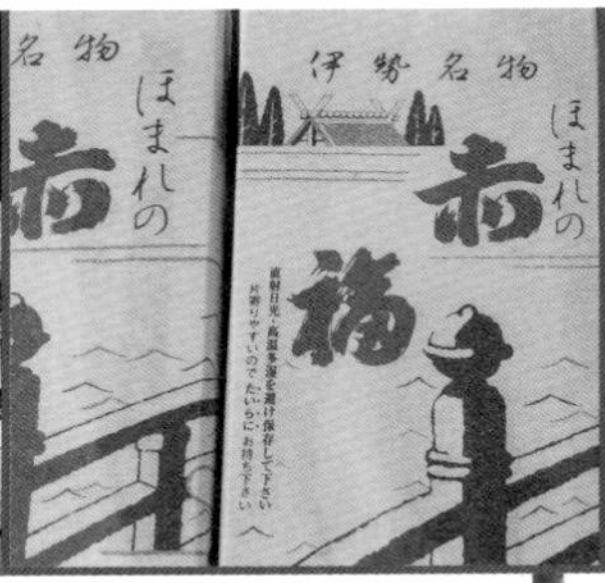

Akafuku Main Shop

1. An old Japanese confectioner founded in 1707 that's a must-see for visitors to Ise Jingu

2. Raised *tatami* seating with a view of Isuzugawa River so you can breathe in the season

3. ***Sakujitsu-mochi*** (first-day rice cakes) are available on the first day of every month (except January)

Akafuku offers souvenir products that are famous throughout the Tokai region. During my visit to Ise Jingu's *Naiku* (inner shrine), I walked along the bustling Oharaimachi-dori Street and stopped at Akafuku on the way. The shop opens at 5 a.m. along with Ise Jingu, and staff begin boiling tea for customers even earlier than that. Despite the narrow entrance, the shop interior is spacious—typical of traditional Ise townhouses—and there is a veranda adjacent to the Isuzugawa River. Once inside, you can watch the staff make *mochi* rice cakes right before your eyes. These special Akafuku-*mochi* rice cakes are unique in that their bean-paste filling is arranged to resemble the adjacent river's flow, and they taste great when eaten freshly-made in the shop. Whether you're a traveler or a local, this old shop is a real treasure. (Hideto Shindo)

14

raf

三重県多気郡多気町ヴィソン672-1 サンセバスチャン通り13
Tel: 0598-67-8400
11時～18時　水曜休（祝日は営業）
vison.jp/shop/detail.php?id=58
勢和多気《せいわたき》ICから車で約4分

1. 多気町の「VISON」にある、ユニークかつ刺激的な“場”。

地元出身のオーナーによる“衣食住”の新しい体験。

神社の柱などに使われる材木や、VISONの建設中に出た廃材などを、フレキシブルに店舗デザインにリサイクル。

2. 三重県の地元農家と作る美味《おい》しいカフェ料理。

パッションフルーツなど、農家直送フルーツを使ったドリンク。
「米田ライス」のカレー米や、松阪錦爽鶏《まつさかきんそうどり》を使った副菜充実スパイスプレート。
使用するカトラリーは、「鍛冶安大徳」5代目・赤畠大徳氏。

3. 新しい多気町の景色を巡る「raf mobility」。

広大な敷地を走る、VISONのための移動手段。
山の上の「本草エリア」へは、超快適。

地元の店の役割　2021年、多気町に誕生した〝美しい村〟を目指すリゾート商業施設「VISON」内、サンセバスチャン通りの奥に店を構える「raf」。「Ramble & fox」のことで、ぶらぶらしてたら思いがけない幸せ（きつね福）に出会うというコンセプトで、僕にとって、rafとの出会いがまさにそれ。一見テナント店舗のように思うが、実は、内装は手の込んだつくり。例えば、椅子は、神社にも納めている材木店の桧《ひのき》を使い、カフェで使用する鉄のカトラリーは、地元の鍛冶屋・赤畠大徳氏。建具や備品は、このVISONの建設中に出た廃材を利用して造作するなど、あちこちに創意工夫が感じられる。店の代表で、衣食住をコンセプトに活動する「MONOMATTERS」の小林正人さんは、VISONの計画が立ち上がった際、地元の出店者が消極的だったと話す。せっかくの故郷に生まれる新しい場所ならば、自分たちの手でより良いものにしていこう、と一念発起。共同代表の「地域資源バンクNIU」の西井勢津子さんとこの場所をつくった。店内で提供されるメニューは、地元産の食材を使い、「夕陽のスープ」など、もはやカフェの枠を超えたアイデアがある。さらに、この広大な敷地内を楽に散策できるレンタルモビリティ（電動キックスクーター）。専用の道路も敷かれ、たくさんの利用者がrafから飛び出していく。コロナ禍でスタートした店の構想は、まだ始まったばかり。VISONの未来を牽引《けんいん》する重要な店。（神藤秀人）

raf

1. A singular, stimulating space located in Taki-cho's VISON resort
2. Enjoy delectable cafe-style selections made by farmers from Mie
3. Use raf mobility to view the new sights of Taki-cho in VISON

The "VISON" resort and shopping complex, designed as a "beautiful village" within the town of Taki-cho, opened in 2021. Here you'll find raf, a shop name short for "ramble & fox" that is meant to invoke the feeling of stumbling across an unexpected, happy surprise while out on a stroll—which is just how I discovered the shop! Masato Kobayashi, shop co-owner and founder of MONOMATTERS, explained that local businesspeople were initially hesitant to set up shop in VISON. Kobayashi, however, felt that this new "village" provided the perfect opportunity for locals to build something special, so he opened raf together with co-owner Setsuko Nishii of Local Resource Bank NIU. Although the COVID-19 pandemic has delayed some of raf's plans, it's clear that the shop will play a central part in VISON moving forward. (Hideto Shindo)

15

淵ト瀬

三重県三重郡菰野町《こものちょう》 菰野《こもの》 8621-2
Tel: 059-344-3606
10時30分～17時（L.O. フード16時、ドリンク16時30分）
金～日曜営業（臨時休業あり）
www.instagram.com/fuchi_to_se/
湯の山温泉駅から車で約5分

1. 湯の山温泉の三滝《みたき》川渓流の岩壁に建つ、絶景カフェ。

窓からは、四季折々の湯の山の景色が望める。登山やロープウエイなど、御在所岳への旅の途中にも立ち寄りたい。

2. 元旅館を改装し、店主自らがリノベーション。

懐古的な温泉街の風景に溶け込む、“デザイン昭和レトロ”。

3.『御縁日』の仕掛け人の店主・近藤彰吾さん。

『カモシカ音泉蚤《のみ》の市』など、湯の山温泉街に活気を取り戻す活動。湯の山温泉協会の看板や、イベントのグラフィックなども制作。早期に「食養」を学ぶ、多種多彩の経歴。

湯の山へ行く理由　菰野町にある「湯の山温泉」へ、三滝川に並走するように車を走らせる。近鉄湯の山線の終点「湯の山温泉駅」を過ぎると、徐々に道も狭くなって温泉郷への期待も高まっていく。1950年には、愛知国体の登山競技の開催地になり、1959年の御在所ロープウエイ開通時には、爆発的な人気を集めたという。映画『男はつらいよ』の3作目のロケ地にもなり、旅館「翠月」だけでなく、餃子店「新味覚」（現在は四日市に移転）までもが登場したと聞いた。今では、廃墟になった建物も見かけるが、当時の面影を残す懐かしい温泉街。「淵ト瀬」は、そんな温泉街への入り口、湯の山パーキングセンター近くの元旅館を改築したカフェで、三滝川の岩壁に建っている。ゴツゴツした菰野石が転がる渓流の景色に溶け込み、風光明媚《ふうこうめいび》な佇《たたず》まい。店主の近藤彰吾さんは、地元出身。かつては自身も持っていた「寂れた温泉街」のイメージを払拭すべく、「カフェコブ」として湯の山に関わってきた。人を呼ぼうと企画したイベントは、5月の『カモシカ音泉 蚤の市』や、8月末の『御縁日』など、かれこれ10年近く開催してきた。2019年には、現在の場所に「淵ト瀬」として移転し、持ち前の器用さで建物を改築。昭和の影を感じながらも、現代を取り込み、“湯の山ならでは”のデザインがある。眼下に見下ろす三滝川の眺めは、観光客だけでなく、地元客も虜《とりこ》にする。当たり前に続いてきた歴史を魅せ続ける場所。（神藤秀人）

Fuchi to Se

1. **Cafe in the mountainous Yunoyama Hot Springs, built atop a rock wall along the Mitakigawa River**
2. **Housed in an old, former *ryokan* traditional-style inn renovated personally by the owner**
3. **Operated by Shogo Kondo, the man behind the GOENNICHI music festival**

Fuchi to Se sits next to the Mitakigawa River in Yunoyama Hot Springs. A once-bustling resort town, the area is now filled with empty buildings, but its charms still linger. The cafe is housed in an old, renovated *ryokan* inn, perched atop a wall of stone with the river running over jagged rocks just below. Owner Shogo Kondo is originally from Yunoyama and once saw it as nothing more than another run-down old hot spring town. Determined to change this, he opened cafe COB and also started the local Kamoshika Onsen Flea Market and GOENNICHI music festival, both of which have been held annually for about 10 years. Kondo relocated his cafe in 2019, changing the name to Fuchi to Se and renovating its building in modern style while preserving its old-fashioned charms. Today, the café is enjoyed by tourists and locals alike.
(Hideto Shindo)

16

ideca

三重県名張市井手朝尾 890
Tel: 0595-41-1175
11時～17時（L.O.16 時 30分） 日・月曜休
www.instagram.com/ideca_fruit/
赤目口駅から車で約４分

1. 井手地区の田園風景を守るフルーツ農園。

休耕田を果樹園に復活させ、地域を活性化させる取り組み。
カフェやショップ、加工施設があり、レストランや宿など、
順次拡大予定。

2. 果樹園で穫《と》れたフルーツは、カフェでいただける。

モダンな店内では、イチジクやラズベリーなどをスイーツに。
果物をはじめ、自家農園で作る野菜やお米なども直売。
ジャムやグラノーラなどの加工品は、手土産にもお薦め。

3. 建築は、伊賀市の「やまほん設計室」。

杉材をふんだんに使い、草屋根や土壁など、田園風景に調和。
施設プロデューサーには、「くるみの木」の石村由起子さん。

休耕田に生まれた未来の農園　山岳信仰の聖地であり、忍者の修行の場所ともいわれる「赤目四十八滝《あかめしじゅうはちたき》」で有名な名張市は、美しい自然に囲まれた地域。「ideca」は、2022年7月に、田園風景が広がる井手地区にオープンしたばかりのフルーツ農園。カフェやショップに加工所が併設する施設が、棚田の中に建っている。屋根を緑化した木造平屋建築は、この時期だとまさに自然に溶け込むよう。設計は、伊賀市の「やまほん設計室」で、店内の家具や備品もオリジナル。建物に入ると、フルーツや野菜、伊賀産米などが並ぶ自家農園の直売所。施設内で加工されたジャムやグラノーラなどもあり、お土産にもいい。店の奥は、カフェスペースになっていて、絵画のように田んぼの景色が切り取られた小窓や、自然光を取り入れる高い天井は、どこか修道院のような空間。運営する農事組合法人「三重伊賀里山整備活用組合」の更井順哉さんは、井手地区の美しい里山の風景を守るために、休耕田の再活用に取り組み、2016年からイチジクやブラックベリーなどの果樹園を作ってきた。施設の主なディレクションは、奈良県の「くるみの木」の石村由起子さん。メニュー開発には、菓子研究家の福田里香さん。そして、グラフィックは「KIGI」。錚々《そうそう》たるメンバーが集まり、〝井手の果実＝ideca（イデカ）〟をオープンさせた。今後は、レストランや宿なども計画しているそう。里山の風景を守る〝デザイン観光農園〟。（神藤秀人）

ideca

1. A fruit farm in the Ide district protecting the rural landscape

2. Customers can try out fruit from the farm at the on-site café

3. The farm building was designed by the yamahon Architecture And Design Studio

Founded in July 2022, ideca is a brand-new fruit farm situated in the expansive rural landscape of Ide. The facility includes a café and shop alongside a processing workshop, and stands in the middle of a terraced rice field. Designed by the yamahon Architecture And Design Studio, the wooden farm building has a green roof and blends seamlessly into the natural surroundings. Inside is a direct-sales store offering local fruit and Iga rice, as well as jam and granola processed on-site. The café at the back features picturesque views through a small window and high ceilings that let in plenty of light. To protect the local landscape, the organization behind ideca is working to reuse abandoned fields, and since 2016 has created fig and blackberry farms. Future plans for ideca include a restaurant, accommodation, and more. (Hideto Shindo)

17

志摩観光ホテル

三重県志摩市阿《あ》児町《ごちょう》 神明《しんめい》 731
Tel: 0599-43-1211
ザ クラシック　2名1泊 素泊まり 24,000円〜
ザ ベイスイート　2名1泊 素泊まり 56,000円〜
www.miyakohotels.ne.jp/shima/
賢島駅《かしこじま》から車で約2分

1. 全客室、英虞《あご》湾を一望できる歴史あるリゾートホテル。

1969年の村野藤吾設計の「ザ クラシック」に、
2008年のモダン建築「ザ ベイスイート」。

2. 旧海軍施設の資材を移築して建てられた「ザ クラブ」(1951年)。

ホテルの歴史を紹介した展示スペースや、
川喜田半泥子《かわきたはんでいし》ゆかりの茶室「愚庵《ぐあん》」。

3. 鮑《あわび》や伊勢海老《えび》など、伝統の“海の幸フランス料理”。

鮑ステーキや伊勢海老クリームスープなど、
脳裏に焼きつく三重県の食材を使ったコース料理。

文化財的リゾートホテル　国立公園に指定される志摩半島は、雄大な自然が残っている。伊勢神宮を囲む自然林「神宮宮域林《きゅういきりん》」は、2000年以上も手つかずのまま、独特の森林生態系が保護されているともいう。横山展望台に上ると、「英虞湾」に浮かぶ大小およそ60の島々、岬や入り江などが織り成すリアスの海岸線、それは、日本の原風景ともいえる景色なのだろう。そこから望む、真珠養殖も盛んな賢島には「志摩観光ホテル」がある。伊勢志摩を訪れる外国人のための迎賓館的役割を担うホテルとして1951年に開業。村野藤吾設計の「ザ クラシック」の客室からは、もちろん英虞湾を一望でき、ゲストラウンジからは、入り江に沈む夕陽をドリンク片手に堪能できる。レストランは、当時の設計の面影を残す、「ラ・メール ザ クラシック」へ。オリジナルの椅子に腰かけ、ホテル自慢の〝海の幸フランス料理〟を楽しんだ。伊勢海老や鮑など、伊勢志摩ならではの料理の数々に、改めて「三重に来たのだな」と実感。食後は、旧海軍施設の資材を移築し建てられた「ザ クラブ」で、ホテルの歴史を知る。『G7伊勢志摩サミット2016』の記録を展示したギャラリーや、川喜田半泥子ゆかりの茶室「愚庵」などもあるので、ぜひ、見学してみてほしい。英虞湾のクルージングや館内見学ツアーだけでなく、真珠や伊勢一刀彫、伊賀くみひもなど、伝統工芸にも触れられるアクティビティも充実。伊勢志摩という文化を背負うホテル。(神藤秀人)

Shima Kanko Hotel

1. **A historic resort hotel with views of Ago Bay from all guestrooms**

2. **Includes "The Club," which was made by dismantling and reusing materials from a former navy facility**

3. **Enjoy the hotel's traditional French seafood cuisine made with abalone, Japanese spiny lobster and more**

Originally built as a guest house for important visitors from abroad, the Shima Kanko Hotel was opened in 1951. In addition to the Ago Bay view from my room, the guest lounge deck's vista featured gorgeous sunset amongst the inlets. The restaurant, La Mer The Classic, was designed by architect Togo Murano—as was my guestroom. I enjoyed their famous French-style Japanese spiny lobster, abalone and other seafood dishes. After dinner, I spent some time in "The Club," which is constructed from materials once used in a military facility. Make sure to visit the gallery built to commemorate the 2016 G7 summit held in Ise-Shima, and the tearoom built in memory of artist Handeishi Kawakita. Ago Bay is not just for sightseeing cruises; the Shima Kanko reminds us that it's also a place to appreciate traditional arts and crafts. (Hideto Shindo)

18

MARUYO HOTEL

三重県桑名市船馬町《せんばちょう》23
Tel: 090-2773-0004
1泊2食付き 1人 50,999円（2名利用時）
www.maruyohotel.com
桑名駅から車で約5分

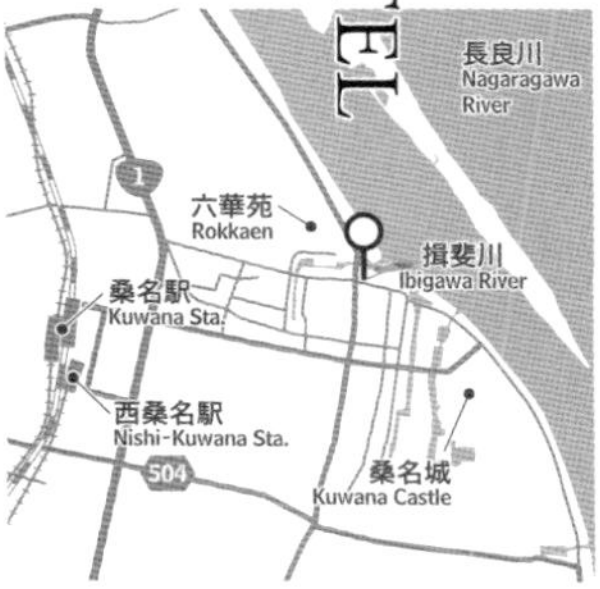

1. 揖斐《いび》川を望む、材木店をリノベートした一棟貸しのホテル。

現代アートとアンティークを融合させたギャラリーのような宿。
2階のダイニングからは、住吉神社や揖斐川を一望できる。

2. 桑名名物「すき焼」や「蛤《はまぐり》鍋」などの絶品ディナー。

町内の料亭での夕食も選べ、柿安料亭本店では、
希少な三重県北部の未経産の「柿安牛」のすき焼をいただける。

3. 「九華公園」や「六華苑」など、併せて行きたい桑名観光。

「伊勢アサクサノリ」や「モチノキの蜂蜜」など、
宿泊の際に購入できる桑名産のデザインギフト。

〝桑名の歴史〟を飾る宿　東海道唯一の海路でもあった「七里《しちり》の渡し」。名古屋市熱田（宮宿）と結ぶこの渡しには、「伊勢国一の鳥居」が建っていて、それは20年に一度、伊勢神宮の式年遷宮の度に、内宮《ないくう》の「宇治橋」の鳥居が移築されるもの。桑名（桑名宿）は、旅人にとって、〝伊勢国の玄関口〟として特別な場所でもある。また、木曽三川の水運を利用して、良質な木材が集積する場所でもあり、「MARUYO HOTEL」は、材木商を営んでいた「丸与木材」の建物を改築した宿泊施設。桧《ひのき》とガラスの格子壁がモダンなラウンジでは、ウェルカムティーの「毛葉茶」と名物「安永餅」をいただける。客室は、2つあって、桑名市の「六華苑」を設計したジョサイア・コンドルをオマージュした「room 0」と、坪庭の苔が黒塀に映え、桧《ひのき》の露天風呂が開放的で気持ちいい「room 1」。僕が宿泊した際の夕食は、コンシェルジュによるルームサービスを頼み、揖斐川を一望できる2階のダイニングで、桑名名産の大きな蛤を使った絶品の「蛤鍋」をいただいた。オーナーは、創業者の玄孫《やしやご》であるデザイナーの佐藤武司さんと、そのパートナーであるギャラリストの正木なおさん。きっかけは、桑名に来る知人に向けてつくった宿だったが、それは昔と変わらず、今の旅人にとっても特別な場所になっている。目の前で上がる『桑名水郷花火大会』や、国の重要無形民俗文化財の『桑名石取祭《いしどりまつり》』など、桑名の観光の際には、必ず泊まりたい宿。（神藤秀人）

MARUYO HOTEL

1. **Hotel based out of a former, renovated lumber shop overlooking the Ibigawa River**

2. **Delectable dinners include famous Kuwana dishes such as *sukiyaki* and clam hot pot**

3. **Convenient for visiting Kuwana sightseeing spots such as Kyuka Park and Rokkaen**

MARUYO HOTEL is based out of the former Maruyo Lumber Company, renovated for use as a lodging facility. Visitors are greeted with a complimentary tea and rice cake set in the modern-style lounge with its Japanese-cypress-and-glass latticed wall. Two rooms are available: "room 0," which serves as a homage to Josiah Conder who built Rokkaen in Kuwana City, and the liberating "room 1" with its attached mini-garden and cypress open-air bath. During my stay, I enjoyed some outstanding hot pot made with *hamaguri* (Asian hard clam), which is a well-known Kuwana dish. Designer Takeshi Sato is the great-great-grandson of the lumber company's founder and operates the hotel together with gallerist Nao Masaki. Now as in eras past, they strive to make the building itself and its modern-day hotel a special place for visitors to Kuwana. (Hideto Shindo)

19

湯の山 素粋居

三重県三重郡菰野《こもの》町《ちょう》菰野《こもの》 4842-1
Tel: 059-390-0068
1泊2食付き1人 57,000円〜（2名利用時）
sosuikyo.com
菰野ICから車で約5分

1. 湯の山の露天風呂付きデザインヴィラ。

全棟、陶芸家・造形作家の内田鋼一氏による建築・デザイン監修。
ベッドルーム、和室、源泉掛け流しの露天風呂、
ミニキッチンを完備。

2. 菰野石をはじめ、鉄や和紙など、8つの素材をテーマにした12棟。

白の杉と、錆《さび》色のコールテン鋼の「界鉄《かいのてつ》」や、障子や、天井と壁も
和紙貼りにした「紙季《しき》」など、個性溢《あふ》れる一棟貸し。

3. 湯の山温泉の麓にあり、北勢巡りの拠点にもよい。

湯の山温泉街や、御在所岳、菰野陶芸村、椿大神社なども近い。
宿泊者は、「アクアイグニス」の片岡温泉も入浴可。

アートな温泉　この旅を続けていると、温泉に浸かって、疲れた身体を癒したい、と思うこともしばしばある。温泉旅館に泊まった時には、浴衣を羽織って〝昭和レトロ〟な温泉街を散策するのももちろんいいが、三重県で筆頭に上がるのは、モダンなデザインの複合温泉リゾート「アクアイグニス」。そして、2020年には、源泉掛け流しの天然温泉の露天風呂付きヴィラの「湯の山 素粋居《そすいきょ》」が誕生。三滝《みたき》川が流れる湯の山温泉の麓に、各部屋ごとにマテリアル（素材）をテーマにした12棟の建物が並ぶ。例えば、「漆」の部屋は、黒漆の浴槽に、塗師《ぬし》・赤木明登《あかぎあきと》氏の作品が飾られる「玄漆《げんしつ》」。「ガラス」の部屋は、白を基調とし、硝子作家・イイノナホ氏のシャンデリアなどが設えられる「硝白《しょうはく》」。「石」の部屋は、建物の内外の壁に地元の菰野石を大胆に使用した「碉石《ちょうせき》」と、菰野石の巨石をアプローチとリビングに配した「石砬《せきろう》」。建築とデザインの監修は、四日市を拠点とする内田鋼一氏で、もちろん彼のテーマでもある「鉄」の部屋も。そして、夕食は「HINOMORI」へ。テーマは、〝火〟。薪や炭などの直火を使った料理で、伊勢湾の海産物や、熟成させた牛肉などをいただける。朝食には、じっくりローストした焼き魚に加え、北勢エリアの郷土料理でもある「僧兵汁《そうへいじる》」も登場する。同じ景色、同じ温泉だが、さまざまなテーマを身にまとうことで、新たな土地の魅力が再発見できる。まるでアート作品のような温泉宿。（神藤秀人）

SOSUIKYO

1. **Designer villas with attached open-air baths in Yunoyama Hot Springs**

2. **Twelve buildings with individual design themes centering on Komono-ishi stone, iron, *washi* paper and more**

3. **An ideal starting point, located at the foot of the mountains, for exploring northern Ise**

SOSUIKYO in Yunoyama Hot Springs has 12 guest villas, each designed based on a different material. The lacquer-themed villa features a black-lacquered bath and lacquerware by artist Akito Akagi, whereas the glass-themed villa uses a white color scheme and has a chandelier by glasswork artist Naho Iino. There are two stone-themed villas: one adorned with Komono-ishi stonework on the walls both inside and out, and one with massive Komono-ishi stones. Architecture and design were directed by Yokkaichi-based potter Koichi Uchida, and his villa design centers on iron. The fire-themed restaurant, HINOMORI, offers grilled seafood from Ise Bay and tasty beef. SOSUIKYO offers a diverse range of design themes in one place, providing a way to rediscover Yunoyama Hot Springs from a new perspective: as a work of art in and of itself. (Hideto Shindo)

20

麻吉旅館

三重県伊勢市中之町 109-3
Tel: 0596-22-4101
1泊2食付き1名 13,800円～（2名以上利用時）
sites.google.com/view/asakichiryokan/
伊勢西 IC から車で約3分

1. 江戸時代から参宮客をもてなす料理旅館。

天明2年（1782年）頃、参宮客で賑《にぎ》わった日本三大遊郭の一つ、古市に開業。伊勢神宮だけでなく、伊勢志摩の観光の拠点に。

2. 神宮の森を望む、趣ある懸崖造《けんがいづくり》の木造建築。

本館「聚遠楼《じゅえんろう》」と「土蔵」は、それぞれ国の登録有形文化財。
土蔵には、代々使われてきた調度品を収蔵。
朝食後に見学もできる。

3. 答志島《とうしじま》のサワラをはじめ、年代物の器に盛られる料理の数々。

江戸期の版木をもとに復刻した箸袋の図柄。「伊勢角屋」「酒屋八兵衛」「キンミヤ」……充実した地酒のラインアップ。

お伊勢参りの精進落とし　年間約400万人が参拝したという江戸のツアー「お伊勢参り」。今のようにテレビやラジオ、インターネットも普及されていない時代に、どうして人々は伊勢に憧れを持つようになったのか。その背景には、「御師《おんし》」という神職の存在があったという。小説家の司馬遼太郎は、「電気店や新聞販売店のようなもので、お伊勢さんの宣伝マン」という言葉で表現もしているが、さらに〝ツアーコンダクター〟という一面もあって、お伊勢参りにきた旅人の宿泊や、料理の提供なども行なっていたそう。僕は、当時のお伊勢参りを追体験するかのように、伊勢神宮で参拝した後、赤福餅や伊勢うどん、てこね寿司など、伊勢の名物を味わった。そして、内宮《ないくう》と外宮《げくう》を結ぶ伊勢街道沿い、小高い「間《あい》の山」にある古市は、遊郭や芝居小屋、旅館が並び、中には御師の家もあった伊勢随一の歓楽街だった。そんな古市で唯一残る、現役の料理旅館「麻吉旅館」。建物は、急斜面に建てられた懸崖造の5階建て。旅館の正門は、3階部分に当たり、最上階の大広間からは、神宮の森を望む。まるで迷路のようで、途中別館への移動は、地元の中学校の通学路の真上に架かった渡り廊下を進む。歴史ある建物に驚きの連続だったが、鳥羽や志摩、南伊勢産の魚介を中心とした料理も絶品で、なんと江戸期の器に惜しまず盛られる。「元坂酒造」や「森喜酒造場」などの地酒も豊富。御師のおもてなしを受けたかのような貴重な宿。（神藤秀人）

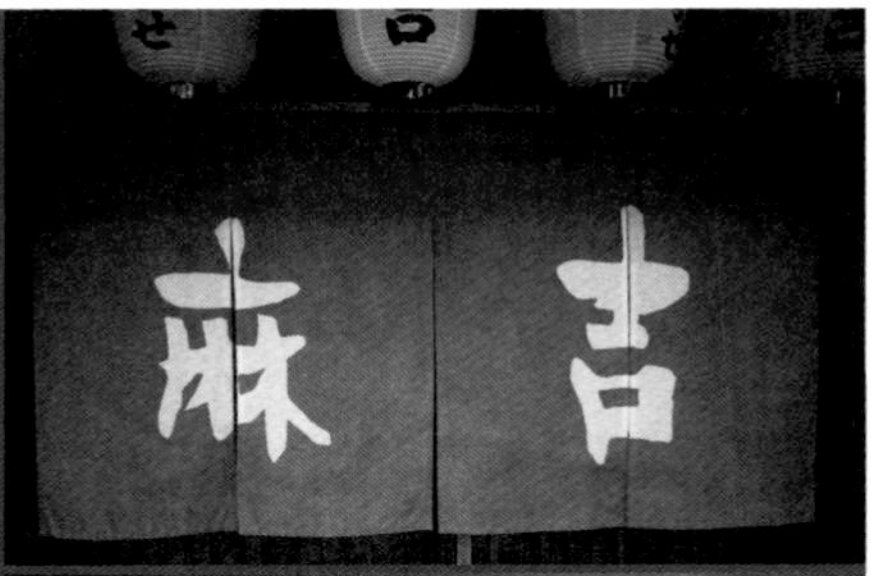

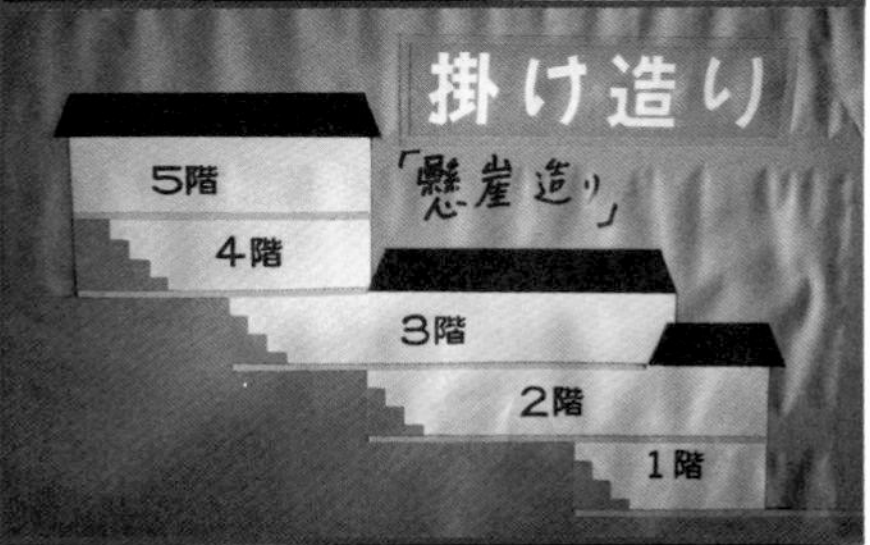

Asakichi Ryokan

1. A traditional ***ryokan*** inn offering fine dining since the Edo Period to travelers to Ise Jingu

2. Charming wooden inn built on a steep hillside with a view of Ise Jingu's woods

3. Japanese seer fishcaught off the coast of Toshijima Island and other seafood is served on antique tableware

Back when the Internet—let alone television and the radio—did not yet exist, about four million visitors came to see Ise Jingu each year. One reason for its popularity was the *onshi* priests, who led tours and coordinated accommodations and meals at the time. In the popular Furuichi entertainment district, *onshi* houses were intermixed with the licensed quarter, theatres and *ryokan* traditional inns. Today, Asakichi Ryokan is the only remnant of this Furuichi of old, built on the side of a steep slope offering a view of the woods around Ise Jingu. Their delectable dishes with seafood primarily from Toba, Shima and southern Ise are served extravagantly on several-hundred-year-old dishware from the Edo Period and accompanied by local *sake*. You can experience the hospitality of *onshi* from yesteryear at today's Asakichi Ryokan. (Hideto Shindo)

ドラゴンブルームス

丸川竜也

丸川商店　三重県津市中央6-2
Tel: 059-253-7845
10時〜17時　土・日曜・祝日休
www.mrkw.jp
津駅から車で約10分

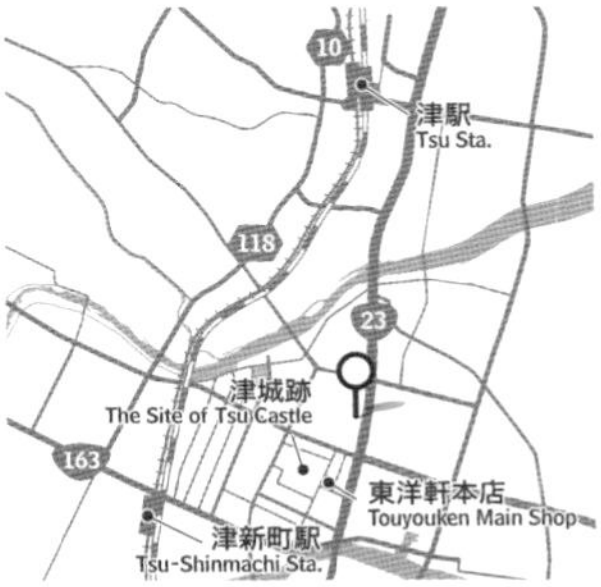

1. 松阪《まつさか》市出身、誰よりも三重県の未来を想うデザイナー。

松阪もめんや擬革紙《ぎかくし》、伊勢うどんなど、さまざまにブランディング。2012年、フリーマガジン『ミエノコ』を創刊。

2. リブランディングした三重の物を販売する「丸川商店」店主。

妻の咲子さんと共に、津市にデザイン事務所兼ギャラリーショップを構える。松阪もめんなど、アイデアあるオリジナルの商品。

3. 地域とクリエイティブを繋《つな》ぐ教育プロジェクト。

2015年、教育プロジェクト「Designed By Children〜デザインを手にいれたコドモたち〜」を立ち上げ、2022年秋には、「地立 おもしろい学校」の開校を予定。

デザイナーの松阪商人　津市に事務所を構える丸川竜也さんは、デザイン事業と小売事業の「丸川商店」など、さまざまに活躍する活動家。1997年に上京し、独学でデザインを学び、2000年にデザイン事務所を設立。2006年には、オリジナル商品の製造販売を行なう小売りのブランド「丸川商店」を立ち上げた。現在の商品の中心にあるのは、三重県松阪市の伝統工芸「松阪もめん」。唯一の織元である「御絲《みいと》織物」と、これまでにさまざまな商品を生み出してきた。初期に作った「しじみ」バッグは、ロングセラー。製造時に出るハギレをリボン状に集めて作った「リボンマット」は、これまでの松阪もめんとは一線を画してユニーク。正しいデザインは、会社や商品のブランド力を高め、適正な価格での販売を可能にし、求める顧客層を、獲得できる最適な方法であり、〝ツール〟だと、丸川さんは言う。デザインがどれほど身近なもので、そして大切で、社会をよりよくするための「希望」であることを、彼は伝えたい。2012年には、三重県出身のクリエイターたちを紹介したフリーマガジン『ミエノコ』を創刊。伝統工芸「擬革紙」のブランドアドバイザーや、伊勢茶を扱う喫茶「みのりや」のグラフィックなども手がける。現在は、教育プロジェクトにも力を入れ、2022年秋には、「地立おもしろい学校」の開校も予定。未来を担う子どもたちのためにも、明日に夢を見れる、そんな故郷にしていこうと邁進《まいしん》している。（神藤秀人）

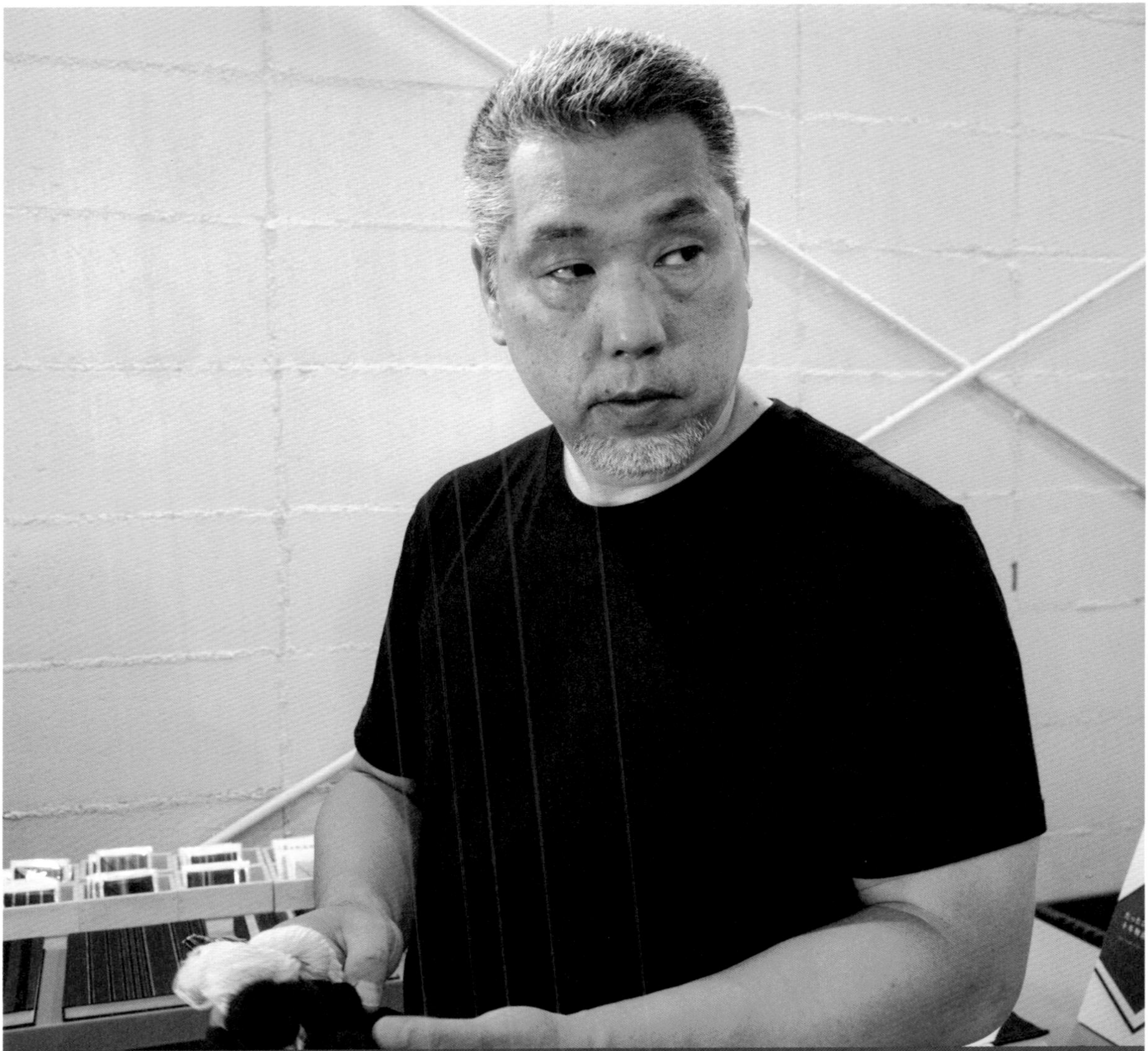

DRAGONBLOOMS
Tatsuya Marukawa

1. A designer from Matsusaka who cares more than anyone about Mie's future
2. Owner of Marukawa Shoten, a seller of rebranded Mie products
3. Runs an educational project that brings together creativity and the regional community

Tatsuya Marukawa runs DRAGONBLOOMS in Tsu as well as the Marukawa Shoten design and retail business. He taught himself design, opened a design studio in 2000, and launched his Marukawa Shoten original-product retail brand in 2006. Marukawa Shoten focuses on Matsusaka cotton created by Miito Textiles. The brand's Shijimi Bags have been top sellers since the start, and they have also come up with unique ideas such as "Ribbon Mats" made from cotton scrap fabric. Marukawa believes that design should serve as a tool that elevates companies and product brands while facilitating products sales at fair prices, thus functioning as an effective means of building a customer base. He wants people to understand that design is something familiar, something to cherish, and something that can give society hope for a better tomorrow.
(Hideto Shindo)

22

ヤシマ真珠

山本行太

三重県伊勢市岡本 2-7-16
Tel: 0596-28-2337
10時〜18時　日曜休
yashima-pearl.com
宇治山田駅から徒歩約10分

1. 養殖から流通、小売、そしてファッションまで意識する若き真珠屋。

1949年創業。現在も養殖から一貫した家族経営の5代目。
ファッション業界出身のセンスとアイデアがある。

2. さまざまなものづくりと真珠をミックスする「CROSPEARL」。

バイクパーツの「クラフトアルマジロ」や、ガラスの「HARIO LWF」、
刺繍《ししゅう》の「000（トリプル・オゥ）」など幅広いコラボレーション商品。
「かほりとともに、」の調香師・沙《さ》里《り》さんとは、“真珠のフレグランス”まで。

3. 真珠の町・伊勢志摩を発信する活動。

伊勢市のカフェ「カミノコーヒー」にて写真展や、
東京の西麻布の割烹《かつぽう》「伊勢すえよし」などともイベントを開催。

可能性を広げ続ける〝真珠人〟もし、僕自身が真珠だったら山本さんに扱ってもらいたい――山本行太さんは、4代続く真珠屋の長男として生まれ、関東の大学に進学。卒業後、ジュエリー・ファッション業界の道に進んだ。ファッションジャーナリストのアシスタントに就き、デザインと美の感性を育んだ。10年後、家業を手伝うために帰郷。たくさんの問題にぶつかりながらも、真珠のことを学び始めたという。「ヤシマ真珠」の面白さは、養殖からそれが人の手に届くまで、一貫して家族間で行なっていることだ。そこからは、真珠に関わるそれぞれのクリエイター（家族）が、バトンを繋《つな》ぐという物語が生まれ、分業からは決して感じられない愛のようなものが一つの真珠へ蓄積されていく。どこか古くさい日本の一つの文化として捉えていた僕も、この山本さんの真珠に魅せられ、そして、いわゆるただの〝真珠屋としての成功〟を求めていない姿に惹《ひ》かれている。環境は大きく山本さんを育み、「持続可能な海の宝石と日本のものづくり」というキーワードのもと、2017年にはさまざまな素材と真珠を繋ぐ「CROSPEARL」をスタート。県内ではバイクパーツに使われる鈴鹿の「クラフトアルマジロ」とプロダクトの共同開発を手がけた。各地で真珠を売るだけじゃなく、伝える発信も精力的に続けている。伝統を継承しながら、卓越したセンスとファッショナブルなアイデアで、真珠産業の可能性を、軽やかに広げている。（高田弘介）

Yashima Pearl
Kota Yamamoto

1. **A youthful pearl dealer considering everything from cultivation and distribution to retail and fashion**
2. **The CROSPEARL selection combines pearls with various crafts**
3. **Works with photographers and chefs to communicate the charms of Ise-Shima, the town of pearls**

Yashima Pearl is unique in that it handles every process from cultivation to the point the product reaches the customer. These processes are handled within the family by different family members, with each "creator" working together on the final product. Initially under the impression that pearls were just another Japanese tradition, I was fascinated by Yashima Pearl and how it is not seeking success as a typical pearl dealer. Environmentally conscious, in 2017 Yamamoto launched the new CROSPEARL collection, combining sustainable pearls with Japanese crafts. In Mie, for example, Yashima Pearl has jointly developed a product with motorbike component manufacturer Craft Armadillo. While carrying forward tradition, Yashima Pearl is extending the possibilities of the industry through superior designs and fashionable ideas. (Kosuke Takada)

而今禾

米田恭子

三重県亀山市関町《せきちょう》中町《なかまち》596
Tel: 0595-96-3339
11時～17時　水・木曜休 不定休
www.jikonka.com
関駅から徒歩約5分

1. 1998年、「而今禾《じこんか》」を創業。ライフスタイルショップの先駆者。

松阪《まつさか》市出身。夫の西川弘修さんと共に関町で活動開始。
器・アンティーク・オリジナルの衣類のセレクト、販売を行なう。

2. 伊勢茶に伊勢うどん、藍染めまで行なう、三重のマルチプレーヤー。

希少な紅茶品種「F4」を耕作放棄から商品化にまで復活させた茶農家。
「伊勢小青柑」など、伊勢茶のポテンシャルを引き出している。

3. 三重のアートやクラフト、美味《おい》しいものも熟知。

造形作家や料理人、珈琲店などとジャンルを超えた企画を展開。
関町へ訪れるきっかけを作っている。

暮らしの活動家　「ライフスタイルショップ」――そんな言葉が浸透していなかった1998年に、亀山市関町で始めたのが、「而今禾」の米田恭子さんだ。大学時代に陶芸を学び、陶芸家・内田鋼一さんら仲間内で行なっていたグループ展がきっかけで、コミュニケーションを取る場としてのお店を模索。活動拠点を探す中で、関宿に残る美しい町並みに魅力を感じ、器やオリジナルの衣服を販売する場として「而今禾」をオープンした。当時は専門店が多かった中、テーマ性を持った企画などで、〝而今禾の暮らし〟が確立・認知されていった。転機は2004年、活動拠点にしていた台湾で「発酵茶」に出会い、味や文化に魅了される。その後、亀山市で耕作放棄地となった茶畑がある、と案内され、「F4」と出会った。F4は、台湾の山茶をルーツに持つ紅茶向けの品種。戦前の台湾で、紅茶生産に関わっていた故・川戸勉氏らが、試験栽培しており、日本では亀山市だけにしかない。茶葉の大きさや、独特な清涼感のある味わいなど、さまざまな要素が重なり、引き合わされたかのように自ら発酵茶を手がけることとなる。「工房而今禾」では、教室やお茶会も開催している。今後、若手農家やクリエイターたちと茶房もつくる予定だ。「而今禾」が手がけるものづくりは、一貫して時代に合わせることより、残すべき文化をあるべき形で伝えようとしている。暮らしの延長線上から生まれる探究心は、これからも止まらないだろう。（門脇万莉奈）

Jikonka
Kyoko Yoneda

1. A lifestyle goods shop pioneer who founded Jikonka in 1998

2. Active in various Mie product fields including ***Ise-cha*** tea, Ise ***udon*** and indigo dyeing

3. Highly knowledgeable in Mie's arts, crafts, and delicious cuisine

In 1998, when Kyoko Yoneda started her shop in Kameyama City, the "lifestyle goods shop" concept was not yet widespread. Attracted by the beauty of the old Sekijuku townscape, Yoneda opened Jikonka there and began selling dishware and original clothing products. In 2004, she discovered fermented tea in Taiwan where she was based and was drawn to its flavor and culture. She would later be shown abandoned farmland in Kameyama City that grew "F4," a variety of tea leaf (used for black tea) with ties to the Alishan tea she encountered in Taiwan. This tea is only available in Kameyama City and no other part of Japan.
In the future, Yoneda plans to open a tea shop with young farmers and local creators in the area. Her tea exploration, born from the natural course that her life has taken, shows no signs of ending anytime soon. (Marina Kadowaki)

d 24

内田鋼一

1. 四日市市在住の陶芸家、造形作家、アートディレクター。

世界各国を旅した経験から、陶芸に限らず、あらゆるジャンルの作品を生み出す人。美術館はもちろん、飲食店、温泉、ホテル、ショップなど、さまざまに関わり、三重県のデザインを底上げしている。

2.「湯の山 素粋居《そすいきょ》」や、「アクアイグニス ギャラリー温」などを監修。

VISON内の「KATACHI museum」や、「Gallery 泛白 uhaku」などもプロデュース。

3.「BANKO archive design museum」の館長。

2015年、「四日市萬古焼《よっかいちばんこやき》」をアーカイブした博物館を設立。歴史や背景を自身で調査し、四日市の素敵な店も紹介した書籍も出版。

三重の〝文人趣味〟内田鋼一さんを知ったのは、本人曰《いわ》く「茶の湯とか、萬古焼とか、全く関係なくつくりました」とする「鉄錆膳」から。鉄板と鉄の角棒を使い、表面には酸化させた錆の塗り削りを何度も繰り返し、大変手間のかかる仕上げ。膳という道具の持つ、普遍的な存在をシンプルに作り、そこには、「萬古」の名にあるように、この土地ならではの個性的で長く続くものづくり精神が感じられた。愛知県名古屋市出身の内田さんが、萬古焼のユニークな歴史が保存されていないことを知り、私財を投じてつくった四日市市の「BANKO archive design museum」。展示はもちろん、公式書籍を開くと、萬古焼そのものの歴史やデザインの面白さに加え、莫大な情報量に、僕はいたく感銘を受けた。しかもそれらは、本人自らが調査、執筆、編集などを行なったというから驚きだった。そして、同じ市内の日本料理店「呼月《こげつ》」では、彼が作陶した器で絶品料理が飾られ、菰野町《こものちょう》の「パラミタミュージアム」では、緑青色の陶板から成る『coexistence. It ties』が迎えてくれる。２０２０年には、モダンな宿泊施設「湯の山 素粋居」の建築・デザインのディレクターとして関わるなど、本業の枠を超え、三重県のデザインを底上げする活動は、もはや〝文人趣味〟。県が主催した勉強会から派生して、今でも不定期で集まる地元企業の相談役でもある内田さん。三重県の伝統や歴史に敬意を払い、自由で現代的な暮らしを提案している。（神藤秀人）

Koichi Uchida

1. **A potter, sculptor and art director living in Yokkaichi City**
2. **Produced "SOSUIKYO" and "Gallery On".**
3. **Director of the BANKO archive design museum**

I first learned of Koichi Uchida via his Tetsusabizen metal-table pieces, which exude individuality and long-lasting design characteristic of the Banko region. Aware that little effort was being taken to preserve Banko ware's unique history, he spent his own money to create the BANKO archive design museum in Yokkaichi. At the Japanese restaurant Kogetsu (also in Yokkaichi), Uchida's ceramic wares are used in exquisite meals, and the Paramita Museum in Komono-cho exhibits his "coexistence.It ties" installation made with patina-green pottery shards. Uchida also served as architectural and design director for SOSUIKYO, a modern-style inn opened in 2020. Transcending the role of individual potter, Uchida works on behalf of the prefecture to advise and assist local companies, striving to elevate design throughout Mie as a whole. (Hideto Shindo)

『もこ もこもこ』谷川俊太郎 作　元永定正 絵（文研出版）より転用

元永定正（1922–2011年）　1922年三重県上野市生まれ。三重県上野商業学校卒。1955年から71年まで具体美術協会会員。作品はニューヨーク・モダンアートミュージアム、東京・京都国立近代美術館、長岡現代美術館、新潟・栃木・兵庫県立近代美術館、大谷記念美術館、トリノ国際美学センターなどにある。

Sadamasa Motonaga（1922–2011）　Born in 1922 in Ueno City, Mie Prefecture. Graduated from Ueno Commercial School in Mie Prefecture. From 1955 to 1971, he was a member of the Gutai Art Association. His works are in the New York Modern Art Museum, Tokyo and Kyoto National Museum of Modern Art, Nagaoka Museum of Contemporary Art, Niigata, Tochigi and Hyogo Prefectural Museum of Modern Art, Otani Memorial Art Museum, Turin International Aesthetic Center, and others.

編集部が行く

編集部日記

神藤《しんどう》秀人《ひでと》

Editorial Diary: Editorial Team on the Go

By Hideto Shindo

三重のものを三重だと〝知らない〞三重の人

愛知県の名古屋駅からレンタカーを使えば、名古屋高速に乗ってわずか15分足らずで、三重県に入る。かつては海だった濃尾《のうび》平野に流れる木曽三川（木曽川・長良川・揖斐《いび》川）を渡れば、三重県の玄関口・桑名市だ。TDL、USJに次いで、利用者数が多いという「ナガシマスパーランド」を、左手に望みながら三重の旅は始まった。

三重県は、日本のほぼ真ん中あたりに位置していて、「関東」とも「関西」とも言えない独特の文化圏。東海道の関所でもあった鈴鹿関（現在の亀山市関町）がその境でもあり、遊ぶとしたら？ こう訊《き》くと、西に位置する「伊賀エリア」の人は、大阪に、東に位置する「北勢エリア」の人は、名古屋に行くとも言っていた。そして、三重県の地形が縦に長いというのも個性を複雑化させている。県庁所在地がある津市の「中南勢エリア」に、さらに南の「東紀州エリア」。熊野市まで行くと、もう和歌山県に行った方が近い。僕も泊まった際に、夕飯のお店を探して気づいたら新宮市（和歌山県）に行ってしまったこともあった。そして、極め付きは「伊勢神宮」の存在。知名度も高く、伊勢神宮がある「伊勢志摩エリア」こそ、三重県の中心地だと風説も立つほど。真珠養殖発祥の地であり、G7サミット（主要国首脳会議）の開催地にもなった志摩半島。もはや三重県の代名詞にもなっている。

三重県には、東西南北全ての地域に個性がある。あらゆる文化が良くも悪くも混ざり合わず、独自の伝統を貫いてきた。よく知っているものが三重のものなのに、それを県外の人ならまだしも、三重の人でさえ気づいていないことも少なくない。そんな三重の旅を、エリアごとに振り返ってみよう。

1 北勢エリア

江戸時代、東海道唯一の海路が、愛知県の熱田から三重県の桑名までを結んでいて、その距離7里あったことから「七里の渡し」ともいわれ、今も跡地が「九華公園」内に残っている。また、伊勢神宮へお参りに来た旅人は、ここから伊勢国へ入る。伊勢神宮の「伊勢国一の鳥居」が、海に向かって建っているので、これからお参りする予定の人は、海を渡って来たつもりで、海側から一礼してくるのが習わし。

九華公園内には「柿安精肉本店」がある。全

1. Hokusei Area

In Kuwana's Kyuka Park, you'll find the flagship store of meat seller Kakiyasu Seinuku Honten. The company got its start here as a beef hotpot restaurant in 1871. Eating beef is nothing unusual today, but up through the Edo period it was actually taboo in Japan. It was the Meiji Emperor who broke that taboo, also in 1871. The most iconic beef dish was hotpot (*sukiyaki*). You'd expect it to be a big city thing, but this was Kuwana, and founder Yasujiro Akatsuka probably deserves more credit than he gets for being the first to open a beef restaurant. You can also eat Matsusaka beef *sukiyaki* and *amiyaki* at nearby Kakiyasu Ryotei Honten, but it's worth buying some "Kakiyasu beef" produced locally.

I felt myself irresistibly pulled in by the massive tower gates of Kuwana Sosha Shrine. It may look ordinary, but this is the site of the Ishidori Festival, "the noisiest festival in Japan." It has a museum dedicated to the legendary sword Muramasa. The experience is quite unique: upon entry, visitors must take off their shoes and sit in a circle to calm their spirits (or so says the sign). Then they must (→p. 071)

国のデパ地下店舗の代表格でもある「柿安ダイニング」は、皆さんもご存じだろう。柿安は、1871年（明治4年）、桑名市で牛鍋屋として創業。今でこそ、当たり前のように食べている牛肉だが、実は、江戸時代までは食べられていなかったという。そのタブーを破ったのが明治天皇で、同じく明治4年のこと。牛肉は健康に良いものだと考え、天皇自らが率先して牛乳を飲み、牛肉を食べ、国民に食肉を促したという。その後、牛肉は大流行。その代表料理が「牛肉鍋（すき焼）」だった。大都市ならともかく、いち早く牛鍋屋を開業した創業者の赤塚安次郎の行動力は、もっと称賛されるべきだろう。松阪牛《まつさかうし》をすき焼や、あみ焼でいただける「柿安 料亭本店」もあるが、北勢エリアの生産者によるこだわりの「三重 柿安牛」の購入もお薦め。

宿泊ならば、「MARUYO HOTEL」。もともと材木問屋だった建物をセンス良くリノベートしていて、地元出身のデザイナー・佐藤武司氏によるもの。宿泊当日のコンシェルジュも地元出身の女性で、地元民ならではの情報提供はもちろんのこと、揖斐川を目前にした2階の広間では、桑名名産の蛤《はまぐり》を使った手料理（要予約）も絶品だった。翌朝は、桑名の町を散策。暑い時期だったので名物「マルマン」のアイスまんじゅうもペロリだった。

重厚な楼門についつい引き寄せられるように「桑名宗社」へ。〝日本一やかましい祭り〟ともいわれる『桑名石取祭』の舞台でもあるが、一見普通の神社のよう。MARUYOの佐藤さんが監修したという「宝刀・村正」専門の博物館「眺《ちょう》憩楼《けいろう》-Muramasa Museum-」がある。館内に入ると靴を脱ぎ、円座に座って心を落ち着かせる（と、説明が書いてある）。そして、そのまま座った姿勢で見学するという、ユニークなスタイル。僕は正座のまま、襖《ふすま》を自分の手で開け、おもむろに展示室に入った。モダンとも言える黒畳の間の中央には、「宝刀 村正（太刀）」の写しと、「短刀 銘 村正」（桑名市指定有形文化財）が、ガラスケースの中で威容を誇っている。床の間には、桑名鍔《つば》や祭礼用の鉾《ほこ》などが展示され、雪見障子から見える境内も非日常的で奥ゆかしい。その切れ味から〝名刀〟ともいわれ、歴史に名を残してきた刀工一派「村正」。三重県指定の伝統工芸品でもある「桑名刃物」と、こういう形で出会うとは思ってもいなかったが、皇族も利用された料亭「船津屋」を移築し、伊勢神宮の式年遷宮で交換されたヒノキを建材としているなど、こ

like Iga beef and Japanese spiny lobster are served on elegant dishes designed by Koichi Uchida, who also created the ceramic-tiled wall behind the counter and the decorative art in the corridors. It's a gathering place for both locals and guests from outside Mie, great for a quick lunch or a relaxing dinner.

Nestled in a slender townhouse is the gallery Rokyo, whose dirt-floored and *tatami* rooms exhibit works by sculptor Sachiko Kutsuzawa installations by Ai Takefuji of flower shop VIGIL, and many others. Hoping to make it a place for people to meet and form new connections, the owner created his own Biased Map of Yokkaichi—which, as the name implies, is full of useful information colored by the owner's biases.

AQUAIGNIS is a bathhouse and inn whose clientele includes not just tourists, but many local regulars as well. Its predecessor, Kataoka Hot Springs, was also a bathhouse with deep local roots, but was forced to close when its last owner retired, so Tetsuya Tachibana（current AQUAIGNIS CEO）stepped in. The hot springs were later relocated due to the construction of the Shin-Meishin Expressway. The (→p. 073)

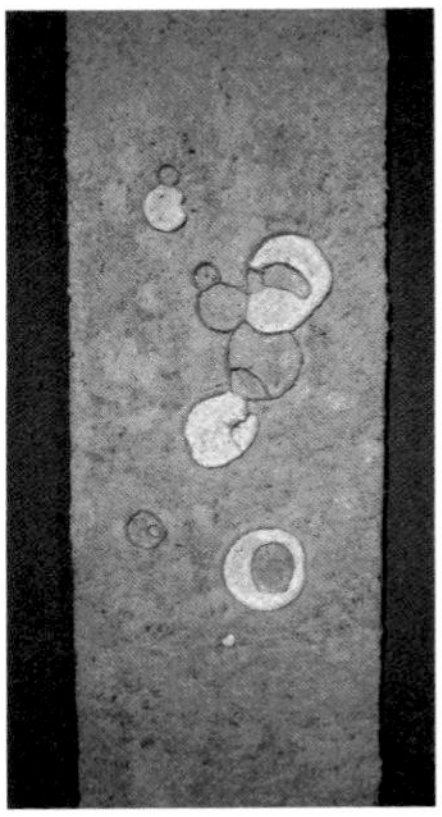

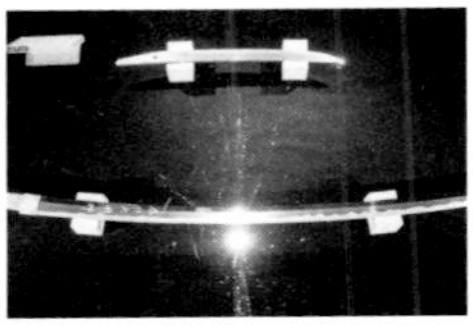

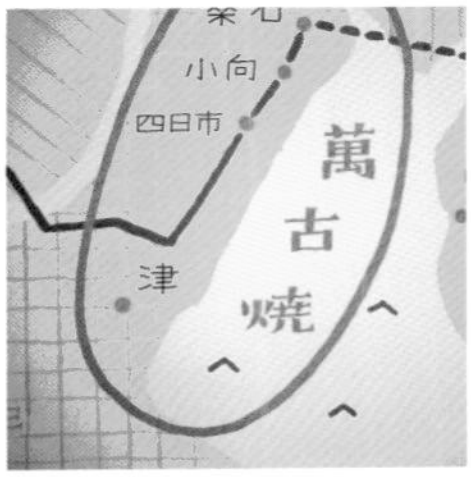

の土地ならではのデザインがあった。

桑名を離れて、四日市市へ。江戸時代、『四』の付く日に市場が開かれたため、それが四日市の名の由来になったとか。土地柄、水深と波静かな入り江に恵まれた〝天然の良港〟ともいわれ、〝港〟として歴史が古い四日市。江戸時代には廻船業が発達し、明治時代には国際貿易港になり、欧米技術の導入により大きな工場が建設され、港の発展が、窯業や製茶などの地場産業の近代化にも大きな影響を与えたという。

四日市でまず向かった先が、「BANKO archive design museum」。四日市市在住の陶芸家・内田鋼一さんの私設博物館。カフェも併設していて、毎日でも気軽に利用できる。萬古焼《ばんこやき》の歴史を遡《さかのぼ》れば、江戸時代に桑名の豪商・茶人であった沼《ぬ》波弄山《なみろうざん》が始めたもので、沼波家は「萬古屋」という陶器の廻船問屋でもあったという。萬古焼も、港町だからこそ栄えた伝統工芸なのだ。

三重県にゆかりある料理人、陶芸作家、インテリアデザイナー、フラワーデザイナーがそれぞれ粋を尽くしてつくり上げた本格日本料理の店「呼月《こげつ》」へ。伊賀牛や伊勢海老《えび》など、県内の特産品や旬の食材を上品に演出する器は、内田鋼一さん。カウンター越しの陶板壁や、店内の通路のオブジェも彼が手がけていて、地元の文化人が集まり、県外からのゲストをもてなす

remain seated as they view the sword. Muramasa was renowned for its cutting edge and gave rise to the eponymous school of swordsmiths. The museum offered an unexpected chance to learn about Kuwana blades, a designated traditional craft of Mie, as well as other uniquely local design elements: the building is a reclaimed legendary restaurant Funatsuya, favored by the imperial family, and built using cypress wood recovered from the old Ise Shrine.

A chef, ceramic artist, interior designer, and floral designer all deeply tied to Mie have contributed their mastery to the traditional Japanese restaurant Kogestu. Seasonal cuisine and local delicacies

〝迎賓館〟のよう。気軽に行けるランチもいいが、落ち着いた雰囲気のディナーもお薦め。

うなぎの寝床のような町家を使ったギャラリー「侶居《ろきょ》」。美杉町《みすぎちょう》の日本料理「朔《さく》」のオーナーでもある造形作家・沓沢《くつざわ》佐知子さんの作品展や、花屋「VIGIL」の竹藤愛さんによるインスタレーションなど、土間や和室を利用したさまざまな企画がある。この場所でさまざまな出会いが生まれ、輪となって広がることを願っているそうで、独自で作ったという『四日市ヘンケンマップ』は、文字通りオーナーの偏見によるお薦め情報が満載。四日市で行き場に困ったらぜひ活用してほしい。ちなみにその日の夜は、マップを頼りに、「Wine & Kitchen vélo」と、大衆居酒屋「ゑびす」をハシゴした。

地域性なのだろうけど、四日市にはビジネスホテルが多くて、デザイン性のある宿が少ない。しかし、新名神を使えば、菰野町《こものちょう》にある湯の山温泉まではおよそ30分。2020年には、四日市の内田鋼一さんの監修の下「湯の山 素粋居《そすいきょ》」が誕生。12棟の露天風呂付きヴィラは、石や鉄や硝子など、各棟ごと素材をテーマにしていて、すでにリピーターも多いようだ。

また、その母体でもある「アクアイグニス」も、観光客だけでなく日々多くの地元の常連客が、日帰り入浴に訪れていて、宿泊もできる。僕も、「素粋居」に泊まった日には、広くて開放的な大浴場「竹林風呂」に浸かりたくて、朝6時の開店と同時に入った。アクアイグニスの前身、「片岡温泉」は、地元に根づいた日帰り温泉でもあった。しかし、後継者がいなく、閉業を余儀なくされるところに名乗り出たのが、立花哲也さん（現アクアイグニス社長）だった。その後、新名神高速道路建設に伴う、温泉の移設。どうせならこの温泉を、日本中の人がわざわざでも訪れる場所にしようと、「癒やし」と「食」をテーマにした複合温泉リゾートの構想を思い付いた。その際、もともと経営していた苺《いちご》農園の苺をきっかけにパティシエの辻口博啓《ひろのぶ》さんと、イタリアンシェフの奥田政行さんも加わった。施設の中にある「TSUJIGUCHI FARM」では、12月から5月には苺狩りが楽しめ、各飲食店では、苺を使ったスイーツなども比較的長く楽しめる。ひと風呂浴びた後の「いちごミルク」は最高だった。

昔ながらの〝レトロな温泉街〟の湯の山温泉には、「淵卜瀬」がある。三滝川の岩壁に建つ元旅館を改築したカフェで、店内から眺める川の

concept was to turn it into a resort complex with healing and dining themes that people would go out of their way to visit.

Visitors to the Paramita Museum are greeted by “coexistence.It ties,” a Koichi Uchida mural composed of about 300 blue-green ceramic pieces. His works can also be found around the lush garden of grasses native to the Suzuka Mountains. The museum’s diverse collection includes the Hannya Shingyo series by sculptor Masuo Ikeda as well as over 1200 pieces of Banko ware that span everything from antiques to Yusetsu, Izawa, Kuwana, and Yokkaichi styles, offering a multifaceted look at the little-studied history of ceramics.

Kota Matsumoto of Matsukaze company CO. LTD. claims that Inabe has no noteworthy cultural traditions of its own. At Ueki Shokudo, a lively eatery located in what used to be a traditional inn, you can savor dishes made with plenty of fresh vegetables from Matsukaze’s Happu Farm. As I waited for a free table for lunch, I visited the Iwata Shoten Gallery, likewise located in an old townhouse. It’s only 6 years old, having started in 2016, but with a German bakery and a French restaurant, it’s already leaving its mark on (→p. 075)

景色が最高だった。さらに車を走らせると、登山の名所・御在所岳へ繋がる「御在所ロープウエイ」がある。全長216メートル、日本最大級の規模で、ロープウエイからは、菰野町・四日市市街地、伊勢湾から天気の良い日には知多半島まで望める。

内田鋼一さん作の緑青色の大小約300ピースの陶片から成る『coexistence.It ties』が迎えてくれる「パラミタミュージアム」。2003年、開館同時期の内田さんの作品展は、自身の初めての本格的な展覧会にもなったという。鈴鹿山脈原生の山野草が茂るガーデンにも、彼の作品が点在。池田満寿夫の陶彫「般若心経シリーズ」をはじめとする多彩なコレクションに、古萬古から、有節《ゆうせつ》萬古、射和《いざわ》萬古、桑名萬古、四日市萬古などを網羅した1200点を超える萬古焼。解明しきれていない焼物の歴史を、さまざまな角度から考えられる。

員弁《いなべ》川が流れる長閑《のどか》な町・いなべ市へ。小学校の木造校舎を再利用した国の登録有形文化財「桐林館《とうりんかん》」のある阿下喜《あげき》地区は、かつて宿場町として栄えていたという。しかし、いなべ市には、「特に目立った伝統文化がない」と話すのは、「松風カンパニー」の松本耕太さん。廃業した旅館跡につくった「上木《あげき》食堂」は、同社の「八風《はっぷう》農園」から届く新鮮野菜をふんだんに使った料理が食べられ、多くの人で賑《にぎ》わっていた。僕もランチをしようと思い、席が空くまでの間は、同じく古民家を改築したという「岩田商店ギャラリー」に。過去の展示をアーカイブしたショップも併設していて、2022年5月には四日市市出身のイラストレーター日隈みさきさん、6月には岐阜県出身のフォトグラファー足立涼さんの個展を開催していた。2016年に活動をスタートして、わずか6年。今では、ドイツパンの店や、フランス料理店なども生まれ、着実にいなべのカルチャーを形成している。

毎年8月に開催される「鈴鹿8時間耐久ロードレース」。鈴鹿の夏の風物詩でもある名物レースの一つで、オートバイによる8時間の耐久レース。2022年には第43回が開催され、それは大いに盛り上がったという。その会場となるのが鈴鹿市にある「鈴鹿サーキット」。全盛期には、日本中のライダーたちの聖地ともいわれ、今ではサーキットの周辺にモータースポーツ専門の業者が集まっている。そんな中、「クラフトアルマジロ」も、マフラーやステップなどのバイクパーツを製造・販売する会社。オリジナルブラ

vegetarian restaurant behind the store. The French-style lunch course menu features seasonal dishes like baby potato tartare, chilled melon soup, and steamed gourd and zucchini. The dinner menu offers plenty of a la carte options as well. Together, these two up-and-coming places surely represent the future of Mie cuisine.

2. Iga Area

Iga and its neighbor across the border in Shiga Prefecture, Koka, were both centers of ninja culture. The two towns lie next to each other across a range of low hills, and are still closely linked today. Iga is famed as the hometown of Basho Matsuo and the late painter Sadamasa Motonaga. I first encountered Motonaga's works at the Mie Prefectural Art Museum in Tsu, and immediately looked him up to find he also did children's books. I purchased two of his most famous, *Moko Mokomoko* and *Kokoro no Hikari*, at the children's bookseller MERRY-GO-ROUND in Yokkaichi.

Really, though, Iga does play up its ninja heritage, so much so that you'll see ninja trains designed by (→p. 077)

ンド「MAVERICK」では、バイクパーツの他に、レーシングマフラーを製作する精密な技術を活かし、チタン製のタンブラーなども作っている。チタンというと、軽くて錆《さ》びにくく、アレルギー反応も起こしにくく、さまざまな工業や医療にも使われている。しかも、熱を加えることで独特の色が発色し、温度の低い方から、ゴールド、パープル、ブルー……グリーン（最高温度）まで。オートバイのサイレンサーを使用したというユニークな形のチタンカップも。鈴鹿で生まれたものづくりは、時代に合わせ、用途も広く進化している。

かつて宿場町として栄えた亀山市関町。1998年創業の衣食住にまつわる物事を紹介する「而今禾」。町の中心に位置する「Jikonka SEKI 中町店」は、ショップ兼カフェで、「工房而今禾」では、正藍染めなどさまざまなワークショップも不定期で開催している。北勢エリア発、日本のライフスタイルショップの先駆けでもあり、僕は、一風変わった伊勢茶や伊勢うどんをいただいた。

明治から続く、旧東海道に面したオーガニック食料品店「岡田屋本店」。5代目の岡田瑞生さんは、而今禾の米田恭子さんの甥っ子。一見

Inabe's cultural scene.

The famous Suzuka 8 Hours motorcycle endurance race, an iconic summer event in Suzuka, takes place every August on the city's Suzuka Circuit. The 2022 running, the race's 43rd, was as exciting as ever. At its peak, the race was known as a mecca for riders across Japan, and today the area around the circuit is home to many motorsports vendors. One of them is Craft Armadillo, a maker and seller of mufflers, steps, and other motorcycle parts. Its original MAVERICK line of products also includes titanium tumblers and other items made using the same precision technology as its racing mufflers.

The organic food store Okadaya Main Shop has been a fixture on the old Tokaido road since the Meiji era. It may look ordinary at first glance, but step inside and you'll be amazed by the selection of products, many of which are locally made: bacon and other processed meats from Iga's Aino High School of Agriculture, *tamari* soy sauce from Suzuka's Tokai Jozo, and much more. It also has a wine cellar, with walls made from Hakusan earth and vintages from Kunitsu Winery. Even more interesting is hinome, the

BRIDGESTONE
Racing Theater
50
Racing Theater

hinome

普通の食料品店のようだが、入るとその品揃えに納得。というのも地産のものが多くて、伊賀市にある農業専門の「愛農学園農業高等学校」のベーコンなどの加工品や、志摩市の「海の子かぞく」の海藻、鈴鹿市の「東海醸造」のたまり醤油、などなど。白山の土で壁を作ったというワインセラーには、名張《なばり》市の「國津果實酒釀造所」のワインも。美味《おい》しいものを知っている家族だからこそ、全国のものばかりが集められていると思ったが、食材の豊さも三重県の魅力だと気づかされた。さらに面白いのが、店の裏に野菜料理の店「ひのめ」があること。フレンチベースのランチコースは、新じゃがいものタルタルに、メロンの冷製スープ、そしてメインは蒸したウリやズッキーニなどの旬野菜。夜はアラカルトも充実するそうで、岡田屋の瑞生さんもお手伝いに店頭に立つとか。新進気鋭の2つの店は、まさにこれからの〝三重県の台所〟とも言える。

2　伊賀エリア

伊賀市まで来ると、すぐお隣は滋賀県の甲賀《こうか》市。共に忍者の里だ。そんな伊賀市は、松尾芭蕉のふるさととも知られ、また、画家・元永定正（故）の出身地でもある。僕が、元永作品に出会ったのは、津市の「三重県立美術館」の常設展で、すぐに調べて絵本作家でもあることを知った。そして、四日市市の子どもの本専門店「メリーゴーランド」で、彼の代表作『もこ もこもこ』や『ココロのヒカリ』を購入。独特のグラフィックから想像するように、そのストーリーもどこか抽象的なのだが、奥も深く、思わずクスッと笑ってもしまう。子どもも大人も楽しめる、一家に一冊はあったら嬉《うれ》しい絵本。

それにしても伊賀市は忍者推しで、漫画家・松本零士氏がデザインした伊賀鉄道のラッピング列車も走るほど。また、忍者の食事でもあった伊賀名物「かたやき」など、郷土食も〝忍者〟。さらに忍者が伝達に使ったとされる暗号「忍者文字（神代文字）」が、市内のあちこちに使われているが、そもそも実際に忍者が使っていたかどうかは不明らしい。それでも、「NIPPONIA HOTEL 伊賀上野 城下町」の宿泊棟の表札にも忍者文字（愛されているな〜忍者）。NIPPONIAは、城下町全体をホテルとみなし、フロント棟でチェックインをした後は、まちを巡りながら自分の宿泊棟へ向かう。くみひも工房が併設し

manga artist Reiji Matsumoto. Even the local food, like the famous Iga *katayaki* crackers, is ninja-themed. Coded messages in "ninja writing" can be seen here and there around town, like on the doorplates of the NIPPONIA HOTEL Iga-Ueno Jokamachi. The NIPPONIA considers the entire castle town to be part of the hotel. Guests check in at the lobby building and then stroll through the town to reach their lodging. It's a small-scale establishment—3 guest buildings with 10 rooms in all, consisting of a *kumihimo* braiding workshop, a lumber seller, etc. renovated with a touch of elegance. I ate at Eirakukan, a former restaurant/inn in the Kanmuri building. The food was quintessentially local: dinner featured Iga's fabled beef, found almost nowhere outside the city, while breakfast included Iga rice prepared in Iga ware pots by Nagatanien and *yokanzuke* pickles.

Iga ware is made from earth taken from the basin of that ancient lake. It's characterized by intentional bends and divots, wavy patterns drawn with putty knives, scorch marks and bits of green glass, and ear-shaped decorations on each side. You can learn about the history of Iga ware at （→p. 079）

ている建物や、材木商を営んでいた邸宅など、全部で3棟10室の小規模分散型ホテルで、趣ある設えを生かしながらリノベーションしている。食事は、元料亭旅館の「旧栄楽館（KANMURI棟）」でいただく。夕食は、市外にほぼ出回らないという幻の「伊賀牛」に、朝食は、伊賀焼の「長谷園」の土鍋で炊いた「伊賀米」に、郷土料理「養肝漬《ようかんづけ》」他、伊賀らしさ満載。働くスタッフお薦めの城下町を巡り、忍者だけでない伊賀の魅力をたっぷりと満喫した。

「伊賀焼」は、古琵琶湖層の土を原料に焼かれてきた。特徴としては、茶陶の水指《みずさし》や花入など、意識的にゆがみやへこみを作り、ヘラ工具で波状の線を描き、焦げや緑色の「ビードロ」を付け、左右に一対の耳と呼ばれる装飾が施される。「長谷園」の資料館では、その歴史も知れる。今でこそ、耐火度の高い土を特徴とし、土鍋でも有名な伊賀焼。伊賀米との相性も抜群で、長谷園の看板商品「かまどさん」は、２００５年にグッドデザイン賞も受賞し、多くの食卓で親しまれている。また最近では、オール電化対応の全自動土鍋炊飯器「かまどさん電気」も発売し、手軽に土鍋を楽しめる。ちなみに、「三重県立美術館」の多田美波のレリーフは、全て伊賀の土で、

Eames dining chairs; and the wall behind it is decorated with coffee tickets, coffee cups, cake platters, and roasting implements all neatly arranged. The atmosphere is a bit sober, but it also has a kind of stoic beauty, and I could feel the passion the owner poured into every cup of rich, carefully nel-dripped coffee.

3. Chunansei Area

Handeishi Kawakita was born in 1878 into one of Ise's top merchant families, with a history of over 250 years. He served in key positions in a number of companies, including president of Hyakugo Bank, but still found time in his busy schedule to exercise his diverse artistic talents in calligraphy, tea ceremony, haiku, and photography. Of special note is his pottery. Before the war, he built a kiln at his Chitoseyama estate, which he moved after the war to Hironaga in the suburbs of Tsu to found Hironaga Toen. Among his fans are many of today's leading cultural figures, who place him alongside Rosanjin as a titan of modern ceramic art. Some of his most influential works can be seen in the Sekisui Museum. (→p. 081)

長谷園で焼かれたタイルを使っているそうで、その数約５０００枚。一枚一枚焼き加減が異なるので、作品が完成するまで、その倍は焼いたとか……。

同じく伊賀焼の窯元「玉楽窯」へ行く。8代目の福森道歩さんは、もともと料理の道を目指していた異色の陶芸職人。7代目の福森雅武さんがデザインしたという「黒鍋」は、実は「ステーキも焼ける」と教えてくれた。

僕の知る限り、最も芸術的な土鍋を作る稲葉直人さん。秋に控えた作品展の準備で忙しいところ、無理言ってお邪魔させていただいた。弟子は取らず、これまでたった1人で１００以上のバリエーションを作ってきた稲葉さん。もともと家業であった「陶芸」には興味を示さなかったというが、やるからには周りとは違うものを作りたいと、安定の大量生産から、柔軟な個人作家へ。30年ほど前、産地として盛んだった頃に先を見据えて蓄えてきた伊賀在来の「木節《きぶし》粘土」。正真正銘、手作りのろくろ成形の土鍋の魅力は、「土」と「形」。それは、絵画のようにずっと大切にしたいと思える土鍋だった。日本唯一、いや、世界唯一火に耐えうる土ということと、その美しさを、もっと多くの人に知ってほしい。

the Nagatanien archives. Today, thanks to the earth's high flame resistance, Iga ware is best known for cooking pots, which are especially well suited for Iga rice. Nagatanien's flagship Kamado-San line of pots won the 2005 Good Design Award and is a mainstay of many dinner tables. Incidentally, the Minami Tada reliefs at the Mie Prefectural Art Museum are all made from Iga earth, with around 5000 tiles fired at Nagatanien.

Naoto Inaba is a maker of artistic earthenware pots. He graciously agreed to meet me even though he was busy getting ready for a fall exhibition. Inaba, who does not teach his art, has thus far created over 100 variations by himself. Pottery was his family business, and not one he really cared for. But if that was going to be his job, he was determined to do it differently from everyone else, and so he shifted from uniform mass production to flexible individual artisanry.

Nabari sits just a stone's throw away from Nara Prefecture. Each time I was there, I stopped by the coffee roastery Ten Coffee Ten. Ten, located in a refurbished post office building. The interior is quite intriguing. The old package, telegram, and savings windows are left intact; the counter is lined with

名張市まで来ると、奈良県も目と鼻の先。そんな名張市で必ず寄ったのは、自家焙煎《ばいせん》珈琲の店「点珈琲店」だ。元郵便局だった建物を改築していて、「郵便」「電報」「貯金」など、当時の窓口をそのまま残した空間が面白い。イームズのダイニングチェアが配されるカウンター越しの壁には、珈琲チケットと大倉陶園の珈琲カップ、ケーキ用の皿や珈琲道具が、整然と並べられていて、気も引き締まる思いだけれども、そのストイックさが美しく、丁寧にネルドリップで入れられる濃厚な珈琲一杯に、店主の心が存分に込められているようだった。真っ白なチーズ・テリーヌや、真っ黒なショコラ・テリーヌも質実剛健。

2022年7月に完成したばかりの「ideca」は、休耕田を再活用した〝井手地区の果実〟をテーマとする観光農園。果実園で採れたイチジクやブラックベリーなどのフルーツの加工所に、フルーツを使ったスイーツのカフェ、ジャムやグラノーラ、自家栽培の米などを販売する産直的ショップが併設しているが、今後はレストランや宿泊施設など、さらに拡大していくという。美しい棚田の風景を守っていく、これからが楽しみな場所。

3 中南勢エリア

県庁所在地・津市へ。1878（明治11）年、250年以上の歴史を持ち、三重県でも一、二を争う伊勢商人の家に生まれた川喜田《かわきた》半泥子《はんでいし》（本名は川喜田久太夫政令《まさのり》）。半泥子は、いくつもの企業の要職を務め、百五銀行の頭取にも就くなど、その多忙な日常の中で、書画、茶の湯、俳句、写真といった、多彩な芸術的才能を発揮した人物だった。特筆すべきは陶芸。戦前、自邸の千歳山に窯を築き、戦後、津市郊外の廣永に窯を移し「廣永陶苑」を設立。生涯に生みだした作品は、3万から5万点ともいわれる。現代の文化人にもファンが多く、「東の魯山人・西の半泥子」などと称され、近代の陶芸界に大きな影響を与えた作品は、「石水《せきすい》博物館」や「ギャラリー仙鶴」で見ることができる。

さらに半泥子を身近に感じられるのが、洋食レストラン「東洋軒本店」。半泥子の勧めで開発された「ブラックカレー」が絶品。松阪牛を100パーセント使った「ロイヤルブラックカレー」は、「廣永窯」の半泥子のお弟子さんが作陶した器でいただける。現在も3週間以上かけて作られる半泥子ゆかりのカレーは、〝三重県な

different faces depending on the angle they're viewed from. Her work "*The Sky Moves*" (2018), currently on touring exhibition, adorns the front page of this issue. Apparently she holds an exhibition once a year at the OMURO MUSEUM—I'd certainly like to see it.

I think the charm of the commercial town of Matsusaka lies in the places that its residents love the most, the ones that offer a glimpse of their daily lives. My go-to place was MADOI, a multipurpose cultural space run by the creative team "vacant." It's a cafe, bookstore, and variety store rolled into one. There, designer Kota Nakase can tell you all about their beloved town.

VISON is a sprawling commercial facility opened in Taki in 2021. Taki lies at the center of Mie, which itself lies at the center of Japan. It's also where the expressway splits, with one road going to Ise-Shima and the other going to Higashi-Kishu, and conveniently connected with the new smart interchange. D&DEPARTMENT MIE occupies a corner of the facility and served as the base camp for my trip. See the VISON special feature (p.096) to learn more.

(→p. 083)

らではの一皿〟と言える。

白山町《はくさんちょう》の「私立大室美術館」へ行く。館長は、建築家の大室佑介さんで、彼の独断と偏見によって運営されているそうだが、閉館日とはいえ、その存在に気づかないほどだった。それもそのはず、美術館は、もともと犬の首輪などの革製品を製造する工場跡で、特に目立った目印がない。2022年の5月には、名張市在住の有本健司さんの個展『じのかみさん、ちのかみさん、あんな、』を開催していたが、僕はタイミングを逃してしまった（涙）……ちなみに、次回の展示は、ウェブサイトでご確認を。そして、大室さんの奥さんは、彫刻家の中谷ミチコさん。東京メトロ銀座線の「虎ノ門駅」のホームに設置された彫刻『白い虎が見ている』（2020年）など、一般的なレリーフとは異なり、凹凸が反転している独自の立体作品。見る角度によって表情を変える作品たちは、〝そこに無いようで在る〟不思議な世界観が魅力。そして、現在巡回中の作品『空が動く』（2018年）を、本書「三重号」の表紙に使わせていただいた。年に一度は、大室美術館で作品展も開催するそうで、その時はぜひ伺いたい。

商業の町・松阪市の魅力は、単に観光地ではなく、地元の人が愛して止まない、日常が垣間見える場所にある。遊べる集会所「MADOI」は、

Architect Yusuke Omuro, curator of the OMURO MUSEUM in Hakusan, is said to run it according to his own whims and prejudices. I could hardly find the place, although to be fair it was closed that day. Small wonder: it's housed in an old factory that used to make dog collars and other leather goods, with nothing to mark it as a museum. Omuro's wife, sculptor Michiko Nakatani, is known for her unique reliefs in which concave and convex surfaces are reversed, such as "*White Tiger is Watching*" (2020), installed at Toranomon Station on the Tokyo Metro's Ginza Line. Their allure lies in their mysterious "there yet not there" worldview; they show

カフェでもあり、本屋でもあり、雑貨店でもあって、活動地域特化型クリエイティブチーム「vacant」が運営する複合文化スペース。デザイナーの中瀬皓太さんにお会いすれば、彼らが偏愛する松阪をきっと知ることができる。特に僕のお気に入りは、松阪牛の焼肉店「一升びん」なのだが、本店ではなく、平生町《ひらおまち》店の方。見るからに〝ディープ松阪〟！

2021年、多気町に生まれた広大な商業施設「VISON」。日本の真ん中にある三重県の、さらに真ん中に位置する多気町は、伊勢志摩方面と東紀州方面への高速道路の分岐点でもあり、まさに新しい三重の要衝とも言えるスマートインターチェンジ直結。「D&DEPARTMENT三重店」も、この施設の一角にあり、旅の拠点にもなった場所。詳しくは、特集（p.096）にてご紹介します。

VISONからも程近い、農家民宿「つじ屋」に泊まる。オーナーの髙梨清さん英子さん夫妻は、神奈川県からの移住組。自給農と薪作りを暮らしの柱とし、多気町という生活地域に根ざし、里山の環境維持に貢献したいと考えている。築180年の町家を改修していて、もともと味噌屋だった屋号をそのまま引き継いでいる。五右衛門式のお風呂や、丁寧な家庭料理（伊勢うどんも登場）は、旅の疲れを癒してくれた。

4 伊勢志摩エリア

宮川を下るように伊勢方面へ。美しい田園風景の中に、崇高な茅葺《かやぶ》き屋根の建物がある。1865年創業の「元祖鮎《あゆ》の甘露煮・うおすけ」が、2015年にオープンした日本料理の店「伊勢宮川の里 鄙茅《ひなかや》」だ。新築とは思えない趣があるが、店内に入るとモダンな空間が広がり、売り場から客席へ、薪がくべられる竈《かまど》や、鮎が焼かれる焼き場、囲炉裏《いろり》のある待合室……そして、全席、宮川を見下ろすように設計され、天井も高く開放的。2階の個室は、大切な人と来るのも良さそうだ。基本はコース料理で、僕が伺った時は、先附、箸休、造里、八寸、焼物などの平日限定のランチコースで、〆《しめ》の御飯は、伊賀焼の土鍋で炊かれたとうもろこしとズッキーニの炊き込みご飯だった。現代に生まれた、歴史と伝統を彷彿とさせる〝デザインレストラン〟。

さらに宮川を進むと、いよいよ三重県観光の本丸、「伊勢神宮」の勢力圏・伊勢市だ。そもそも伊勢神宮とは、皇室の御祖先の神でもある「天《あま》

weekday-only *kaiseki* lunch course that finished with corn and zucchini rice cooked in an Iga ware pot. Modern in origin but steeped in history and tradition, this was truly a “design restaurant.”

A bit farther down the river, I finally arrived in Ise, dominated by Mie’s most important tourist spot, the Ise Shrine. I ate lunch at French restaurant and architectural landmark Bon Vivant. Owner/chef Takeshi Kawase says he wanted to get involved in Mie’s food scene and realized it was only natural to open a restaurant under the auspices of *Geku* (Ise’s Outer Shrine), the patron of all industry. The restaurant occupies the old Yamada post office telephone branch building designed by Tetsuro Yoshida, who also did Tokyo’s familiar Central Post Office. It incorporates elements of Japanese modernism, giving it an air of nostalgia and warmth even today.

Mie’s Shima Peninsula was where Japan’s first cultured pearls were grown, and at Mikimoto Pearl Island in Toba Bay, you can learn all about their history. Without Kokichi Mikimoto’s accomplishments, life in Japan would (→p. 085)

照大御神《てらすおおみかみ》」が祀《まつ》られる「内宮《ないくう》」と、天照大御神の食事を司る「豊受大御神《とようけのおおみかみ》」が祀られる「外宮《げくう》」があり、外宮から参拝するのが習わし。他、別宮や摂社など、合計125社の集合体が、実は、伊勢神宮である。詳細は、別途特集（p. 106）にてご紹介するが、その外宮からすぐの、名建築フランス料理店「ボンヴィヴァン」で昼食を取る。衣食住を含む、全ての産業の守り神でもある外宮のお膝元で、レストランを営む必然性を意識して、三重県の食産業に深く関わりたいと話すのは、オーナーシェフ・河瀬毅さん。お店が入る建物は、旧山田郵便局電話分室で、東京中央郵便局などでお馴染みの吉田鉄郎設計。日本のモダニズム建築の手法を取り入れた店内は、今も懐古的な趣だけでなく、長く愛され続けてきた温もりもある。まるで〝故郷のようなレストラン〟。

　三重県の志摩半島は、日本で最初に真珠養殖を成功させた土地。真珠といえば「ミキモト」を筆頭に思い浮かべる人が多いと思うが、ずばり正解。「ミキモト真珠島」は、そんな真珠養殖の〝はじまり〟の場所であり、その「歴史」を見学できる施設。名前の通り、海に架かる橋を渡った先、鳥羽湾に浮かぶ小島全体が施設。御

I stayed at the farmhouse inn Tsujiya, not far from VISON. Owners Kiyoshi and Eiko Takanashi moved here from Kanagawa. They want to help preserve the woodland environment and farming way of life of their adopted hometown. So they renovated a 180-year-old house and kept the name of the *miso* store that once occupied it.

4. Ise-Shima Area

Following the Miyagawa River down toward Ise, I encountered a building with a sublime thatched roof in the midst of the beautiful rural landscape. This was Hinakaya, a Japanese restaurant opened in 2015 by Uosuke, a purveyor of boiled sweetfish founded in 1865. From the outside, the building seems too elegant to be new, but inside is a fully modern space, from the sales counter to the kitchen with its wood-burning stove and sweetfish grill to the waiting area with its sunken hearth...and the whole space has an open feel, with high ceilings and a view of the river below from every seat. The private room on the 2nd floor would be ideal for VIP guests. The menu is course-based; when I visited, it was a

LOG
JAM

木本幸吉が成し遂げた功績は、今も日本の暮らしを大きく支えているはず。

　他にも、世界中の真珠のことや、伊勢志摩の海女のことまで勉強にもなる。海女といえば、鳥羽市にある「鳥羽市立 海の博物館」は必ず寄りたい。内藤廣氏設計の建築は、堂々とした佇まい。カフェもあるので休憩にもいい。

　海外からの観光客に絶大な人気を誇る「海女小屋体験」は、実はここ10年ほど前に始まった新しい観光。「はちまんかまど」「おぜごさん」「磯人」など、何軒かの施設が、今も元気に（90歳のおばあちゃんも！）営業しているが、本当の海女小屋は、漁を行なう海の近くにあり、観光で行くのは、あくまで〝体験小屋〟ということをお忘れなく。

　志摩半島は、大部分が伊勢志摩国立公園に指定されているが、そのほとんどが私有地で、つまり、人間と自然が共存している豊かな土地。リアス式海岸が形成する英虞《あご》湾や的矢《まとや》湾、五ヶ《ごか》所《しょ》湾など、今でこそ真珠養殖のためのイカダが浮かぶが、昔から続く、長閑で美しい風景こそ、この土地の宝なのだろう。そんな景色を一望できる「横山展望台」へ向かった。小雨が降っていたが、そんなことは一瞬で忘れ、眼下に広がる半島の景色に見惚《みと》れてしまった。40年前にできた展望台には、近年、カフェもできたので、のんびり過ごすのもお薦め。

　自然豊かな抜群の環境は、リゾートホテルも数多い。音楽家やアーティストがレコーディングなどにも訪れたという「NEMU RESORT」（旧ヤマハリゾート合歓の郷）には、2016年に「アマネム」が誕生。さらに、2016年のG7サミットの開催地にもなった「志摩観光ホテル」。中でも「ザ クラシック」は、村野藤吾設計の趣深い建築で歴史もある。どのホテルも、この豊かな志摩半島の自然を存分に味わえる。

5　東紀州エリア

　冒頭に書いたように、東紀州エリアも文化圏がガラッと変わる。伊勢神宮から熊野三山へと続く、世界遺産「熊野古道」。正確には、熊野古道の「伊勢路」が続いている。熊野古道は、「道路」が世界遺産に登録された日本で初めての例であり、世界遺産全体としてみても、スペインの「サンティアゴ・デ・コンポステーラの巡礼路」に次ぐ2番目。熊野三山とは、「熊野本宮大社」「熊野速玉《はやたま》大社」「熊野那智大社」（全て和歌

be very different today. The facility also has exhibits on pearls around the world and the *ama* divers of Ise-Shima.

Most of the Shima Peninisula is part of Ise-Shima National Park, but almost all of it is privately owned, meaning that people live side by side with nature. Nowadays, the ria-etched coasts of Ago, Matoya, and Gokasho Bays are lined with pearl-growing platforms, but the area's beautiful, tranquil scenery is still its greatest treasure, as it always has been. The Yokoyama Lookout offers views of the whole area; there's now a café there, so it's a good rest stop on a long drive.

5. Higashi-Kishu Area

When you get to Higashi-Kishu, the culture abruptly changes. The Kumano Kodo Road, stretching from the Ise Shrine to the Kumano Sanzan shrines, is a World Heritage Site, the first road in Japan and only the second in the world (after Spain's Camino de Santiago) to receive that honor. The Kumano Sanzan shrines were mentioned in the 8th-century *Nihon Shoki* as a center of nature worship. They have long attracted devotees from all classes of society, from the emperor to the common folk, but in modern times they have been (→p. 086)

山県）のことで、『日本書紀』にも登場する自然崇拝の地。古くから天皇から貴族、庶民に至るまであらゆる階層の人々の信仰を集めたとされたが、近世になって、日本最大の霊場としての地位を、なんと伊勢神宮に取って代わられてしまったとか。そんな熊野古道の入り口は、道路なのでどこからでも入れなくもないが、尾鷲《おわせ》市には、「三重県立熊野古道センター」がある。地元産の尾鷲ヒノキや熊野杉をふんだんに使った建築は見応えがある。展示棟では、熊野古道に関する常設展や、企画展を、交流棟では、東紀州の旬の食材を使った料理教室や、尾鷲ヒノキを使ったものづくりなどのイベントを開催。また、実際に施設を飛び出し、熊野古道を歩くツアーも行なっている。多くの一般人にとっては、鉄道や自動車道路の整備に伴って忘れ去られてしまった道……若い世代に伝え残すためには、わざわざでも行きたくなるような〝デザイン〟が必要不可欠である。

熊野市から新宮市（和歌山県）にかけては、大泊海水浴場や七里《しちり》御浜《みはま》など、知る人ぞ知るサーフィンのポイント。そんな海もあり、世界遺産もある熊野市で、サーフボード工房「LOGJAM」を訪ねた。シェイパー（ボードの職人）の小倉《おぐら》元《はじめ》さんは、地元出身。県内で会社員をする傍ら、サーフィンの魅力に引き込まれ、自身でボードを作りたいと脱サラしてシェイパーになった。ある時、移住者による雑貨店の企画で、熊野の魅力発見ツアーに参加した小倉さんは、熊野古道をはじめ、地元・熊野の素晴らしさに初めて気づいたという。どうせなら、ここでやる意味を見出そうと、『AU-KAMI（逢神）BRAND』という〝メイドイン熊野〟を前面に押し出したブランドを立ち上げ、積層する樹脂の中に、地元の柿渋染めや、藍染めの織物を挟み込み、オリジナルのサーフボードを作った。それは、地域ブランドとしても認定され、僕がオーダーしたスケートボード（ミニクルーザー）は、カラフルなストライプ模様が特徴の「市木《いちぎ》木綿」仕様。樹脂が浸透することで、ぐっと落ち着いた色合いになり、また違った市木木綿の魅力が見えてくる。デッキテープの代わりには、廃棄する樹脂を砕いて滑り止めとしてリサイクル。その土地らしい「スポーツ」と「伝統工芸」の融合。たとえ滑れなくても、壁に飾るだけでもいい。

supplanted as Japan's most sacred ground by none other than the Ise Shrine. You can get on the Kumano Kodo at any point on its route, but the Mie Prefectural Kumano Kodo Centeris in Owase. The building, with its abundant use of local Owase cypress and Kumano cedar, is a sight to see.

The coast from Kumano to Wakayama's Shingu is a surfing hot spot for those in the know. Hajime Ogura of surfboard maker LOGJAM, a native of the area, became a shaper after being enticed by the allure of surfing to leave his day job as an office worker. One day, Ogura took part in a Kumano discovery tour arranged by a variety store run by a non-Mie native. It was then that he first realized how wonderful his hometown and the Kumano Kodo were. Determined to find meaning in staying where he was, he launched his own brand, AU-KAMI, putting "Made in Kumano" front and center. His original boards feature fabrics made with local *kakishibu* and indigo dyes between layers of resin. The skateboard I ordered (a mini cruiser) had an Ichiki *momen* design with colorful striped patterns. Okura's boards combine iconic Kumano sports with traditional craftsmanship.

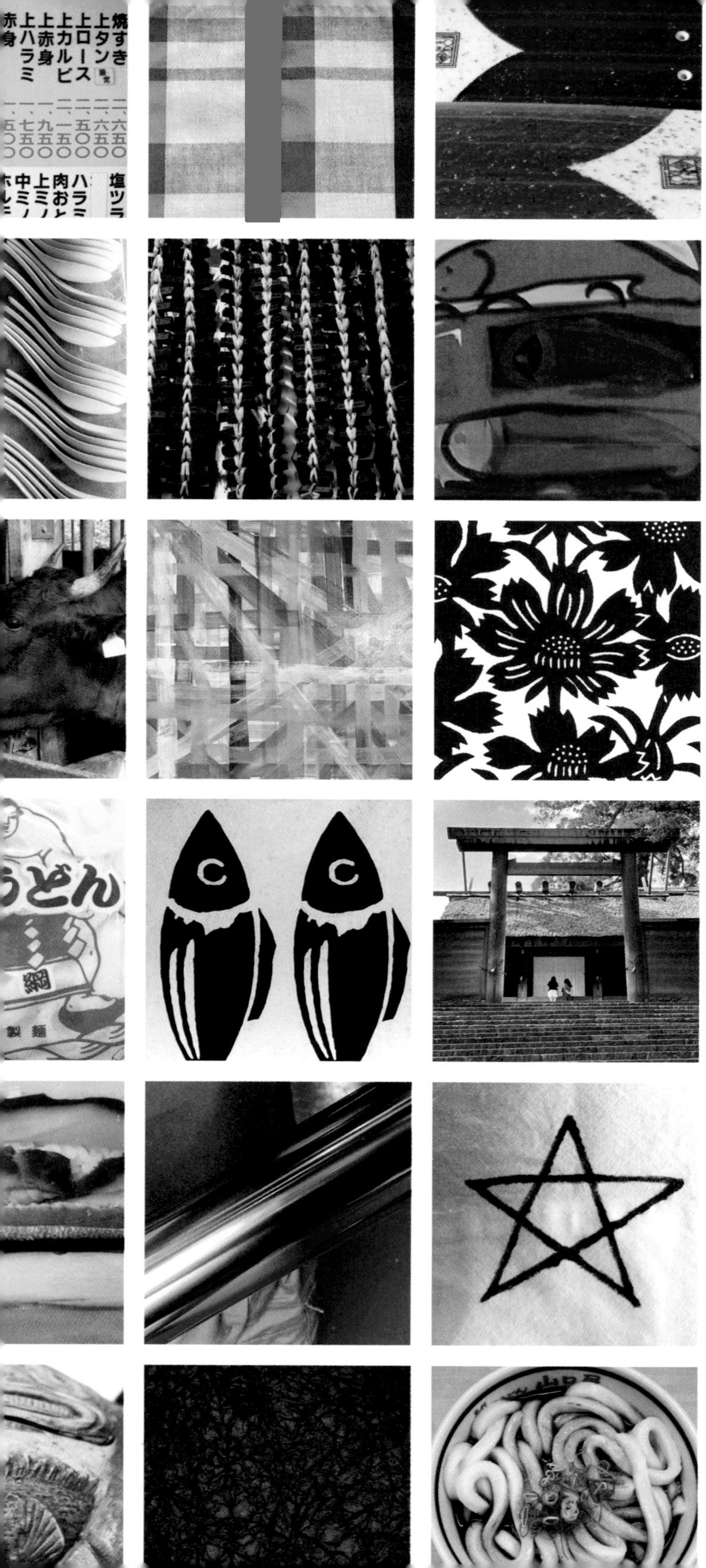

その土地のデザイン

三重もよう

日本じゅうを旅していると、その土地にしかない、〝その土地ならではのデザイン〟が落ちています。それは、紙、布、陶磁器、ガラス、金属、木工、絵画、文字、芸能、祭り、食、生き物、自然——さまざまな〝模様〟。もし、あなたが三重県でデザインの仕事をするならば、何をヒントにしますか？ そんな、三重県のデザインを探してみました。

Designs of the land

MIE patterns

As you travel around Japan, you will come across designs unique to the land that can only be found there. Patterns like paper, cloth, pottery, glass, metals, woodwork, paintings, calligraphy, performing arts, festivals, food, animals and nature. If you are a designer in Mie, where can you get hints? We searched for Mie designs that can serve as hints.

純良焼酎
品質
PRODUCED BY MIYAZAKI HONTEN Co., LTD
製造者 株式会社 宮崎本店
赤福

三重県の〝民藝《みんげい》〟

土瓶と土鍋

高《た》木《か》崇《き》雄《たかお》（工藝《こうげい》風向《ふうこう》）

Mingei (Arts and Crafts) of MIE

Earthenware Teapots and Cooking Pots

By Takao Takaki (Foucault)

高木 崇雄　「工藝風向」店主。高知生れ、福岡育ち。京都大学経済学部卒業。2004年「工藝風向」設立。九州大学大学院・芸術工学府博士課程単位取得退学。専門は柳宗悦と民藝運動を中心とした日本近代工芸史。日本民藝協会常任理事・『民藝』編集長。著書に『わかりやすい民藝』(D&DEPARTMENT PROJECT)、共著に『工芸批評』(新潮社 青花の会)など。

Takao Takaki　Owner of "Foucault". Born in Kochi and raised in Fukuoka. Graduated from Faculty of Economics, Kyoto University. Established "Foucault" in 2004. Conducted research on history of modern technical art with Muneyoshi Yanagi and folk art movement as the subjects. Completed the PhD program in Graduate School of Design, Kyushu University. Secretariat of Fukuoka Mingei Kyokai. The permanent director of Japan Mingei Kyokai. Editorial board member of Shinchosha "Seika no Kai."

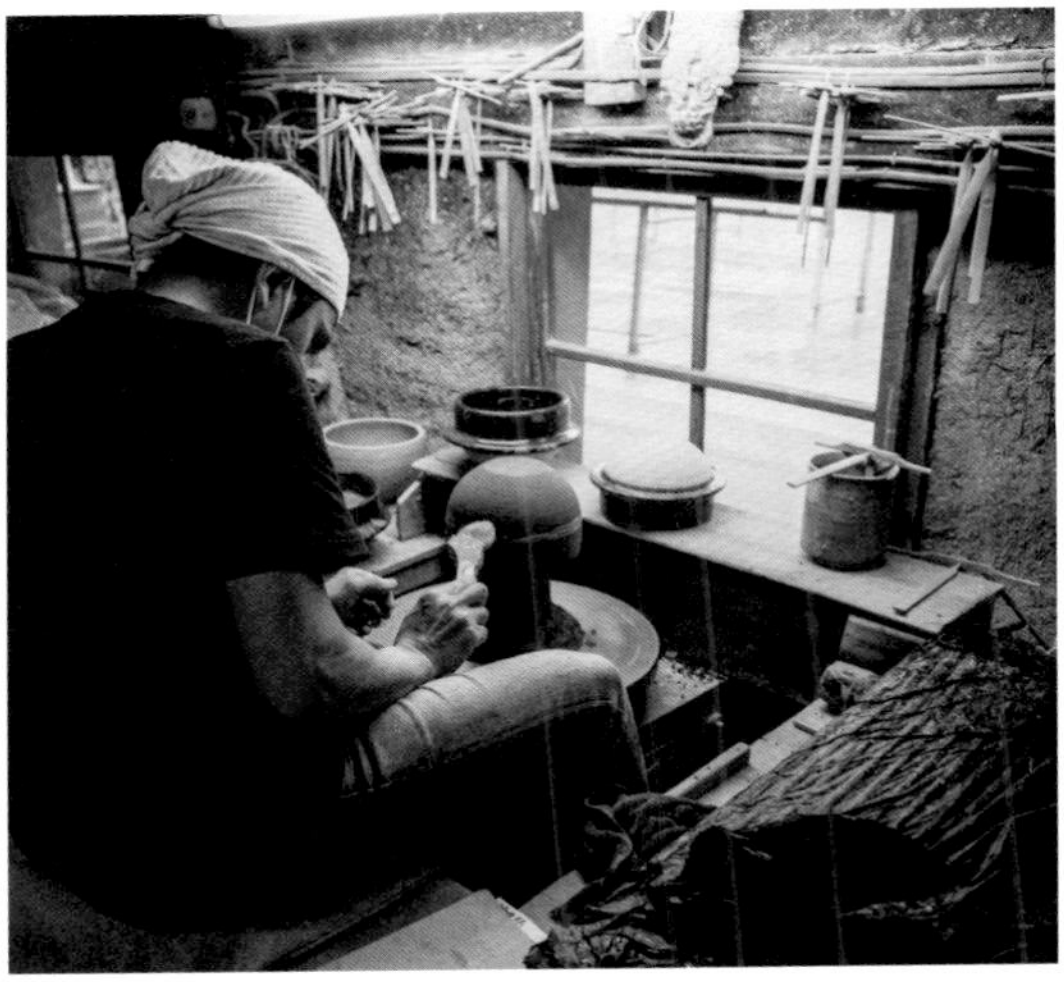

三重県と〝民藝〟について考えてみると、直接の関係があるわけではないけれど、まず思いつくのは民藝の提唱者・柳宗悦《やなぎむねよし》の父、柳楢悦《ならよし》の存在だ。のちの海軍少将・柳楢悦は現在の三重県・津藩の下級藩士から身を興し、長崎海軍伝習所に第一期生として入所、同期の幕臣・勝海舟と共に近代日本海軍の黎明《れいめい》期に力を尽くした人物として知られる。日本独特の数学「和算」の専門家でもあった楢悦は、その知見を基に西洋式の測量術を学び、日本各地の沿岸や港の測量を行ない、海の地図・海図を数多く作成したことから、「日本水路測量の父」「海の伊能忠敬」などとも呼ばれるとともに、アコヤガイの養殖手法を鳥羽出身の御木本幸吉に教え、御木本がアコヤガイを用いた真珠養殖に成功する先鞭《せんべん》をつけた人としても知られる。

いっぽう、三重県の手仕事について改めて振り返ってみると、柳宗悦が『手仕事の日本』に記した、伊賀傘や名張半紙《なばりばんし》、伊勢型紙や伊勢編笠《あみがさ》、松阪で作られる縞《しま》木綿「伊勢縞・伊勢萌黄《もえぎ》」といった品々の名は挙げられるかもしれない。ただ、これらの仕事はかつてのように盛んに行なわれているわけでも、僕らの身近にあるものでもない。では、今も変わらず続いている優れた仕事、三重県の〝民藝〟にふさわしいものはなんだろう、と考えれば、柳が次のように記した、丸柱《まるばしら》の土瓶や土鍋のことがまず思い浮かぶ。

（かつての渋味が消え、騒がしさが目立つ伊賀焼ではなく）本当の雑器を焼く丸柱村の窯の方を取り上げたく思います。土鍋、行平、土瓶など色々出来ますが、とりわけ丸柱の土瓶は評

When I think about Mie and *mingei*, what first comes to my mind is Narayoshi Yanagi, father of Muneyoshi Yanagi, the founder of the *mingei* movement. The future rear admiral got his start as a low-level samurai in Tsu Domain in Mie before enrolling in the Nagasaki Naval Training Center as one of its first students. Together with his contemporary Kaishu Katsu, he helped establish the modern Japanese navy. Narayoshi combined his expertise in Japanese mathematics with Western surveying techniques to conduct surveys of coasts and ports all over Japan, producing numerous nautical charts. For this work, he is known as the "father of Japanese maritime surveying" and the "Tadataka Ino of the sea." He also famously taught Toba native Kokichi Mikimoto how to farm Akoya shellfish, leading Mikimoto to become a pioneer in cultured pearls.

To be fair, a look through Muneyoshi Yanagi's *Teshigoto no Nihon* reveals a number of Mie handicrafts: Iga umbrellas and Nabari *banshi*, *katagami* and braided hats from Ise, striped *Isejima* and *Isemoegi* cotton from Matsusaka. But these crafts are not as widely practiced as they once (→p. 093)

form: their glaze thick, their patterns serene. These are not the works of some famous artisan. This is the domain of *mingei*. Of craftsmen eking out a worldly living. Each time I see one of these fine pieces, I am filled with affection. Although they have been downtrodden, we owe many of the works that fill our world with beauty to their labors."

As evidence in these words, Yanagi loved earthenware teapots, so much that he devoted an entire book to them, *Shokoku no Dobin*. That said, there aren't many teapots to be found in Yanagi's extensive collection, let alone cooking pots. Not because there were too few that met his standards of beauty, but rather because even the finest ones were scorched, scratched, and broken through daily use, and are thus lost. And the reason why Yanagi praised the potters of Marubashira, and not those of Banko or Iga ware, is because he considered them the "true" artisans, the ones who made our world more beautiful. Their teapots and cooking pots were full of parts like handles and lids that took a great deal of skill and effort to make, yet even so could not be sold at a high price because they broke too easily.

(→p. 094)

判であって、多くの需要に応じました。[*1]

空気を含み、熱をゆっくりと保持してくれる伊賀の土は直火《じかび》にも強く、古くから伊賀は土鍋の産地として知られる。近年は、ペタライトと呼ばれるより耐火性の強い土を海外から輸入することによって、伊賀よりも四日市の方が産地の規模としては大きくなっているが、それもまた、古くから土瓶や土鍋を手がける仕事がこの地域一帯で幅広く続いてきたことのあらわれに他ならない。現在も伊賀では稲葉直人さんや圡楽窯《どらくがま》、やまほん陶房や松山陶工場といった多くの作り手によって素晴らしい土鍋が日々作られている。

古い土瓶は何より形が美しい。釉もたっぷりし模様もまた落ち着きがある。何もそれは名だたる名工の作ではない。ここは民藝の領域である。皆職人たちの糊口をしのぐこの世の業だったのである。私は優れた作物を見るごとに彼らへの情愛が湧く。虐げられてきてはいるが、この世を美しくしてくれた功績の多くは、彼らに負うているのである。[*2]

かつてこのように記した柳は『諸国の土瓶』という本を作るほどの土瓶好きだった。とはいえ、数多い柳の蒐集品《しゅうしゅう》といえど、古い土瓶、まして土鍋は他の焼物に比して多くはない。評価に値するような美しいものが少なかったからではない。むしろ、優れた土瓶や土鍋ほど毎日の仕事で使われるため、火にかけられ、傷つき、割れてしまい、残らないからだ。そして柳が当時、萬《ばん》古《こ》焼《やき》や伊賀焼ではなく、あえて丸柱で行なわれていた仕事、土瓶や土鍋の仕事をなぜ褒めたのかも、取っ手や蓋《ふた》などのパーツが多く、作る手間がかかる割に壊れることが前提としてあるため高い値段がつけられず、けれども優れた技術を持っていないと作れない土瓶や土鍋こそ、「本当の雑器」であり、「この世の中を美しくしてくれる」存在だったからだ。

雑器というのは、誰かに見せ、その美しい姿を褒めてもらうために作るものではない。日々生計を立てるため、どこかの誰かが使ってくれるために作る、ただの道具に過ぎない。けれど、その「ただの道具」こそが、いちばん僕らにとって欠かせないものであり、いつかは壊れてしまうものだからこそ、美しいも

were, and they aren't very familiar to us, either. Is there a traditional craft, then, that is worthy of representing *mingei* in Mie? The following passage from Yanagi on earthenware teapots and cooking pots comes to mind:
"I should like to mention the potters of Marubashira (and not those of Iga ware, who have lost their old austere elegance and become distinctly turbulent) as true artisans of household dishes. They produce diverse kinds of vessels, and their teapots especially are renowned and in high demand."

Iga has been a center of cooking pot production for centuries. Iga earth contains air bubbles that allow it to retain heat over time and resist direct flame. In recent years, the import of petalite—an even more flame-resistant material—from abroad has caused Yokkaichi to surpass Iga in scale as a production center, but this only speaks to the long tradition of teapot and cooking pot manufacturing that stretches across the whole region. Even today, there are still many Iga potters—Naoto Inaba, Doraku-gama, Yamahon, Matsuyama—creating magnificent vessels every day.
"Old earthenware teapots are beautiful above all in their

のになる可能性を秘めている。僕は稲葉さんの土鍋を家で使っているけれど、使い込まれて、古びてきた土鍋はかっこいいなと思う。少しずつ鍋底にヒビが入り、蓋が少々欠けてきても、食卓の真ん中で堂々としている姿は実に頼もしい。キズ一つもないピカピカのものや、わざと古びた感じをつけたものは、いつまでも子どもっぽい人や無理に大人びた人のように、接するこちらまで恥ずかしくなってしまうけれど、使い込まれた道具は、自身の役割を長く果たしてきている稲葉さんその人と接した時のように、僕自身の姿勢を正してくれる存在でいてくれる。人がいつか死ぬように、器だっていつかは壊れる。けれど、どうせ萎《しぼ》み、枯れるからといって、つまらない花を咲かせる花がないのと同じように、傷つき、老いることを恐れず働き続ける人やものだけが〝民藝〟の美しさに辿《たど》り着くことができる。それはロングライフデザインと呼ばれる品々も、きっと同じはずだ。

＊1　柳宗悦全集11巻 p.112
＊2　『諸国の土瓶』柳宗悦全集12巻 p.276

写真上：緑釉土瓶　三重県(伊賀丸柱)　19世紀末期～20世紀初期　日本民藝館蔵

Household dishes are not made to be shown off to others and praised for their beauty. They are no more than tools, produced for someone else's use by people who are just trying to make a living. And yet it's these simple tools that are the most essential to our lives, and their potential for beauty lies precisely in the fact that, sooner or later, they break. I use an Inaba cooking pot at home. It's old and worn with use, which I find cool. The bottom is getting a little cracked and the lid is chipped in a few places, but it still looks sturdy and reliable in the middle of the dinner table. I feel embarrassed using things that are shiny and perfect or purposely made to look old; they remind me of people who never manage to grow up or try to act too grown-up. But when I use a well-worn tool—something that has served its purpose for a long time, like Inaba himself—I feel it straightens me out. All dishes eventually break, just as all people eventually die. But it's worth getting flowers to bloom even if they end up wilting away, and it's only by facing old age and infirmity and still continuing to work that people and things attain the true beauty of *mingei*. And the same can surely be said of Long-Life Design.

三重県の街にあるフライヤー

松阪偏愛マップ

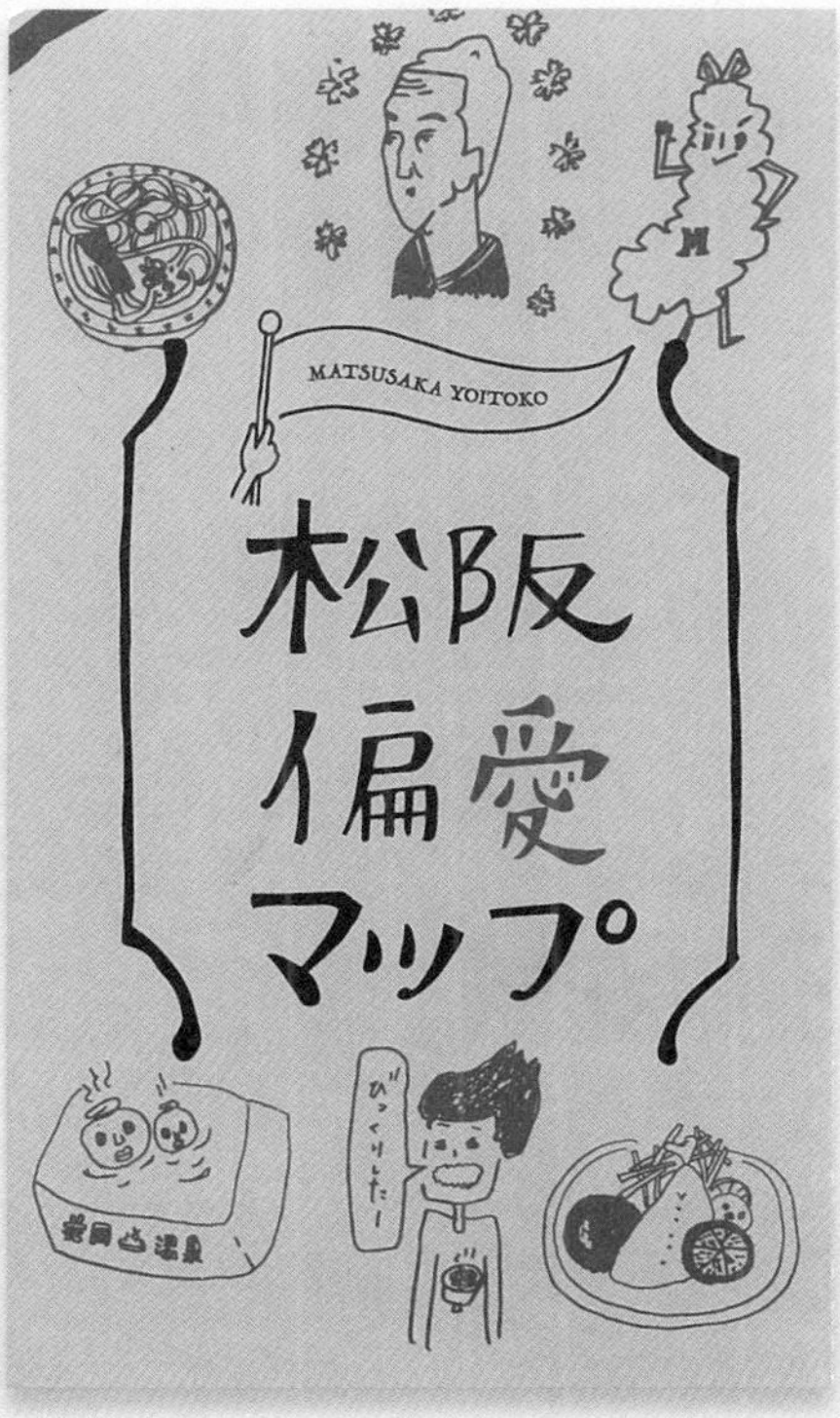

その土地の個性を真剣に広く伝えようと、ローカルから発信されるフライヤーやパンフレットたち。広告満載の大都市圏の雑誌とは違う、キリッとした編集やメッセージを、それらから感じ取って、その土地を旅しましょう。三重県からは、商人の町・松阪《まつさか》で、地元民が〝偏愛《へんあい》する〟お店や施設を紹介した、その名も『松阪偏愛マップ』をご紹介。d編集部もほとんどノーマークだった超個性派スポットが目白押し！

発行元	vacant	企画・制作	vacant
発行日	初版 2022年7月1日	デザイン	阪井純子
価格	無料	イラスト	中瀬理恵
配付場所	MADOI、アオゾラ食堂、駅弁のあら竹、豪商のまち松阪観光交流センター、他	お問い合わせ	0598-67-7716　info@madoi.mie.jp
		ウェブサイト	madoi.mie.jp

Fliers Found in Cities in MIE

Matsusaka Henai Map

Local flyers and pamphlets seek to carefully and widely communicate the characteristics of their respective regions. Unlike big-city magazines full of advertisements, local publications feature smart editing and crisp messages, helping potential visitors to better understand the area when visiting. From Mie Prefecture, we introduce the Matsusaka Henai Map, a map of the merchant town featuring shops and facilities adored by locals that cannot be found on standard sightseeing maps.

Publisher & Planning & Production: vacant
Publication Date: First edition issued on July 1, 2022
Distribution places: MADOI, Aozora Shokudo, Ekiben no Aratake, Matsusaka City Tourism Information Center, and more
Design: Junko Sakai
Illustrations: Rie Nakase

三重県の〝奇跡のような商業施設〟

「VISON」が、美しい村になるために

神《しん》藤《どう》秀《ひで》人《と》

A commercial miracle in Mie

VISON, for a beautiful village in the making

By Hideto Shindo

多気町とはどんな場所か

今回の旅の大きな目的の一つが、2021年に誕生した日本最大級の商業リゾート施設「VISON（ヴィソン）」に行くことだった。三重県のちょうど中央に位置する多気郡多気町は、伊勢志摩エリアに続く伊勢自動車道と、東紀州エリア（および和歌山県）に繋《つな》がる紀勢自動車道の分岐点でもあり、自動車社会の三重県ではさすがに知らない人はいないが、このヴィソンができるまでは、正直途中下車する人は、ほとんどいなかった。そもそもこの多気町の人口は、（ヴィソンができる前で）およそ1万4000人。猪《いのしし》や鹿の方が多いと揶揄《やゆ》されてしまうほど、決して大都市とは言えない。そんな多気町に、なぜ、ヴィソンが生まれたのか。2022年7月、オープンから1年が経《た》った今、改めてこの施設の魅力を探ってみる。

江戸時代、紀州藩（和歌山県）の領地でもあった多気町は、古くから伊勢街道や熊野街道も通る「交通の要衝」であった。また、農村地帯であったため、その地名を古代の「多木」（食物の多くできる土地の意）から採用したなどの説もあり、柿は県内一位の生産量で、みかんなども栽培され、言わずと知れた「松阪牛《まつさかうし》」の産地の一つでもある。

また、日本薬草学の先駆者・野呂元丈《げんじょう》の生誕地でもあることで、「薬草の町」としても慕われている。ちなみに野呂元丈の功績を讃えた記念館「元丈の館」や「中山薬草薬樹公園」では、約250種の薬草薬樹を楽しめるので興味がある人は訪ねてみるのもいいだろう。つまり、多気町は、自動車や鉄道の普及に伴い、その土地「らしさ」が埋もれてしまっていたのかもしれない。それは、他の土地にも言えることで、このヴィソンという施設が担うべきものは、新しい地方創生の形を見つけ出すことでもある。

初めてのヴィソン

総面積は、およそ東京ドーム24個分の約119ヘクタール。あの東京ディズニーリゾート（東京ディズニーランド＋東京ディズニーシー）よりも広い。施設内は、全部で9つのエリアに分かれているのだが、まずは、ヴィソン未体験という人のためにも、僕が初めて行った時のことを、振り返ってみることにしよう。カーナビアプリで目的地に設定し、県北や県南から高速道路で

What kind of place is Taki?

During the Edo period, Taki was part of Kishu Domain (today's Wakayama Prefecture). It has long been an important cross-roads, lying on both the Ise Kaido and the Kumano Kaido. It grows more persimmons than anywhere else in Mie and also produces mandarin oranges and the famed Matsusaka beef.

As the birthplace of Japanese herbology pioneer Genjo Noro, Taki is also known as “Herb Town.” If you're really into herbology, you might want to visit Genjo no Yakata, where Noro's achievements are enshrined, and the Nakayama Medicinal Plant Park, where you can enjoy about 250 different kinds of medicinal herbs and trees. The true essence of Taki may lie hidden underneath all the roads and rails. The same could be said of other places, too, and VISON's purpose is to discover new ways to unleash the potential of the local community.

Your first visit to VISON

VISON occupies about 119 hectares, 24 times the size of Tokyo Dome and bigger than Tokyo Disneyland and (→p. 099)

向かうと、一度、勢和多気インターを一般道へ出る。「スマートインター直結」と聞いていたが、三重県では「お伊勢参り」が優先のため、「伊勢方面から直結」ということなので、ここにも〝三重らしさ〟がある。

東に位置するメインの駐車場からは、まず「マルシェ ヴィソン」が迎えてくれる。鳥羽の海女さんが直々に店に立つ「海女小屋 なか川」や、度会町《わたらいちょう》の新鮮魚介をリーズナブルに提供する「鈴木水産」などは、海のない地域には嬉《うれ》しいお店。産直市場の新鮮な食材をその場でいただけるＢＢＱもあり、地元でも人気の田舎料理の店「せいわの里 まめや」などの惣菜《そうざい》も届いていたり、複数の生産者や事業者が毎日入れ替わる「軽トラマルシェ」など盛りだくさん。

その先は、「スウィーツヴィレッジ」。究極の地産地消を実現するパティシエ・辻口博啓《ひろのぶ》さんのパティスリーやベーカリーでは、三重県産の小麦を使ったパンや、伊勢茶や地元産フルーツのスウィーツなどを提供。ヴィソン内の宿泊施設に泊まった際は、スウィーツを堪能できる朝食も贅沢《ぜいたく》だ。

さらに、「アトリエ ヴィソン」には、陶芸家・造形作家の内田鋼一さんがプロデュースする、「白」をコンセプトにしたギャラリー＆ショップ「Gallery 泛白 uhaku」と、食をテーマにした「KATACHI museum」がある。それぞれ定期的にさまざまなジャンルの企画展を開催していて、僕が滞在していた6月には、『白用品』と『黒ト線』をそれぞれ開催。今回の展覧会のために初めて「ミナ ペルホネン」の皆川明さんが、内田さんと共作した器をお披露目。実際にヴィソンで採れる土を混ぜて焼いた作品もあり、整理券を配布するほど人気だった。

その先、施設のランドマーク「まほろ橋」を渡る。「サンセバスチャン通り」は、杉板の外壁が象徴的な長屋建築に挟まれた都会的な商店街で、この一角に我らが「D&DEPARTMENT MIE by VISON」が入っている。大きな「d」が目印で、毎朝焼いているどら焼きが人気なので、ぜひお試しください。その他、「くるみの木 暮らしの参考室」や「minä perhonen museum」など、言うなればヴィソンの〝ライフスタイルストリート〟。また、特に週末になると行列もできる「cafe Tomiyama」や、レンタルモビリティが便利な「raf」など、地元の人による動きも目立っていて、まさに多気町の新しいライフスタイルにも感じてくる。ちなみに、このサンセバ

Beyond that, you'll cross over the landmark Mahoro Bridge to arrive in San Sebastian Street, an urban-style shopping street lined with row houses with walls of cedar boards. Here's where you'll find our D&DEPARTMENT MIE by VISON store. The entire 2nd floor of San Sebastian Street consists of guest rooms that are part of Hatago VISON. The interiors of each building were coordinated by Kurumi no Ki's Yukiko Ishimura, minä perhonen's Akira Minagawa, Landscape Products' Shinichiro Nakahara, and D&DEPARTMENT Project's Kenmei Nagaoka.

The real centerpiece of VISON, it's fair to say, is WA-VISON, an eatery with a full selection of local cuisine like Ise *udon* and Matsusaka beef alongside classics like *sushi* and *tempura*. Especially interesting were all the stores specializing in seasonings like soy sauce, *miso*, vinegar, and *mirin*, where customers can learn about Japan's fermented food culture as they shop.

Ascend the outdoor escalator and you arrive at the HONZO area. The group of large buildings on your right is the hotel area, where the guest rooms' outdoor terraces (→p. 101)

スチャン通り内の施設の2階は、全てが「旅籠《はたご》ヴィソン」で、宿泊もできる。それぞれの棟を、くるみの木の石村由起子さん、ミナ ペルホネンの皆川明さん、ランドスケーププロダクツの中原慎一郎さん、そして、D&DEPARTMENT PROJECTのナガオカケンメイの4者によるインテリアコーディネート。

ヴィソンの目玉と言っても過言ではない「和ヴィソン」。鮨《すし》、天ぷら、うなぎ、蕎麦といった和食の定番は押さえながらも、「伊勢うどん」「松阪牛」「伊勢たくあん」「嬉《うれし》野《の》とうふ」などの郷土食も網羅。特に面白かったのは、醤油や味噌、酢、みりんなど、調味料の専門店が充実していて、日本の発酵文化を見て買って学べるというこだわりがあった。

屋外エスカレーターを上り、「本草エリア」へ。途中、右手に見えてくる大きな建築群は、「ホテルエリア」で、客室の屋外テラスからは、今巡ってきたヴィソンの景色が広がる。そのままエスカレーターを最上階まで上がると、そこにはホテルのフロントがあり、その先、プライベートなヴィラが点在している。そして、丘の最も高い場所には大浴場「本草湯」。薬草の町ならではの薬草風呂で、三重大学とロート製薬が連携し、薬草湯のレシピを開発している。施設内や、周辺の薬草畑の薬草を活用し、季節ごとのさまざ

Tokyo Disney Sea combined. The facility is divided into 9 areas.

The first thing you'll encounter is Marche Vison, a farmers' market where you can get fresh local food and BBQ it on the spot. There are all kinds of things to see here, including a "truck market" with an array of producers and vendors that rotates daily.

Next up is Sweets Village, offering bread made from Mie-grown wheat and sweets made from *Isecha* and local fruits.

There's also Atelier VISON, home of Gallery uhaku—an art gallery produced by ceramic and plastic artist Koichi Uchida and centered on the concept of "white"—as well as the food-themed KATACHI museum.

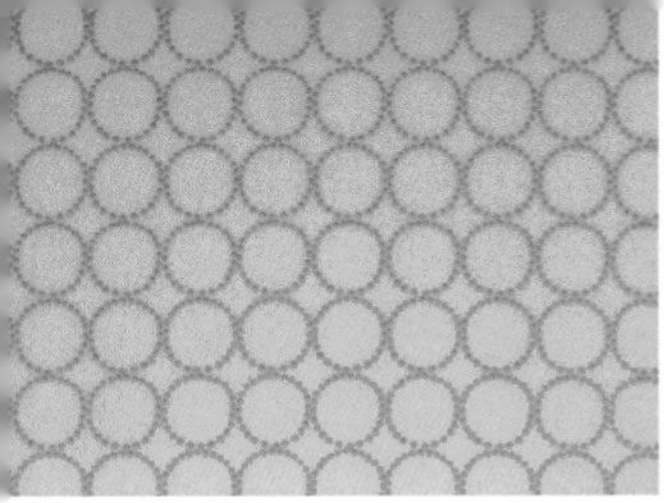

旅籠
ヴィソン

るみの木
暮らしの参考

mum
minä perhonen museum

まな湯。外湯は、〝七十二候の湯〟。「立春」や「冬至」といった季節を表す二十四節気を、さらに細かく分類した七十二候。およそ5日ごとに、少しずつ変わりゆく季節を、湯で表現するという。僕が入った際は、第三十二候『生麦酒なまびーるのおいしいころ』とあった。シソとモモの葉の薬草湯に浸かって、疲れた体を癒した。

世界と繋がる、美しい村

　丘の上からは、ヴィソンの全容が大体把握できるが、実は、この施設、発展途上。もともとこの場所は、自然豊かな山だった。今でも敷地内を巡ってみると、和草茶のカフェ「本草研究所 RINNE」もある〝奥ヴィソン〟と呼ばれる周辺には、まだまだ手つかずの空き地や砂利道も目立ち、工事車両も普通に出入りもしている。そんな山を切り拓き、このような大きな施設をつくった企業は、一体何者なのか。『編集部日記』にも記したように、その母体こそ「アクアイグニス」だ。菰《こも》野《の》町《ちょう》の「片岡温泉」を復活させた実績から、2013年に多気町から声が掛かった。立花哲也代表は、日本中の商業施設を見比べた時に、そのほとんどがアパレル業で成り立っていると考えた。しかし、それでは、多気町という土地の個性を出せないのではないかと、「食」をテーマに掲げた。和食に関して（商業施設としては）日本一になれば、それは、世界一になる。出汁《だし》を取らないばかりか、ぬか床もない若者が多い現代。日本ならではの食文化をもっと大切にし、それを伝え残すためにも、ナショナルチェーン店にはいっさい入らせない。「井村屋」や「マルコメ」など、これまで独自で出店したこともないような〝本物の〟食品メーカーに直談判。地元の商店や活動家にも声を掛けてきた。日本中のアートやデザインを牽《けん》引《いん》するメンバーを集結させたのも、ただの商業施設をつくるのではなく、地域のための場所にするためには必要不可欠だったと、信じてきたのだ。

　ヴィソン内の建物は、ほぼ木造建築。地方の商業施設は、定期借地契約がほとんどで、「壊す」ことが前提で建物がつくられる。たとえ木材を使ったとしてもニスなどの保護材を塗るのが必須。しかし、約1300年もの間続いている伊勢神宮の「式年遷宮」のように、きちんとメンテナンスしながら継続していきたい。そんな「お伊勢さん」のお膝元で、三重県という場所でやる意味は、200年、300年と長く続いていく

offer expansive views of all the parts of VISON you've just passed through. On the highest point of the hill is the HONZO SPA. Only here, in "Herb Town," will you find specially formulated medicinal baths developed by Mie University and Rohto Pharmaceutical.

A beautiful village, connected to the world

When VISON CEO Tetsuya Tachibana looked at other commercial facilities around Japan, he found that almost all of them centered on apparel. But that wasn't the right way to express Taki's local character, and so he proposed the theme of food. He decided not to allow national chain stores in order to present a more authentically Japanese culinary experience. He engaged directly with "real" food makers like Imuraya and Marukome that had never opened their own stores. He spoke with area businesses and activists, and assembled a team of leading artists and designers from across Japan. Tachibana believed that all of this was essential to make VISON not just another commercial facility, but a center of the local community.

VISON's buildings are almost all made of wood. (→p. 102)

〝三重県ならではの文化〟にすることなのだ。

住民にも安全・安心な未来の村

〝本当のサステナブル〟な施設にしたい。立花さんはそう語る。全ての文化や伝統は、想いや理想だけでは続かない。時代とともに、効率的に、共存できるような場所を築く必要がある。

多気町を含め、明和町・大台町・度会町・紀北町の5町は、2022年に、日本のデジタル田園都市国家構想の下、地域の課題解決へも取り組んでいる。ホテルエリアには、クリニックもつくった。例えば多気町に在籍する医師の数は、わずか4人。産婦人科医に至っては1人もいない。そこで、ウェブ上に登録されたおよそ8万人の日本中の医師と繋がることができれば、自宅に居ても、遠隔で診察を受けることができるのだ。通院のためにわざわざ家族が車を出す必要もなくなり、高齢者ドライバーへの心配も少なくなる。もちろん、必要とあれば、医師は駆け付け、従来通りの診療や治療も行なえる。あくまで、病気や体の不調を早期発見できるための考え方が根底にある。地方都市が抱える高齢化・過疎化問題は、ますます深刻になるだろう。また、デジタル地域通貨採用への動きもあり、〝本当の地産地消〟を目指している。敷地内にはオーガニック農園も開墾し、きちんとしたものを自給自足していく。できるだけ地域の食材を使い、地域と一丸となって循環させていく。

お伊勢参りに年間1000万人が訪れている三重県。冒頭に書いたように、ヴィソンが目指すところは、新しい地方創生の形をつくることだ。忘れかけた日本人本来の精神（ルーツ）を見直すタイミングが、今なのかもしれない。ヴィソンが生まれたことが〝必然〟で、それに付随してさまざまな問題意識が、良くも悪くも浮かんでくるだろう。ただそれでも毎朝、太陽がのぼり、一日が始まる。出勤してくるスタッフとすれ違うと「おはようございます！」と、元気な挨拶をしてくれる。雨の日には、山から流れ出た土砂を、道の端に寄せている。（広すぎて）道に迷ったお客さんには、親切に道案内もする。当たり前のようだが、その一人一人の行動が、きっとこのヴィソンの未来の〝分岐点〟になる。村人が幸せであることが、何よりも豊かな村の証しなのではないだろうか。みんなにとってのヴィソンが〝人生〟になり、さらに美しいものになることを、僕は願っている。

Nearly all regional commercial facilities are made to be torn down; any wooden structures need to be coated with varnish or other sealants. But Tachibana wanted to preserve and maintain VISON's buildings for the long haul, just as Ise Shrine has been constantly rebuilt for 1300 years. If he was going to build it in Mie, in the land of the Ise Shrine, it would be a uniquely Mie cultural experience to last centuries.

The village of the future

VISON's hotel area has its own clinic. Taki may only have 4 doctors—and not a single OB/GYN—but connect via the web to a nationwide network of 80,000 doctors and you can get a checkup without leaving your house. The problems of isolation and aging populations are only getting worse for regional cities. And VISON is cultivating an organic farm right on its premises to provide for its own needs. It will use local foods as much as possible in harmony with the community.

The best measure of a village's wealth is how happy its residents are. I hope that VISON will become part of people's lives, and continue to grow ever more beautiful.

D&DEPARTMENT D&DEPARTMEN

d
D&DEPARTMENT
MIE
VISON

三重県のロングライフ・ロゴマーク　かわるかわらない

井村屋「あずきバー」

Long-Lasting Product Logo in M
(un-)changed

AZUKI BAR by Imuraya

あずき

1973

あずき

1983

あずきバー

2004

あずきバー®

2013

三重県の〝ロングライフデザイン〟を学ぶ

わかりやすい伊勢神宮

遥か遠い昔、伊勢の地（三重県）に誕生した「伊勢神宮」。江戸時代には、「伊勢へ行きたい、伊勢路を見たい、せめて一生に一度は」と、歌にもされるほど憧れの存在だったといいます。そんな現在も愛され続ける日本随一の〝ロングライフ神社〟のこと、皆さんはどこまで知っていますか？

Learning from Long-Lasting design in Mie

Beginner's guide to The Ise Jingu

The Ise Jingu was founded long, long ago in the land of Ise (today's Mie Prefecture). During the Edo period, it was such a huge attraction that people used to sing. Even today, it's beloved as Japan's one and only "long-Lasting shrine." But just how well do you know the Ise Jingu?

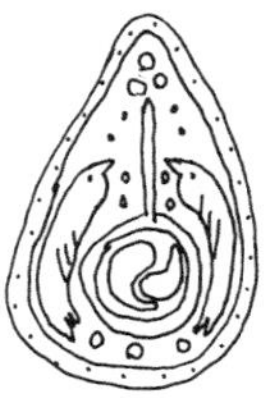

1. お祭りは、年間1500回も!?

神様に食事をお供えする『日別《ひごと》朝夕大御饌祭《あさゆうおおみけさい》』は、約1500年もの間、雨の日も風の日も雪の日も、毎日行なわれてきました。その中でも最も重要なお祭りが『神《かん》嘗祭《なめさい》』です。その年に収穫された新穀を最初に天照大御神《あまてらすおおみかみ》にささげて、感謝するもので、年間のお祭りはこれを中心に行なわれているといっても過言ではありません。またそれとは別に、『神宮奉納大相撲』などの行事や催しもあって、日々色々なイベントが目白押しです。

1500 events a year!? Food offerings have been made at Ise every day, rain or shine, for 1500 years. The most important of these is the *Kannamesai*, in which the first grain of that year's harvest is offered to Amaterasu as thanks. To say that all other rituals at the Ise Jingu revolve around this one is no exaggeration. But there are plenty of other events happening on a daily basis, too.

2. 伊勢神宮は、125の神社の集合体

「伊勢神宮」は通称で、正式には単に「神宮」といいます。実は、この神宮は、皇大神宮《こうたいじんぐう》「内宮《ないくう》」と、豊受大神宮《とようけだいじんぐう》「外宮《げくう》」の2つの大きな正宮をはじめ、14の別宮、43の摂社、24の末社、42の所管社の、計125の神社の集合体です。参拝は、朝5時から可能で、外宮から内宮の順にお参りするのが昔からのならわしです。代表的な見どころを回ると、内宮は約60分、外宮は約30分。

A conglomeration of 125 shrines Ise Jingu is actually not one shrine, but a conglomeration of 125 shrines: 2 main shrines (the Inner and Outer) and 123 smaller associated shrines. It opens to visitors at 5:00 am, and the custom since ancient times has been to proceed from Outer to Inner. It takes about 60 minutes to visit all the main sights of the Inner Shrine, and about 30 minutes for the Outer.

4. お清めは、川の水で

「御手洗場《みたらし》」とは、神社ならどこにでもある手水舎《ちょうずや》のこと。水でみそぎをして、「心身を清める場」でもあり、その作法は全国共通、左手、右手、口、左手、柄杓《ひしゃく》の柄《え》、の順。内宮にもその手水舎はあるのですが、本来の御手洗場は、参道右手の緩やかな斜面を下ったところに流れる五十鈴川《いすずがわ》。石畳になっているので、手水舎と同じようにお清めができます。昔ながらに五十鈴川の澄んだ流れで、身も心も清めてからお参りしましょう。

Purify yourself with river water Every shrine has a place to wash and purify your hands, and the Inner (*Naiku*) Shrine is no exception. But its hand-washing place is actually the Isuzugawa River, at the bottom of a gentle slope on the right side as you approach. Be sure to purify yourself in body and spirit in the clear, clean waters of the river before you pay your respects.

3. 神宮のミュージアム

内宮と外宮のある伊勢市には、神宮のことを知れる文化施設があります。2013（平成25）年の式年遷宮の際に、外宮の「まがたま池」のほとりにできた「せんぐう館」は、デザイン的にも行っておきたいモダンな施設。神々に捧げる神宝や、神殿造営のこと、などなど、式年遷宮のあらゆることをアーカイブしています。他にも、宮廷建築の第一人者・片山東熊《かたやまとうくま》の設計の「神宮徴古館・神宮農業館」なども、見応え十分。

Ise Jingu museums The city of Ise has a number of facilities where you can learn about Ise Jingu. The archives of Sengukan, opened in 2013 near the Outer (*Geku*) Shrine's Magatama Pond, contain everything you want to know about *shikinensengu* and the shrine's construction and sacred treasures. The Jingu Museum and Agricultural Museum by imperial architect Tokuma Katayama are also well worth seeing.

5. 社殿の建築デザイン

式年遷宮では、内宮、外宮のほか、14の別宮、さらに鳥居、橋など170を超える建物が新しくなります。使用される檜《ひのき》を伐《き》り出す山を「御杣山《みそまやま》」と言い、現在は、木曽地方より運ばれてきます。世界中の神殿では石造による建築が多く、決して技術がなかったわけでもないのにあえて古来の「唯一神明造《ゆいいつしんめいづくり》」という建築様式。“最も古くて、最も新しく”生き続ける、まさに、神のみぞ知る独特のスタイルなのです。ちなみに、世界的建築家ブルーノ・タウトは、「天から降ってきた建築」と言い残しています。

Architectural design The cypress wood used in *shikinensengu* is harvested from the Kiso region. Most shrines around the world are constructed of stone, and Japan certainly has the technology to do the same with Ise. But instead, the shrines are purposely rebuilt in the ancient *shinmei-zukuri* style, a unique architectural tradition that's at once the oldest and the newest.

Illustration：Kifumi Tsujii

6. 伊勢神宮の始まり

約2000年前、第11代垂仁《すいにん》天皇の皇女・倭姫命《やまとひめのみこと》は、「天照大御神」(内宮の神様)をお祀《まつ》りする場所を探し、日本各地を巡ったといいます。大和(奈良県)から伊賀、近江、美濃、尾張などを経て、辿《たど》り着いたのがここ伊勢(三重県)でした。そのおよそ500年後、天照大御神の食事を担当する「豊受大御神《とようけのおおみかみ》」(外宮の神様)が、現在の地に祀られたのです。伊勢は、お米や野菜、海産物など食べ物が豊かな土地でした。

The shrine's beginnings About 2000 years ago, Yamotohime-no-mikoto, wife of the 11th emperor, searched throughout Japan for a place to enshrine the sun goddess Amaterasu. After a long journey, she arrived in Ise (today's Mie). Ise was a land of bountiful rice, vegetables, and seafood, and about 500 years later, the agriculture goddess Toyouke was also enshrined there.

7. 式年遷宮とは?

「式年」とは定められた一定の年限、「遷宮《せんぐう》」とは宮を遷《うつ》すことを意味します。内宮にも外宮にもそれぞれ東と西に同じ広さの敷地があり、20年に一度、社殿を新しく建て替えています。修繕ではなく新築です。前回の2013(平成25)年の式年遷宮以前に参宮した人は、今行くと社殿が別な場所(隣)に建て替わっていることに気づくでしょう。ではなぜ、20年なのかというと、建材に使う檜や萱《かや》の耐久性、または宮大工などの伝統技術を伝承することが可能な最適な年限など、諸説あるそうです。1300年にわたって続いてきた神宮最大のお祭りは、2033(令和15)年で63回を迎えます。ちなみに、遷宮で解体した後の古材は、さまざま場所で再利用されているので、とてもエコな神社でもあるのです。

What is ***shikinensengu***? *Shikinensengu* is an event where new Inner and Outer Shrines are built in a new location every 20 years to replace the old ones. The last one was in 2013. Some say it's done to pass down the traditional techniques used to build the shrines to the next generation. Incidentally, it's a very eco-friendly process: the materials from the old shrines are recycled.

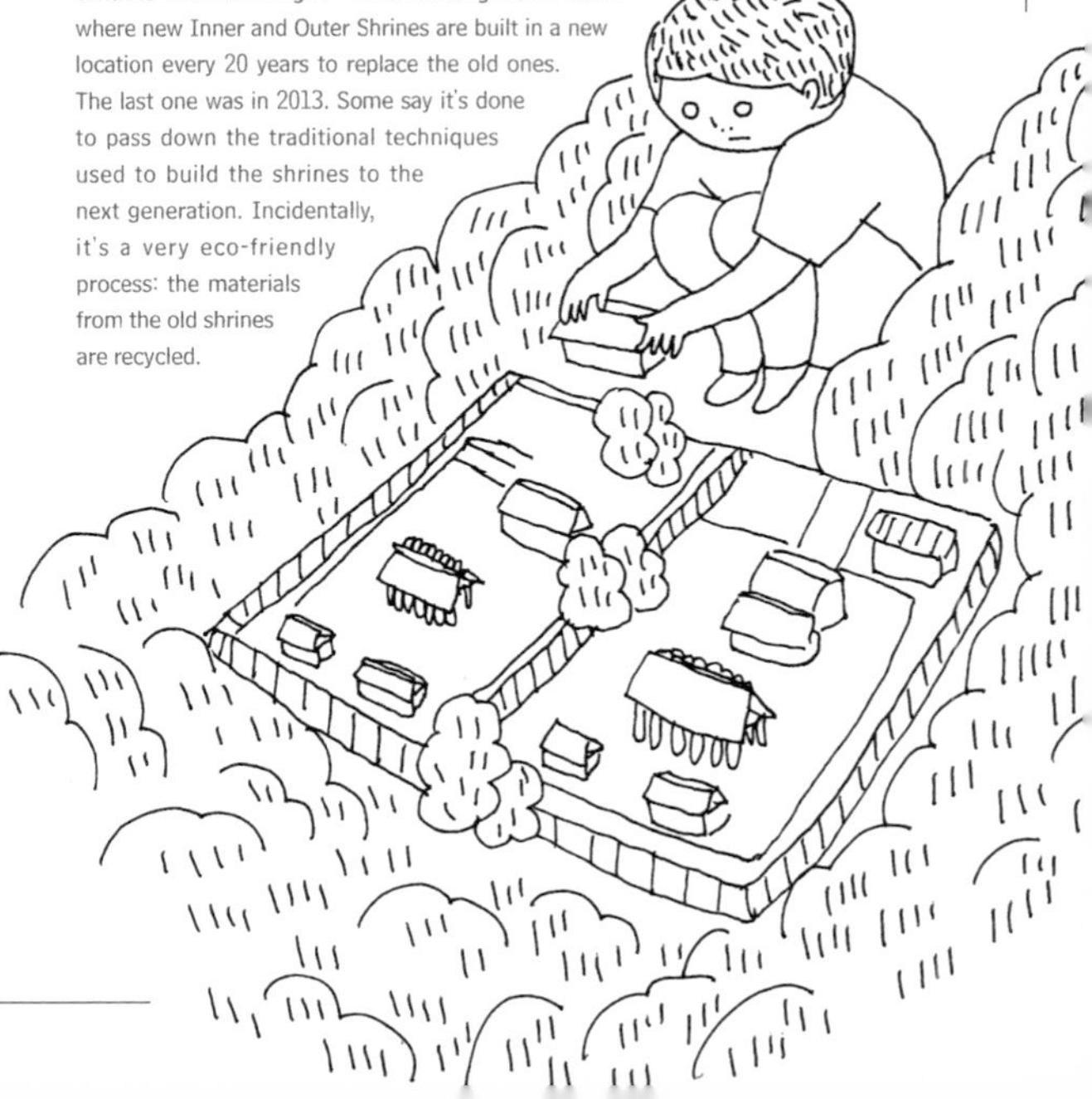

8. 伊勢のツアーコンダクター

今のようにインターネットやSNSも普及されていない時代で、どうやって庶民の間に伊勢の信仰が広まったのか不思議だと思いませんか? 実は、それを広めたのは、「御《おん》師《し》」と呼ばれた神職でした。彼らは、全国にお札や暦、伊勢土産を配り歩き、お伊勢参りを勧誘したのです。伊勢に来た旅人は、御師の出迎えを受け、神宮の参拝後、御師の家でご祈祷を行ない、豪勢な料理を振る舞われたとか。その後、古市の遊廓街や朝熊《あさま》山、二見浦などの周辺観光まで。まさに、御師は、古《いにしえ》のツアーコンダクターでした。

Ise's tour guides Ever wonder how Ise got so popular before the age of SNS? The answer: a group of priests called *onshi*. They walked around Japan handing out trinkets to encourage pilgrims to come to Ise. The *onshi* would meet pilgrims as they arrived and then feed them lavishly at their houses afterward. They'd even take visitors to see the sights. Truly, the *onshi* were the tour guides of old Ise.

9. おみくじがない

正宮では、感謝の気持ちを神様に伝えるのが古くからの風習です。ですが、決して個人的なことを祈ってはいけないというわけではありません。どの宮社でもまず感謝をし、次にお願いごとをしましょう。もしくは、神楽殿でご祈祷《きとう》を。ついでにお伝えすると、伊勢神宮には、昔から「おみくじ」はありません。「一生に一度」と憧れたお伊勢参りは、“大吉”でないと困ります。

No fortunes here It's been customary since ancient times to offer thanks to the gods at the main shrine. But that doesn't mean you can't make wishes for yourself. Like any shrine, you should first give thanks, and then make your wish. Know, however, that the Ise Jingu doesn't offer paper fortunes. If you've realized your lifelong dream to visit Ise, you're already fortunate enough.

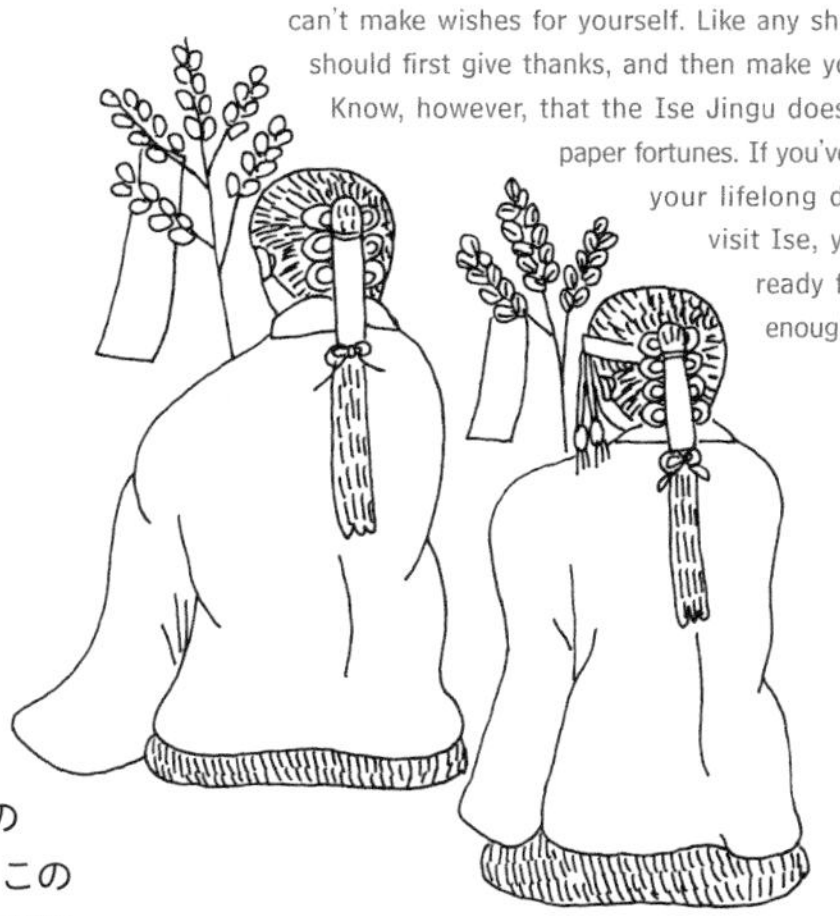

10. 神宮ムーブメント

江戸時代、日本中から伊勢にお参りする“ブーム”が何度かありました。それは、およそ60年周期で起こり、松阪《まつさか》の偉人・本居宣長によると、1705(宝永2)年には、50日間で、362万人が訪れたといい、それを「御蔭参り《おかげまいり》」と記しています。当時の日本では、6人に1人が伊勢を訪れていたそうです。しかも、早い段階で街道が整備され、茶店などの休憩場所も多く、個性的な名物餅(P.110)たちもこの頃から親しまれているのです。

Ise booms In the Edo period, Ise experienced “booms” of pilgrims from all over Japan about every 60 years. 3.62 million visited in one 50-day period in 1705. In those days, about 1 in 6 Japanese made the pilgrimage in their lifetimes. A road to the shrine was built early on, with many teahouses and other rest spots. It was also around this time that Ise became known for its mochi (p. 110).

11. 神聖な世界への架け橋

内宮への入り口、五十鈴川に架かる「宇治橋」は、日常の世界から神聖な世界を結ぶ架け橋といわれています。この橋も遷宮に合わせて20年に一度架け替えていて、橋の内側の鳥居は、「内宮」の旧正殿の棟持柱が、外側の鳥居は、「外宮」の旧正殿の棟持柱《むなもちばしら》が用いられます。さらに20年経《た》つと、内側の鳥居は、鈴鹿峠の麓の「関《せき》の追分《おいわけ》」、外側の鳥居は、桑名の「七里《しちり》の渡し」の鳥居となり、60年近くお勤めを果たしています。

Bridge to the divine The Uji Bridge, crossing the Isuzugawa River into the Inner (*Naiku*) Shrine, is said to connect the mundane world with the divine. It, too, is rebuilt every 20 years; its inner and outer gates are made from pillars taken from the old Inner and Outer (*Geku*) Shrines. 20 years later, the gates are moved to Suzuka Pass and Kuwana, meaning they see nearly 60 years of service in all.

編集部が、お薦めする三重県の名物

美味しい餅

「お伊勢参り」は、江戸時代にブームとなり、6人に1人が伊勢路を辿《たど》ったという。車も電車もない当時は、江戸（東京）から歩いて15日以上はかかったといわれ、そんな旅人の疲れを癒したのが、各地で振る舞われた個性豊かなお餅たちだった。それはいつしか「餅街道」として伝え広まり、今もなお、美味しいお餅が食べられている。編集部が厳選する、〝新・餅街道〟特集。

1. 赤福餅　お土産もいいけど、本当は本店で食べてほしい。五十鈴川《いすずがわ》の波をイメージしたデザインはもはや全国区。甘さ控えめで、いつ食べても安定の美味しさ。8個 800円

赤福本店　三重県伊勢市宇治中之切町《うじなかのきりちょう》 26
☎ 0596-22-7000（総合案内）　5:00–17:00　無休（繁忙期時間変更あり）　www.akafuku.co.jp

Akafuku Main Shop
Nakanokiri-cho 26, Uji, Ise, Mie
5:00–17:00; No holidays（Opening hours may change when busy）holidays（2–3 times a month）

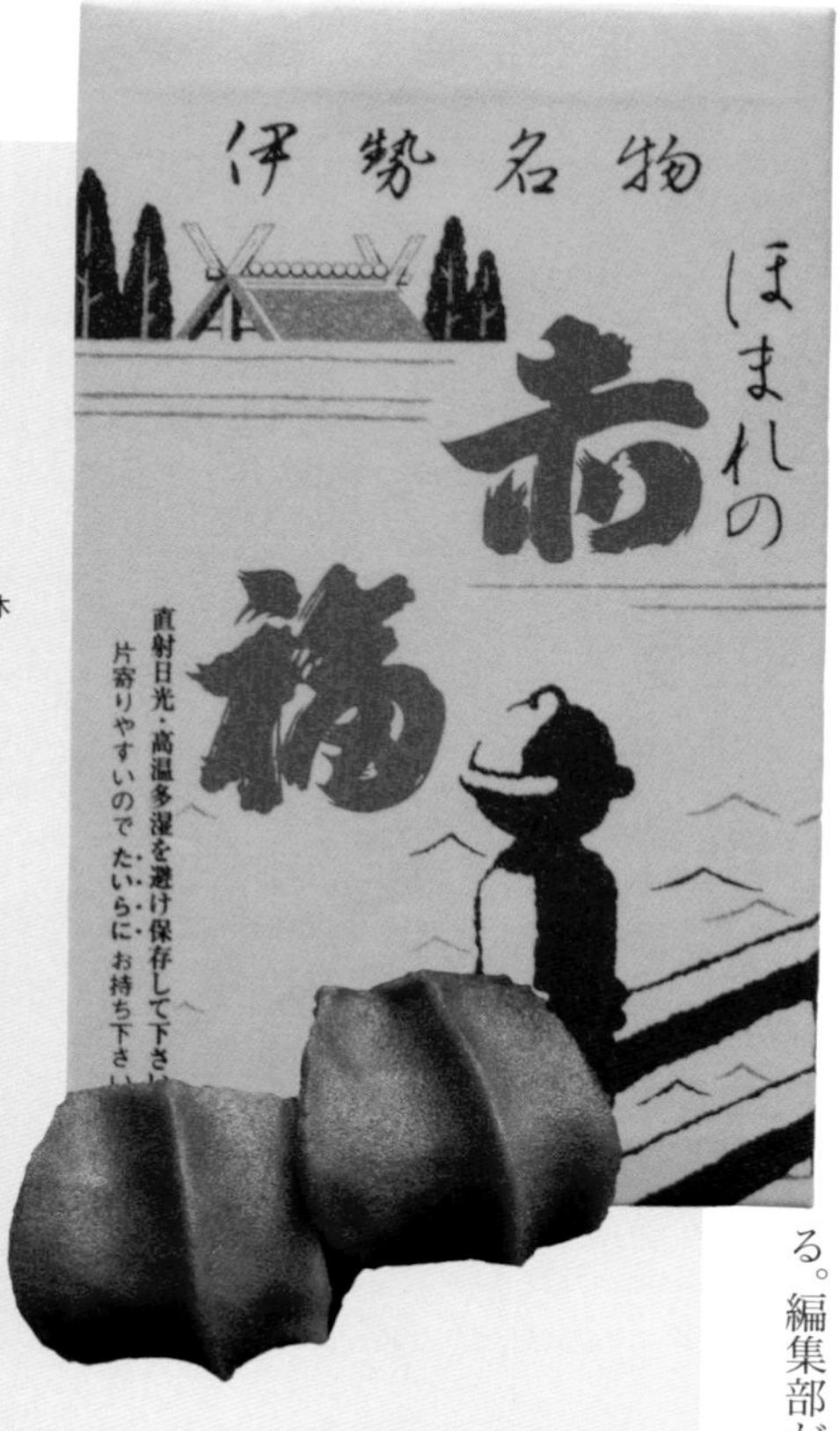

2. 二軒茶屋餅　最近ではクラフトビールも造る活躍も目立つが、ここのお餅は、みんな大好ききな粉餅。昔懐かしい竹皮包みは、手土産にも喜ばれる。 10個 740円

二軒茶屋餅 角屋 本店
三重県伊勢市神久《じんきゅう》 6-8-25
☎ 0596-23-3040　8:00–18:00
（売り切れ次第終了）年中無休
nikenjayamochi.jp

Nikenjayamochi Kadoya Main Shop
Jinkyu 6-8-25, Ise, Mie　8:00–18:00
（Closed when sold out）; No holidays

2. Nikenjaya Mochi
This long-established store has recently taken to producing craft beer, and its *mochi* are everyone's favorite *kinako mochi*. Traditionally wrapped in bamboo leaf.

3. Henba Mochi
These *mochi* are named after the location, which used to be a place where pilgrims would return their horses. Worthy of their standing as a specialty, the *mochi* have been browned to perfection and offer an exquisite mouthfeel.

4. Naga Mochi
These were surprisingly delicious, so much so that they consumed all my attention. Their appearance is unique, and they become even more amazing when put in the oven!

5. Matsukasa Mochi
Visually, this unforgettable *mochi* is perhaps the most impressive along the Mochi-kaido. The brown sugar-based bean paste was beyond perfection and took my breath away.

3. へんば餅　お伊勢参りに来た旅人が、馬を返した場所に因《ちな》んで名前が付いた。名物の名にふさわしく、焼き色も綺麗《きれい》で、モチッとした舌触りが好き。10個　800円

へんばや商店 本店
三重県伊勢市小俣町明野《おばたちょうあけの》 1430-1
☎ 0596-22-0097　8:00–17:00
（イートインは、9:00–16:00）
月曜休（祝日の場合は、翌日休）
henbaya.jp

Henbaya Shoten Main Shop
Akeno 1430-1, Obata-cho, Ise, Mie
8:00–17:00 (Eat-in hours: 9:00–16:00); Closed Mondays (Tuesdays when Monday is a public holiday)

4. なが餅　思わず「何だこれ！？」と夢中に食べてしまった、僕にとっては驚愕《きょうがく》のお餅。見た目も特徴的で、オーブンで焼くとさらに感動！　7個 700円

笹井屋 本店
三重県四日市市北町 5-13
☎ 059-351-8800　8:30–17:00
火、木曜休
www.nagamochi.co.jp

Sasaiya Main Shop
Kitamachi 5-13, Yokkaichi, Mie
8:30–17:00; Closed Tuesdays and Thursdays

5. まつかさ餅　一度見たら忘れられない、見た目のインパクトは餅街道随一。黒糖餡《あん》が絶妙で、初めての美味しさに感激。出来たてホヤホヤを時間指定で予約して食べたい。 5個 550円

長新《ちょうしん》　三重県多気郡多気町相可《おうか》 564　☎ 0598-38-2018
8:30–17:00（売切れ次第終了）　不定休（月2～3回）
matsukasamochi.la.coocan.jp

Choshin　Oka 564, Taki-cho, Taki-gun, Mie
8:30–17:00 (Closed when sold out); No regular holidays (2–3 times a month)

Mie Prefectural Specialty Recommended by the Editorial Department

Delicious Mochi

The Ise pilgrimage to the Ise-jingu Shrine—said to be the spiritual home of the Japanese people—soared in popularity during the Edo period, and one in six people are said to have traversed the Iseji trail. One delicacy that helped to ease the fatigue of travelers were the highly unique *mochi* of each locale along the way. With time, this route came to be known as the *Mochi* Road, and delicious *mochi* continue to be eaten here today. Below is our own special feature: The *d design travel* New *Mochi* Road!

1. Akafuku Mochi
These are great as souvenirs, but the best thing to do is eat them in-store. Famous nationwide for a design inspired by the waves of the Isuzugawa River, these *mochi* are lightly sweet but always delicious.

D&DEPARTMENT 三重店の商品開発ストーリー

〃伊勢〃のテキスタイル

田畑《たばた》知著《ちあき》

Stories of Products Developed for D&DEPARTMENT MIE

Ise Textiles

By Chiaki Tabata

田畑 知著　D&DEPARTMENT 三重店スタッフ及び、(株)アクアイグニスアートマネジメントが運営する他店舗の企画・運営のサポート。ホテルや旅館などでサービス業に携わった後、尾州産地のものづくりに魅せられ、機屋での企画営業に従事。2020 年に三重県に帰郷し、三重らしさを探求している。

Chiaki Tabata　A staff member at D&DEPARTMENT MIE, Tabata also provides planning and management support to other stores operated by Aquaignis Art Management. She worked in hospitality and other service industries before falling in love with the craftsmanship of Bishu textiles, joining the sales staff of a textile company. She moved back to Mie in 2020 and is now on a quest to find the prefecture's true essence.

私たち「D&DEPARTMENT MIE by VISON（三重店）」は、2021年にオープンしました。当時、三重県内のさまざまなものづくりの現場にお邪魔し、それぞれの企業とともに〝この土地らしい〟オリジナル商品を開発することを考えました。ここでは、その時の取材を振り返りながら、「伊勢木綿」「松阪《まつさか》もめん」「伊勢型紙」「おぼろタオル」「リサイクルダウン」についてご紹介したいと思います。

伊勢木綿

日本にはたくさんの織物産地がありますが、ここ三重県にも昔ながらのものづくりを守り続けている生産者がいます。江戸時代より「伊勢神宮」の参拝土産の一つとして売られていた「伊勢木綿」は、戦前までは普段着として全国の人々に愛用され、当時の経済的基盤をつくったともいわれています。ところが、戦後の高度経済成長期での生活の洋式化など、暮らしの変化に伴い、木綿の需要が落ち込みます。製造業者のほとんどが廃業し、今では三重県の人にもあまり知られていない伝統工芸となってしまいました。

現在唯一、伊勢木綿の機元として残る「臼井織布」は、100年以上も古い自動織機を使い、昔と変わらない製法で織り上げています。伊勢木綿の特徴として、「撚《よ》り」の弱い糸を使用することで、使って洗ってを繰り返していくうちに、糸に膨らみが生まれ、驚くほど柔らかな風合いの生地になります。使い続けることで生地が育っていくのも魅力の一つです。明治時代から動く低速の織機だからこそ、繊細な糸でも織ることが可能になる。そんな伊勢木綿は、ディアンドデパートメントオリジナルの靴箱や、大小さまざまなサイズの巾着に仕立てました。

Back in 2021 when we opened the D&DEPARTMENT MIE by VISON store, I paid visits to centers of craftsmanship all across Mie. My thought was to team with these enterprises to develop original products that capture the local essence. Here, I present five examples: Ise *momen* (cotton), Matsusaka *momen*, Ise *katagami*, Oboro towels, and recycled down.

Ise momen

Ise *momen*, sold as souvenirs at the Ise Shrine since the Edo period, were popular across Japan as everyday dress (*kimono*) until World War 2 and were once the main economic base for the region. However, lifestyle changes like the adoption of Western dress during the post-war economic boom caused demand for *momen* to fall. Almost all *momen* makers went out of business, and today *momen* is a little-known craft even among the people of Mie.

Usui Shokufu—the only original maker that remains today—preserves the old weaving techniques using automated looms that are over 100 years old. Ise *momen* are characterized by threads that are only weakly (→p. 115)

松阪もめん

次にご紹介するのは、「松阪もめん」をつくる「御絲《みいと》織物」へ。遠くからも見える煙突とノコギリ屋根が印象的です。建物に近づくと織機が「ガチャンガチャン」と、リズミカルに動く音が聞こえてきます。伊勢神宮への綿織物の奉納が義務づけられたことで、松阪もめんが誕生したとされています。かつて指折りの紡績地であり、藍染めも盛んだったこの土地ですが、現在では御絲織物一社のみが精力的に生産を続けています。松阪もめんは、藍で染めた糸で織られており、目の詰まった高密度なしっかりとした風合いが特徴です。染めの工程では、機械を押し進めながら、何度も何度も染液に糸をくぐらせ、目指す濃度になるまで繰り返していきます。織物産地では、各工程（織り、染め、仕上げ等）を分業しているところがほとんどですが、御絲織物では、全てが自社で完結できることも大きな特徴です。工場の至る所で目にした「藍色」ですが、濃い色から濃紺、納戸、浅葱《あさぎ》、甕《かめ》覗《のぞき》など、色の濃淡を細かく染め分けることで繊細な縞模様や格子柄をつくっています。

そんな松阪もめんを使用した商品を、制作販売しているのが津市を拠点としたデザイナー丸川竜也さんらが立ち上げたオリジナルブランド「丸川商店」です。いくつかある商品の中でも驚いたのは、松阪もめんのラグマット。この「リボンマット」に使用されている生地は、織物を作る際に出てしまう余り生地やハギレを使用したもの。規則的な縞模様が特徴の松阪もめんの生地を、テープ状にして織り込むことで、もとの柄とは違ったリズムが生まれて全く違う表情に。新しい視点で編集された松阪もめんに大興奮した瞬間でした。

indigo-dyed threads woven closely together to create a sturdy texture. The dyeing process involves dipping the threads in the dye over and over until the desired color is achieved. In nearly all textile-producing regions, each part of the process (weaving, dyeing, finishing, etc.) is handled separately, but Miito Orimono is noteworthy in that it does all of them in-house. The indigo fabrics you see in every corner of the factory come in all different shades, from dark to pale, intricately arranged to create delicate striped and checked patterns.

Ise katagami

Ise *katagami* is a type of paper used in katazome fabrics produced in the Suzuka area.It is mainly used to dye *yuzen* and *komon* patterns in kimonos.

With demand for Ise *katagami* waning as the popularity of traditional Japanese dress declines, Okoshi *Katagami* has striven for 10 years to preserve the art by developing new uses for *katagami*, from buildings to everyday household items. Now, to mark the opening of the D&DEPARTMENT Mie store, Okoshi has created an original T-shirt with an Ise (→p. 117)

伊勢型紙

「伊勢型紙」は、三重県鈴鹿市周辺で作られている「型染め」に用いられる型紙のことで、古くから伊勢の地・白子《しろこ》地区（現在の鈴鹿市）で作られたことから、「伊勢型紙」または「伊勢型」「白子型」などの名で呼ばれています。主に友禅や小紋、浴衣など着物の模様や柄を染めるために用いられてきました。江戸時代には、紀州藩による手厚い庇護を受け、白子・寺家《じけ》地区を中心に盛んになり、伊勢湾に面したこの土地から、型売り業者が各地に型紙を売り歩き、全国に広がったといわれています。型紙作りは、柿渋で張り合わせた「美濃和紙」で地紙づくりを担う「地紙屋」、美しく正確な柄を彫っていく「彫刻師」、図案を起こし完成した型紙を販売する「型匠」。この3者が一体となり伊勢型紙が作られます。

近年和装文化が縮小し、伊勢型紙の需要も少なくなる中で、この技術をなんとか残そうと、10年ほど前から建築や小物雑貨などに型紙を活かした商品展開にも取り組んでいる「オコシ型紙商店」。今回、三重店オープンの際には、伊勢型紙の柄をモチーフにしたオリジナルTシャツを制作。繊細で緻密な柄を拡大してプリントすることで、伊勢型紙の〝現代的な魅力〟に気づかせてくれます。

twisted. This causes them to expand the more they are used and washed, resulting in a surprisingly soft texture.

Matsusaka momen

Miito Orimono, a maker of Matsusaka *momen*, is distinguishable even from afar by its chimney and saw-tooth roof. As you approach the building, you can hear the rhythmical *ka-chunk* of the looms inside. Matsusaka *momen* is said to have originated from when weavers were required to make offerings of cotton textiles to the Ise Shrine. The area was once famed for its spinning mills and its indigo dyers, but today only Miito Orimono is still active. Matsusaka *momen* are characterized by

木綿商

伊勢型紙資料館
年末年始
入館無料
お願い

おぼろタオル

「おぼろタオル株式會社」は、日本画家でもあった森田庄三郎が、1908年（明治41年）三重県津市において創業。無地のタオルが主流だった時代に、「図柄をのせたい」と、緯糸《よこいと》にだけ染まる技術を開発し、白いパイルの下におぼろげな模様を描いたことが、名前の由来となっています。乾いている時には柄がおぼろげに映り、水に濡れると柄が鮮明に浮かび上がるのが特徴ですが、繊維業界の人間が「何か新しい商品開発を！」と、生み出したアイデアではなく、表現したいイメージが具現化された、日本画家ならではの発想が面白い。そんな森田庄三郎のアイデアに当時の人も引き付けられ、一緒にこの「おぼろタオル」を作り上げたのだろうと想像します。また当時の芸者さんの間で白粉《おしろい》を落とす際に使用されていたタオルの不便さを耳にし、デザインとタオルの質の両方を追い求め作り上げられた商品とも言えます。

会社の敷地内には、タオルを作る全ての設備が整っていて、分業が多いタオル業界ではとても稀《まれ》なこと。その中でも特に印象的だったのが「晒《さら》し工程」です。一般的には時間短縮のため、先に糸の状態で晒してからタオルを織る「先晒し」が多いが、ここでは綿本来の吸水性を最大限に引き出すために「後晒し」にこだわっています。工場見学の際、洗い途中のタオルを見かけましたが、その白さに驚きました。織物に付着した不純物や糊《のり》を綺麗《きれい》に取り除き、丁寧に何回も何回も洗うことで素材の風合いを引き出し、この白さにも繋がっているのです。

90年以上たった今でも、当時の名前のままで販売されているロングセラー商品ですが、「日常的に使われるタオルでありたい」と専務取締役の森田壮さん。お客さんの声に耳を傾け、より良い商品開発へと繋げるその姿勢は、創業者の森田庄三郎の遺志を受け継いでいます。

katagami motif. The T-shirt offers a close-up look at the delicate, minute patterns of Ise *katagami*, lending a touch of modern charm to this traditional art.

Oboro towels

Oboro Towel Co., Ltd. was founded in Tsu in 1908 by painter Shozaburo Morita. Plain white towels were the norm back then, but Morita wanted to adorn them with patterns. He developed a technique for dyeing just the crosswise threads to create faint patterns beneath the white pile. When the towels became wet, the patterns burst into vivid color. What's interesting to note is that this wasn't someone in the textile industry dreaming up a new product to sell. It was a painter bringing his artistic vision to life.

The company's facility has all the equipment necessary for making towels, a rarity in the highly specialized towel industry. While touring the factory, I spotted towels being washed and was astounded at how white they were. The towels are carefully washed multiple times to remove starch and impurities and bring out the material's natural (→p. 119)

リサイクルダウン

三重県に羽毛専業メーカーがあることはその時まで知らず、三重で羽毛？ そんな疑問からスタートした三重県出身の私ですが、この土地だからできるものづくりと、「河田フェザー」の技術に驚くことになりました。羽毛精製工場があるのは、伊勢湾南部に位置する明和町。羽毛洗浄に最も適した気候を求めて、１９９１年に名古屋市から工場を移設した河田フェザー。羽毛に付着したアカやホコリを取り除くために必要な条件の一つが「気候」。明和町は一級河川である櫛田川《くしだがわ》と宮川が流れる伊勢平野にあります。この地には、大台ケ原《おおだいがはら》山地などで雨を降らせた後、乾いた風が吹きつけるため、一年を通して空気が乾燥しています。羽毛は湿度が高いと小羽枝と呼ばれる細かい枝の部分が閉じ、乾燥した場所では小羽枝《しょううし》が開きます。小羽枝が開いた状態で精製することができると、その部分に付着したアカやホコリを取り除くことができるのです。二つ目に「水」。世界有数の降雨地帯、紀伊山地・大台ケ原から流れる地下水脈を捕らえられること。大量の雨がもたらす地下水は、山地にて高圧がかけられ、限りなく硬度の低い「超軟水」になります。全般的に硬度の低い日本の水は、洗浄に向きますが、ここで採れるのはその約15分の1もの硬度。浸透力と還元力が強く、羽毛の隅々まで浸透し、アカやホコリを取り除き、傷んだ羽毛の機能を回復させることが可能になります。この「気候」と「水」こそが、高品質な羽毛を精製するための条件だったのです。

また河田フェザーの取り組みとして、使い終わった羽毛製品を回収し、製品を解体して羽毛を取り出した後、世界でも河田フェザーだけが可能な洗浄・回復加工を行ない、出荷するという羽毛のリサイクル事業を行なっています。リサイクルダウンは、新毛と同じ工程で羽毛を洗浄し、さらに厳しい品質基準の試験をクリアし、新毛よりも綺麗な羽毛製品に生まれ変わることで循環する資源なのです。

products, recovering the down inside, and employing cleaning and restoration techniques found nowhere else on earth to create recycled down products. The recycled down is cleaned through the same process as new down, then undergoes an extra-rigorous quality inspection before being reborn as products that are even better than new. We commissioned a down stole using this recycled down as an original product for our store.

I've had many conversations with customers since D&DEPARTMENT MIE opened, and through them I've explored how best to convey the essence of Mie. But despite repeated trial and error, the fact is the answer still can't be found on our store's shelves. I feel I simply don't "know" enough yet. The conversations I've had in the course of my research have given me the sense that there are different kinds of makers; some exude a strong sense of uniqueness, others are searching for the next design solution. How can we at D&DEPARTMENT MIE best build relationships with all these makers and work together with them moving forward? That's the question I asked myself while working on this article.

三重店では、このリサイクルダウンを使用した「ダウンストール」を、オリジナル商品として制作しました。

改めて、あるメーカーさんの元を訪れると「オープン以来だね、元気ですか？」と声をかけてもらいました。三重店がオープンしてからは、日々お客さんとの会話の中で、三重らしさをどうやって伝えるかを模索し、実践と失敗を繰り返していたつもりでしたが、実はその答えはまだまだ店頭にはなく、私には「知る」ということが足りていないと感じました。取材を通してお話を聞くと、特徴を強く感じるメーカーさんや、デザインの解決策を模索しているメーカーさんもあるように感じます。今後、D&DEPARTMENT三重店として活動していく中で、関係性を築きながら、どうやって一緒に進んでいけるのか？　それを強く感じた瞬間でした。『d design travel』をつくるということは、この土地の今を知るということ、この先、どうやって行動に移していくべきなのかを考えるきっかけになるのだと再認識しました。

texture, leaving them pure white.

Recycled down

I grew up in Mie, and I never would have guessed the prefecture had a company specializing in down textiles. But it does—Kawada Feather—and I was amazed by the company's unique local craftsmanship and techniques. Kawada Feather relocated its down refining facility in 1991 from Nagoya to Meiwa, on the south side of Ise Bay, because the town has an ideal climate for cleaning down feathers.

One of Kawada Feather's corporate endeavors is collecting used down

みえもの

〝その土地らしさ〟がつくるものたち

日本のものづくりには、長く続いていくものや、衰退してなくなってしまうものだけでなく、住民や行政の応援で復活するものや、移住者や若者の新たな視点でつくられる〝新名物〟もある。そんな三重県の風土と土地があるからこそ、必然で生まれたものたちを、本誌編集部が、デザインの視点で再定義する、〝三重県らしい〟ものづくり。

A Selection of Unique Local Products

The Products of MIE

Among traditional Japanese products, some have stayed around since eras long past, while others have become lost over time. Our Editorial Department aims to identify, and redefine from a design standpoint, the various Mie-esque products that were born inevitably from the climate, culture and traditions of Mie Prefecture.

和太鼓
Wadaiko drums

良質の欅《けやき》を産した鈴鹿山系北部。員弁《いなべ》川の水運もあって一大産地となった太鼓。

桑名箪笥《たんす》
Kuwana wardrobes

木曽三川《きそさんせん》の下口、木材が集まる地域で「あり組」という製法で作られる箪笥。

時雨蛤《しぐれはまぐり》
Shigure clams

江戸時代より揖斐《いび》川や木曽川で蛤が採れた。土産として煮しめたのが始まり。

日永《ひなが》うちわ
Hinaga fans

女竹を丸いままに使い、骨と柄が一体となった構造のうちわ。四日市市日永名産。

四日市萬古焼《よっかいちばんこやき》
Yokkaichi-Banko ware

貿易港として流通に適している都市型焼物産地。今では、土鍋や急須が代表的。

伊勢型紙《いせかたがみ》
Ise katagami stencils

型を彫る職人と、さまざまな地方の染め職人が協働することで産業として発展。

鈴鹿墨《すずかすみ》
Suzuka ink

平安時代から続く、鈴鹿の松の煤《すす》と天然の膠《にかわ》を原料として作られた発色の良い墨。

鰻《うなぎ》
Eel

地形を生かして明治時代から養殖が始まり、住民が日常から愛するようになった。

青さのり
Aosa seaweed

中勢地域から東紀州地域までの広範囲にわたって養殖に適した環境が存在している。

和釘《わくぎ》
Wakugi nails

造船の町・大湊《おおみなと》で、造船業を支えた鍛冶文化。主に神社仏閣の修復に利用される。

伊勢うどん
Ise udon

お伊勢参りの人をもてなした郷土料理。早くて温かくて、腹持ちするうどん。

海女《あま》
Ama divers

御食国《みけつくに》・志摩は日本で最も多く海女が暮らしている地域。数千年続く“海女文化”。

伊勢の提灯《ちょうちん》
Ise lanterns

伊勢神宮の門前町として江戸時代から作られてきた。暮らしに欠かせない道具。

伊勢の神殿
Ise Shinden shrine replicas

伊勢神宮などの宮大工が片手間で作っていたところ、戦後、事業として発展。

真珠
Pearls

明治時代、リアス式海岸に囲まれた穏やかな内海・英虞《あご》湾で世界初の養殖に成功。

伊勢波切節《なきりぶし》
Ise nakiri-bushi bonito flakes

黒潮が育んだ鰹《かつお》を、伊勢神宮の里山に生息するウバメガシで燻した鰹節。

関の桶《おけ》
Seki pails

東海道の宿場町・関で製作される桶。
腐食しにくい椹《さわら》が、原料として使用される。

餅
Mochi

お伊勢参りの旅人が道中に手早く食べられ、
腹持ちがよかった。「餅街道」ともいわれる。

大矢知《おおやち》そうめん
Oyachi somen noodles

鈴鹿おろしと朝明川《あさけかわ》の清流の環境で
作られた、コシのある四日市の手延べ麺。

伊賀焼
Iga ware

伊賀ならではの土の特性を生かし、
日本有数の耐火度の高い土鍋や土瓶の産地。

かたやき
Katayaki crackers

忍者の携帯食であり、合戦の保存食だった、
日本一硬いといわれる素朴な銘菓。

伊賀くみひも
Iga kumihimo braids and cords

養蚕が盛んで、絹糸の扱いに気候風土が
適していたことから生まれた伝統工芸。

伊勢茶
Ise tea

収穫前の茶葉に黒い覆いをかぶせる「かぶせ茶」など、
県内で作られる全てのお茶のことを総称して言う。

忍者
Ninja

有力大名がいない伊賀では、地理的要因から
小さな有能な武士集団が存在した。

松阪牛《まつさかうし》
Matsusaka beef

生産区域や未経産などの条件をクリアした
日本三大和牛。特に櫛田《くしだ》川流域で育つ。

天魚《あまご》
Amago(trout)

津市美杉町の清流で捕れる美味しい川魚。
現在は養殖技術も発達し、通年食べられる。

さんま寿司
Saury sushi

東紀州で獲れる脂の少ない秋刀魚《さんま》を
塩漬けにして使用。薬味は練りからしが多い。

擬革紙《ぎかくし》
Gikakushi paper

伊勢紙などの和紙を革に似せた紙製品。
お伊勢参りの土産物として全国に知られる。

尾鷲《おわせ》わっぱ
Owase wappa bento boxes

尾鷲ヒノキの上質な木材と天然漆を使用し、
45の工程がすべて手作業で作られる。

てこね寿司
Tekone sushi

カツオの漁獲量、マグロの養殖地とも
知られる中、漁師が考案した即席寿司。

那智《なち》黒石
Nachiguroishi black stones

熊野市神川町だけで産出される特別な石で、
碁石の黒石の99.9%はこの石である。

伊勢一刀彫
Ise itto-bori carvings

伊勢神宮の式年遷宮の年に出た残木を
使い、宮大工が彫ったのが起源の郷土玩具。

Illustration：Kifumi Tsujii

三重県のロングライフデザインの産地をめぐる旅

萬古焼

神藤《しんどう》秀《ひで》人《と》

Visiting Sites of Long-Life Design in Mie Prefecture

Banko Ware

By Hideto Shindo

特徴がないのが特徴？

四日市周辺は、「萬古焼《ばんこやき》」という日本有数の陶磁器産地で、土鍋や急須が代表的。ただ他の産地と違うのは、さまざまな技法や特徴が多く、「これぞ萬古焼」というものは限定はできない。歴史を遡《さかのぼ》れば、江戸時代に桑名の豪商・茶人であった沼波弄山《ぬなみろうざん》が小向《おぶけ》村（現在の朝日町）で始めたもので、沼波家は「萬古屋」という陶器の廻船問屋でもあった。土地の周りには、「瀬戸」「美濃」「常滑」「信楽」などの有名な窯場もあり、陶磁器に適した土も決して多くは採れなかったという。ではなぜ、わざわざ弄山がそんな場所で萬古焼を始めたのか。それはひょっとしたら先進的な産地だったのではないか……

始まりは、〝ろうざん焼〟

初代「古萬古」の始まりは、1730年代。弄山は当初、茶陶の「写し」を作っていたが、将軍・徳川吉宗による「洋書輸入の禁緩和」の影響が、作風にも表れてくる。中国明代のオリエント風の水注を参考にした「赤絵」の瓶や、ヨンストン『動物図譜』から引用したライオンの「オランダ文」の水指《みずさし》など。当時、鎖国中だった日本人には、大人気だったという。

弄山が亡くなった後、1830年代に第2世代「有節《ゆうせつ》萬古」が始まる。桑名の古物商であった森有節・千秋《せんしゅう》兄弟によって再興され、もともと造形センスのあった森兄弟は、初代の作風を再現するだけでなく、さまざまな新技法を生み出していった。抹茶から煎茶へ、時代や文人趣味も移り変わり、木型による急須づくりが始まった。「復古大和絵」の草花の盛絵や、ピンクやグリーンといった釉薬《ゆうやく》の発明は、西洋人にも高く評価された。

四日市では、地場産業として始まった萬古焼。1850年代のことだ。末永の大地主で村役だった山中忠左衛門が、なんと〝信楽焼風〟の窯元に手ほどきを受けたという。忠左衛門は、優しい人間で、開窯のきっかけも、水害による地域救済のためだった。住民に呼びかけ、道具と陶土を与え、指導し、苦労して会得した技術を一般公開もした。そうして、第3世代「四日市萬古」の量産体制が整ったのだ。

地場産業として定着した萬古焼は、海外向けの製品も作り、鯛《たい》や伊勢海老《えび》などの魚介類がデザインされた「色絵魚尽土瓶」など、日本なら

Distinctive for Its Lack of Distinction

One of Japan's major production centers of ceramics, Banko ware is produced in Yokkaichi City, and includes items such as cooking pots and small teapots. Unlike other Japanese ceramics, Banko ware uses various methods and features, and it is difficult to confine it to a certain style.

Origins in "Rozan" Ware

The first types of Banko ware are known as *kobanko*, and date back to the 1730s. Initially, the style's founder, Rozan Nunami, created tea bowl samples, but with the end of a ban on the import of foreign books, his style changed. This can be seen in the *aka-e* jars inspired by Ming dynasty pitchers, and water jugs with Dutch writing and lions inspired by a zoological encyclopedia.

In the 1830s, Banko ware was revived by Yusetsu and Chiaki Mori, secondhand dealers from Kuwana, and came to be known as Yusetsu Banko. Not only did the duo recreate the original style, they also developed various new methods. As Japanese tastes shifted from maccha to sencha (→p. 124)

ではのユニークな陶器は今でも見応えがある。四日市港の開港と、関西鉄道の開通は、販路をさらに広めた。こうして、活気づいたかのように見えた萬古焼だったが、材料の減少、戦争、さまざまな社会の荒波に揉まれながら変化していく。戦前、製品の生産と販売を管理することになった「統制陶器」。軍需品の耐火煉瓦《れんが》を作ったり、金属の代用品として鍋釜やガスバーナーなどの「代用陶器」も作ってきた。戦後は、硬質陶器や半磁器の食器やノベルティーなど、輸出商品が生産額の8割強を示すようにもなったという。1959年には、「ペタライト」という鉱物を配合した低熱膨張性耐熱陶土が開発され、〝割れにくい土鍋〟として全国に広まった。「ばんこの里会館」や「BANKO archive design museum」では、さらに詳しく知ることができる。

〝次世代〟の萬古焼

〝第4世代〟ともいえる、現代の萬古焼は、各窯元、個性的な商品を生み出している。いや、生み出さざるを得なかった。「墨貫入」や「花三島」などの土鍋を作る「銀峯《ぎんぽう》陶器」。日本有数の長さ約60メートルの「トンネル窯」で焼かれる土鍋は、ロングライフデザイン。また、「銀峯倶樂部」というショールームもあり、土鍋のある新しいライフスタイルを不定期で提案している。「藤総《ふじそう》製陶所」では、近年、「ひとしずく」という独特の曲線を持った小さな急須を作っている。日本茶ソムリエと共同開発した「喜び急須」などもプレゼントにもいい。「南景製陶園」では、スタッキングできてアウトドアでも使いたい「入子茶器」や、コロナ禍で自宅時間を大切にと作られた「コーヒードリッパー」まで。スタイリッシュな形状は、若い世代にも人気だ。

　四日市という港町が産んだ伝統産業は、もはや伝統というより、自由であっていいのだ。どの世代も、業の中には、故郷や産地への愛があり、そのためならば萬古焼は、どんな姿形にも変化する。世界と繋《つな》がる地理的条件こそ最大の特徴なのかもしれない。僕は、この先、もし〝次世代〟があるとするならば、ぜひ、またあの頃の世界を驚かす圧倒的なデザインの萬古焼を見てみたい。それは、工業組合が主体で運営している「やきものたまご創生塾」（2022年で16期生）に取り組む若者たちにもかかっている。世界に最も近い陶磁器産地としての誇りを大切に、その〝特徴〟をさらに磨き上げてほしい。

tea, the creation of teapots using wooden molds began.

The third generation of Banko ware—Yokkaichi-Banko—became a local industry in the 1850s thanks to landowner and village official Chuzaemon Yamanaka. A kind-hearted man, with the help of a Shigaraki ware potter, Yamanaka opened the new Banko ware kiln to help the region recover from severe flood damage.

Established as a local industry, Banko ware came to be produced for export. Unique products, including teapots decorated with sea creatures, grew popular among foreigners. Upon the development of a new, heat-resistant clay with low thermal expansion in 1959, Banko ware rose again in popularity for its durability. Visit the Banko no Sato Center and the BANKO Archive Design Museum to find out more.

Next-generation Banko Ware

Banko ware is a more liberal than traditional industry, always changing to align itself with the times. Perhaps the industry's most distinctive feature is the seaside location that connects it to the rest of the world.

銀峰窯『ひび焼』ホームセット頒布会
銀峰窯「ひび焼」ホ
このたび独特の
のある銀峰窯の
トとして揃えて
性質上窯上り、
色上りの面白さ
日の生活に楽し
りいただけるよ
会を催します。
ぜひこの機会に
すすめ致します。
●頒布会のさだ
頒布期間…41年1
会　　費…毎月頒

870

GINPO CLUB

黄釉組皿　昭和　ø150 × h20mm
106

ばんこの里会館

三重のうまい！

編集部とD&DEPARTMENT 三重店スタッフが、取材抜きでも食べに行く店

松阪牛《まつさかうし》や伊勢海老《えび》はもちろん美味《おい》しいけど、三重県の人が、年がら年中食べているわけではなくて、実はもっと庶民的なローカルフードが好まれている。そんな〝いつものうまいもん〟を、D&D 三重店のスタッフにも聞いてみました。全12品、一挙ご紹介。

Favorite Dishes From MIE

Matsusaka beef and Ise shrimp are obviously delicious, but Mie Prefecture locals don't eat these all year round. We asked the staff at the D&D Mie branch about everyday good food! We present to you 12 specialties, including from the editorial team.

1 FAVORITE ちょろ松焼
Choromatsu-yaki

ネギと紅生姜だけの、醤油味が利いた小さな「洋食焼き」。深夜に食べたくなる松阪の民藝的ソウルフード。（相馬）1人前5枚 400円

ちょろ松ふみ　三重県松阪市愛宕町《あたごまち》3-38　0598-21-4868
19:00–24:00　日曜休
Choromatsu Fumi　NAtagomachi 3-38, Matsusaka, Mie
19:00–24:00 Closed on Sundays

2 FAVORITE しまほっけ
Atka mackerel

アジやホッケ、好きな干物を選んでレジへ。定食にするか、お酒の肴にして食べるか迷う。「旨だれ」も忘れずに。（浜津）650円（定食セット +350円）

四日市ヒモノ食堂 本店　三重県四日市市富双2-1-30
059-365-3123　月～金曜 7:00–19:00（L.O18:30）
土・日曜 7:00–20:00（L.O19:30） 年末年始休　himono-syokudo.com
Yokkaichi Himono Shokudo Main Store　Fuso 2-1-30, Yokkaichi, Mie
Mondays to Fridays 7:00-19:00（L.O. 18:30）
Saturdays and Sundays 7:00-20:00（L.O. 19:30）
Closed during year-end and New Year holidays

3 FAVORITE あこや貝の貝柱とアオサのクリームスパゲティ
Akoya shellfish and aosa seaweed cream spaghetti

真珠を取り出す際に取れる貝柱と野菜が入ったスパゲティ。貝の味もしっかり濃くて美味しい！（田畑）1,700円

イワジン真珠喫茶室　三重県志摩市阿児町神明《あごちょうしんめい》733-8 賢島《かしこじま》　0599-43-1018
11:00–13:30（L.O.）　カフェタイム（15:00頃まで）　水曜休　iwajin-pearls.com
Cafe Iwajin　Kashikojima, Agocho-Shinmei 733-8, Shima, Mie
11:00–13:30（L.O.）café Time（until about 15:00）Closed on Wednesdays

4 FAVORITE dどら
d dora

手前味噌ならぬ“手前餡《あん》”だけど、毎朝作る生菓子は格別。「伊勢製餡所」の特製あんこが絶妙です。（神藤）330円

D&DEPARTMENT MIE by VISON
三重県多気郡多気町ヴィソン672-1サンセバスチャン通り6
0598-67-8570　10:00–18:00
www.d-department.com/ext/shop/mie.html
D&DEPARTMENT MIE by VISON
San Sebastián St. 6, Vison 672-1, Taki-cho, Taki, Miei　10:00–18:00

5 FAVORITE 焼豚伊勢うどん
Roasted Pork Ise Udon

古来より参宮客を満足させてきた歴史あるうどんですが、僕も先人に続いて満足させていただきました。（神藤）800円

つたや　三重県伊勢市河崎2-22-24　0596-28-3880　11:00–16:00　日曜休
Tsutaya　Kawasaki 2-22-24, Ise, Mie　11:00–16:00 Closed on Sundays

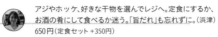

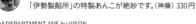

6 FAVORITE

あまごの味わいコース

Amago(trout) Assortment Course

生きたままを囲炉裏《いろり》で炙《あぶ》って食べる焼き天魚《あまご》に感無量。
天魚養殖の偉業を、多くの人に味わってほしい。(神藤) 3,850円

坂本小屋　三重県津市美杉町川上2705-26　059-274-0703
11:30– 13:30– 15:00–(完全予約制)　火曜休(祝日は営業)
www.sakamotogoya.com　Sakamoto-goya　Misugicho-Kawakami 2705-26, Tsu, Mie
11:30– 13:30– 15:00– (by reservation only)　Closed on Tuesdays (Open if holiday)

7 FAVORITE

豚捨《ぶたすて》コロッケ

Butasute Croquette

創業113年、伊勢の老舗《しにせ》精肉店の名物コロッケ。
内宮《ないくう》へ向かって歩く参道のおともに。(高田) 120円

おかげ横丁 豚捨　三重県伊勢市宇治中之切町《うじなかのきりちょう》52　0596-23-8802
9:00–17:30　年中無休　※季節により営業時間が異なる　butasute.com
Okage Yokocho Butasute　Ujinakanokiricho 52, Ise, Mie
9:00–17:30 Open all year　*Hours vary by season

8 FAVORITE

梅割り

Liquor with plum

松阪の焼肉の定番酒は、1人3杯までが原則(飲み過ぎ注意!)。
松阪牛のホルモンとともに思い出の夜でした。(神藤) 440円

一升びん 平生町《ひらおまち》店　三重県松阪市京町1-6　0598-23-9689　火～金曜 16:30–22:00(L.O. 21:30)
土・日曜・祝日 11:00–15:00(L.O. 14:30)　16:30–22:00(L.O. 21:30)　月曜休(祝日は営業)
Isshobin, Hiraomachi branch　Kyomachi 1-6, Matsusaka, Mie
Tuesdays to Fridays 16:30-22:00 (L.O. 21:30)　Saturdays, Sundays, and holidays
11:00–15:00 (L.O. 14:30)　16:30–22:00 (L.O. 21:30)　Closed on Mondays (Open if holiday)

9 FAVORITE

アイスまんじゅう

Ice Manju

桑名で食べるべきは、「柿安牛」のすき焼に、蛤鍋《はまぐり》、そして、忘れてはならないのが、このアイスまんじゅう。まさにローカルフード。(神藤)150円

マルマン　三重県桑名市京町33　090-9943-3446　8:00–16:00　火曜休
Maruman　Kyomachi 33, Kuwana, Mie　8:00–16:00 Closed on Tuesdays

10 FAVORITE

とり野菜

Chicken-vegetable stew

松阪名物「とり焼き肉」の〆《しめ》は、やっぱりコレ!
白味噌にとり出汁《だし》、お野菜が体に染みわたります。
(清水) 520円

前島食堂　三重県松阪市大河内町《おかわちちょう》612–1　0598-36-0057
10:30–17:30　金曜休
Maeshima Shokudo　Okawachi-cho 612–1, Matsusaka, Mie
10:30–17:30 Closed on Fridays

11 FAVORITE

わかめ酢みそ

Seaweed dressed with miso & vinegar

この店で酢味噌といえば赤味噌。奥行きのある味わいには、
ちゃんと理由がある。大将の人柄も魅力。(植本) 時価

一月家《いちげつや》　三重県伊勢市曽祢《そね》2-4-4　0596-24-3446　14:00–22:00　水曜休
Ichigetsuya　Sone 2-4-4, Ise, Mie　14:00–22:00 Closed on Wednesdays

12 FAVORITE

焼きぎょうざ

Yaki Gyoza

2軒目でも2皿はぺろりといける軽さで、たまり醤油ベースの
タレもまた食欲をそそる。5皿食べました。(谷本) 500円

ぎょうざの美鈴　三重県伊勢市宮町1-2-17　0596-28-8602
15:00–22:00(L.O.)　土・日曜 12:00–22:00(L.O.)　月曜休(祝日の場合は、翌日休)　www.gyouzanomisuzu.com
Gyoza Misuzu　Miyamachi 1-2-17, Ise, Mie　15:00–22:00 (L.O.)　Saturdays and Sundays 12:00-22:00 (L.O.)
Closed on Mondays (If holiday, closed on the following day)

Panasonic
HONDA
Astemo
Modulo Modulo
LEON
HONDA
NGK
HONDA
Honda RACING
BRIDGESTONE
POTENZA
BRIDGESTONE

三重県のCD

松阪《まつさか》市出身、「MONOMATTERS」代表の小林正人さんが、もっとも恥ずかしい自身の原点とも話す、“三重らしいCD”。

THE BLUE HEARTS

THE BLUE HEARTS
（トライエム／メルダック 2,092円）

初めて感じたメッセージは、いまも色褪《あ》せないんです。当時中学生、登下校も季節も時間も関係なく聴きまくる、今となっては僕にとって音楽というものの入り口でした。田舎で田んぼ道を走り回っても、凸凹道と虫や鳥の鳴き声を感じる毎日に、どうしても満足できない自分がいたのを満たしてくれた。社会に対しての不満や反骨精神が芽生えてきた時に、ふとした考え方を気づかせてくれた。些細《ささい》なものでも良いんだよ、くだらない日常でもいいんだよ、と優しい言葉にいつも背中を押してもらっていた。知らないことであっても、そのきっかけを伝えてくれるって思ったのもここからだと思います。だから今でも伝え方として、何かを感じれるってことは、モノを作る時や考える時にも、一番気をつける部分。伝え続ける——それが楽しい。ブルーハーツは僕なりの〝三重らしい音〟！敢《あ》えて言うなら全国と繋《つな》がりたい県！伝えたい県！って思う中年の今です。さあ、今日もブルーハーツです。

CDs of MIE

Mr. Masato Kobayashi, who is from Matsuzaka City and is active as MONOMATTERS tells us how his favorite “Mie CD” shaped his origins.

The Blue Hearts
The Blue Hearts (Tri-m / meldac, ¥2,092)

I still remember how it made me feel I listened to it.
As a teenager, I listened to it constantly, on my way to and from school, with my friends, at all times of day and all times of year. It satisfied me in a way that the smells in the air, the sounds of the birds and bugs, the feel of the bumpy country roads around me couldn't. When I started to feel rebellious and mad at society, its gentle words kept me going. It helped me realize that not everything had to be big or exciting. Even now, when I want to convey a message, my main focus is on whether it makes you feel something.

つたや

三重県の本

大紀町《たいきちょう》の田園風景に佇《たたず》むブック・カフェ・ギャラリー「CAFEめがね書房」。眼鏡が素敵な店主・染川卓摩《たくま》さんが選んだ“三重県の一冊”。

歩く旅の本
伊勢から熊野まで

福元ひろこ
（東洋出版 1,980円）

歩く旅のススメ　ある日、車で通る普段の道を散歩した時のこと、いつも見ている風景と違うと感じた。いつも刹那で通り過ぎるその道も、ゆっくり歩けば気づかなかった細かい部分までよく見える。森、山全体だけではなく、木々の葉っぱ一枚一枚がよく見える。歩くことで風景の解像度が上がるのだ。情報量が増えることで心に与える刺激が倍増する。車で旅をするのも良いけど、歩いて旅をするということは、どれだけ人生に感動を与えることか。『歩く旅の本 伊勢から熊野まで』は三重県の伊勢神宮から和歌山県の熊野本宮大社までの熊野古道２２０キロを歩いた旅の記録である。歩くという行為の楽しさを教えてくれる。旅を終えた著者は最後にこう締めくくっている。「私は知っている。おわりはいつだって、新しいはじまりであることを。」と。本を読む行為は歩く旅に似ている。この本を読み終えたあと、あなたにとっての新しい人生の旅が始まっているかもしれない。

Books of MIE

Takuma Somekawa, bespectacled owner of Taiki's bucolic book café and gallery Café Megane Shobo, presents his choice for the quintessential Mie book.

Walking Tour: From Ise to Kumano
Hiroko Fukumoto（Toyo Shuppan, ¥1,980）

The Joy of Walking
Normally, I get around by car; I almost never walk. One day, as I was walking along a street I usually drive, somehow the familiar scenery that I'd always zoomed past seemed different. I wasn't seeing the forest or the mountains anymore, but individual leaves on the trees. In Walking Tour: From Ise to Kumano, Hiroko Fukumoto teaches us the joy of walking as she recounts her 220-km journey on foot from the Ise Shrine in Mie to the Kumano Shrine in Wakayama. Reading a book is very much like taking a walking tour.

三重県のアート活動から、日本の未来を考える

アール・イマキュレとは何か?

神藤《しんどう》秀《ひで》人《と》

Contemplating the Future of Japan with Mie-based Art Activities

What Is *Art Immaculé*?

By Hideto Shindo

もし、自分の子どもがダウン症だったら――僕たち夫婦に限らず、どの夫婦も子どもを授かった際には、そう頭の中をよぎることは、少なくないかもしれない。世間に隠して生きていく。世の中不公平だ、と、中には、親のどちらかが育児放棄し、離婚してしまう夫婦も多いと聞いた。彼ら彼女らが生まれてきたことは、本当に〝不幸〟なことなのか……この三重県の旅の中で出会った活動は、ダウン症をも超越し、子どもを取り巻くさまざまな不安や悩み、そして今、僕のような編集者がここにいる存在意義まで考えさせられることになった。それは、決して悲観的なことではなく、考え方によっては、美しくもあれば、美しくないかもしれない〝唯一無二のアート〟であり、人間本来の〝生き方〟の話でもある。

三重県志摩市にある「アトリエ・エレマン・プレザン」。フランス語で「現在の要素」を意味する。運営する佐藤肇《はじめ》さん敬子さん夫妻は、父の武雄さんが東京の世田谷区で始めた版画工房を継ぎ、１９８４年、初めてダウン症の子どもと出会ったという。当時６歳だった子どもは、耳が聞こえなかった。それでも、絵を描きたいという気持ちを持っていて、目の前で描かれた作品には、これまでの美術史にはない感性があったと、肇さんは話す。そんな「アール・イマキュレ（無垢の芸術）」に感化され、１９９０年には志摩半島に拠点を移し、この英《あ》虞《ご》湾を望む自然豊かな場所にアトリエと工房をつくった。それから、子どもだけでなく大人まで、主にダウン症の人たちが通うようになるアトリエは、渋谷区にも開いた。

その後、娘のよし子さんも加わり、２０１４年には、東京都美術館主催による『楽園としての芸術』展にて、鹿児島の「しょうぶ学園」と共に展示。２０１６年には、津市の「私立大室美術館」で『アトリエ・エレマン・プレザンの行為』展を開催。その他いくつもの展覧会を経て、アパレルや雑貨、酒造メーカーなどとのコラボレーションも生まれてきた。

幼い頃から両親の活動に触れてきたよし子さんは、ダウン症の人がダウン症だ

Atelier Elément Présent is an art workshop in Shima, Mie Prefecture, run by Hajime Sato and his wife, Keiko. Previously located in Setagaya, Tokyo, the atelier was initially a wood-block workshop that Hajime inherited from his father. Hajime and Keiko first encountered a child with Down's syndrome in 1984. Despite being deaf and just six years' old, the child had a strong desire to paint. According to Hajime, the painting that the child created before him was unlike anything he had seen to date. Inspired by this *immaculé* work of art, in 1990 Hajime moved the workshop to its current location, surrounded by nature and overlooking Ago Bay. Since then, the workshop has opened its doors to both children and adults with Down's syndrome, and even opened a new location in Shibuya.

Later, the couple's daughter Yoshiko joined the project, and following numerous exhibitions in 2014, the workshop has gone on to form various collaborations.

Familiar with her parents' work from a young age, Yoshiko has been a friend to people with Down's syndrome (→p. 134)

と知る前に、一人の友達として、ダウン症の人たちと接してきた。だからダウン症への偏見を持たないことが、どれだけ大切なのかを知っている。現在、活動の中心は、「ダウンズタウン プロジェクト」という〝理想の村の構想〟が進められている。ダウン症の人のアトリエや、自らがデザインした住居が点在しながら、その中心にはダウンミュージアムがあり、カフェやレストランでは、ダウン症のウェイターやウェイトレスがいて、地元の人もくつろげる——存在、文化、そこから生まれてくる作品の魅力、そして彼らから感じる未来のヴィジョンをもっと広く発信すべきだ、とよし子さんは考えている。

　アトリエ・エレマン・プレザンは、アール・イマキュレという「アート」の形で、そこに未来のヴィジョンを見出してきた。しかし、それらは決してダウン症の人たちだけのものではなく、本来全ての人間に備わっているはずの「感覚」や「知性」。ダウン症の人たちは、「受け入れる」ことで柔らかな世界を保っているという。彼らの流れに身を委ねてみると、すぐそばには、美しく豊かな世界が広がっていたことに気づかされる。これからアール・イマキュレは、平和的な可能性を切り開く場として「ダウンズタウン」へ繋《つな》がっていく。それが、ダウン症の人にとって、その家族にとって、何よりも、僕たち〝人間の未来〟にとって必要なことなのだと思う。

for many years, and understands closely the importance of eliminating preconceptions. Her current focus is the Down's Town Project, a conceptual town featuring art workshops for people with Down's syndrome, homes designed by people with Down's syndrome, a central art museum, and cafes and restaurants where people with Down's syndrome work and where locals can relax. Yoshiko's aim is to showcase their existence, their cultures, and the stunning artwork born from these elements, as well as to widely communicate a vision for the future inspired by people with Down's syndrome.

Atelier Elément Présent has discovered a vision for the future through *art immaculé*. However, this artwork should not be limited to those with Down's syndrome; this same feeling and intuition can be found in all of us. Accepting people with Down's syndrome and devoting yourself to their ways can open up a more beautiful, enhanced worldview. Moving forward, *art immaculé* will drive the creation of Down's Town, which will generate endless possibilities for peaceful coexistence. This is essential for people with Down's syndrome and their families, but perhaps most importantly, for the future of humanity.

エレマンプレサ

アトリエ
エレマン
プレザン

三重県のロングライフな祭り

石風呂と洞窟

坂本大三郎（山伏《やまぶし》）

三重県度会《わたらい》郡玉城町宮古《たまきちょうみやこ》では、旧暦1月10日に獅子舞「御頭神事《おかしらしんじ》」が行なわれます。現在では直近の日曜日に日程をずらしているとのことですが、それに先立って梶原寺の境内にある石風呂では、祭りに参加するものたちの禊《みそ》ぎが行なわれます。

この石風呂は、小屋の中で火を焚《た》き、焼けた石の上に濡れたムシロを敷き、そこに水をかけることで蒸気を発生させる、今でいうサウナのようなものでした。光明皇后の伝説で知られる奈良県の法華寺に現存する1250年前の風呂も、蒸気を発生させるものであり、古くは風呂というものは、現在のイメージのようにお湯に浸《つ》かるものではなく、蒸気を浴びるサウナのようなものだったとされます。

この石風呂で、祭りの参加者たちは蒸気を浴びることによって、祭りという聖なる時空間にふさわしい心身を作り上げる禊ぎを行なっていたというわけです。

風呂と信仰の関係については、多くの研究者が着目してきました。柳田《やなぎた》國《くに》男《お》も山岳信仰と関わりある存在が、風

The idea is that soaking in the steam of the stone baths helps purify participants and put them in the proper mental and physical state to take part in the holy time and space that is the festival.

Noting that prominent figures in mountain worship also ran bathhouses, Kunio Yanagita speculated that the Japanese word for "bath" (*furo*) shares the same etymology as the word for "cave" (*muro*).

The ascetic monks of the Tohoku region see mountains as a kind of womb and perform their training in temples resembling mountain caves. Some say it serves as a rite of passage among their community. In the same way, Native Americans liken their sweat lodges to wombs and view their experiences there as a rite of passage. Similar traditions exist all over the world. Steam baths hold deep significance for humanity. They bring to mind the caves of Lascaux and Chauvet and their prehistoric wall paintings, where it's speculated some kind of rituals took place. In that context, the origins of baths, steam baths, and saunas may very well lie in the unfathomable depths of time.

坂本 大三郎　現代の感性と客観性を併せ持つ山伏。東北出羽三山《でわさんざん》での山伏修行で、山伏の在り方や山間部に残る生活技術に魅せられ山形県に移住。山は人智を超えた「わからないもの」の象徴だと考え、そこにある奥深い文化や風習を、わかりやすい言葉と魅力的な絵で伝える。イラストレーター、文筆家としても活躍。

Daizaburo Sakamoto　*Yamabushi* (mountain priest) with a modern sensitivity and objectivity. During training as *Yamabushi* in Dewasanzan, Tohoku, he was attracted by the way of life of mountain priests and the art of living that remains in mountainous regions, and so he decided to relocate to Yamagata. Based on his belief that mountains are the symbol of "things we don't know" that surpass human intellect, he conveys the profound culture and customs in mountainous regions through easy to understand language and attractive illustrations. He is also active as an illustrator and writer.

呂屋を家業としていたことを挙げ、風呂（フロ）と洞窟を意味する室（ムロ）が同じ語源を持つ言葉なのではないかと推測しました。

東北の山伏は、山を母胎と見立て、山の中の洞窟のようなお堂に籠もり修行をします。それが共同体の中で通過儀礼の役割を持つという説もあります。アメリカ先住民のスウェットロッジというテントで行なわれる蒸し風呂も、母胎として考えられ、通過儀礼が行なわれます。このような蒸し風呂の文化は、メキシコのテマスカル、ロシアのバーニャ、韓国のハンジュンマクなど、世界中で広く行なわれるもので、人類にとって重要な意味を持つものであったようです。ラスコーやショーヴェといった壁画が発見された先史時代の洞窟遺跡のことが、ふと脳裏に浮かびます。その「ムロ」では何らかの儀式が行なわれていたと推測されます。

これらを踏まえて考えてみると、風呂、蒸し風呂、サウナの根源は、気が遠くなるほど長い時間の蓄積があるのかもしれません。

Long Lasting Festival in MIE

Stone Baths and Caves

By Daizaburo Sakamoto (*Yamabushi*)

Every year on January 10 (old style), a lion dance called the Okashira Shinji is performed in Miyako, in the town of Tamaki in Mie's Watarai District. Nowadays it's actually held on the Sunday closest to the 10th. First, however, the festival participants must purify themselves in the stone baths of Kajiwaraji Temple.

These baths are more like what we today would call saunas. To prepare them, a fire is kindled inside a hut to heat up the stones. Wet straw mats are placed over the stones, and water is then poured on top to create steam. The ancient concept of baths was different from the soaking tubs of modern times. Instead of bathing in hot water, people bathed in steam; the 1250-year-old baths of Nara's Hokkeji Temple, made famous by the legend of Empress Komyo, are also of this type.

三重県の味

三重定食

相馬《あいま》夕輝《ゆうき》
（d47食堂ディレクター）

※右下から、時計回りに

【伊勢うどん】
たまり醤油と削り節の濃厚なたれ。
永六輔が命名して全国に知られるようになった。

【めはり寿司】
「飛鳥《あすか》たかな生産組合」の高菜漬けに、ご飯をぐるっと包む。
農家が持ち歩いた保存食の一つ。

【伊勢たくあん】
在来の「御薗《みその》大根」を干して、米糠《こめぬか》、塩、渋柿の皮、唐辛子などと常温で3年近く漬け込む。

【アラメの煮物】
伊勢湾で採れるアラメを、人参《にんじん》と一緒に甘辛く煮る。
独特な食感が美味しい。

【めひびのすまし汁】
わかめの根元部分のめひび。わかめを無駄なく食べる。
あっさりと鰹出汁で。

【わかめの酢味噌あえ】
「東海醸造」の豆味噌を使った酢味噌で食べる。
濃厚な味わいが特徴的。

※中央

【生節とくき漬けの生姜醤油あえ】
「大瀬勇商店」の生節に、くき漬けの酸味が合う。尾鷲の地元飯。

料理　植本寿奈《すな》(d47食堂)
写真　山﨑悠次

恵みの雨。恵み豊かな三重。

今回の旅で、雨上がりの早朝に足を運んだ「伊勢神宮」。「外宮《げくう》」は、衣食住の恵みを司《つかさど》る「豊受大御神《とようけのおおみかみ》」が祀《まつ》られている。三重県は、海・山の幸に恵まれ、中でも日本人の主食となる米作りが安定した豊かな土地だ。外宮が鎮座して以来、およそ1500年の間、一度も欠かさず神々に備える食事「神饌《しんせん》」が供えられている。御飯、御塩、御水、魚類（鰹節《かつおぶし》と鯛《たい》など）、海藻、野菜、果物、御酒が並ぶ。素朴でありながら美しい日本人の原点と言えるだろう。伊勢神宮の周辺には、参拝客が道中で疲れを癒し、栄養補給をしたとされる、「赤福餅」「へんば餅」「二軒茶屋餅」「岩戸餅」「神代餅」……などなど個性豊かな餅を提供する老舗《しにせ》茶屋や和菓子店がある。さらに桑名から伊勢までの参宮街道は、別名「餅街道」とも呼ばれるほどで、発祥の逸話とともに語り継がれ、食べ継がれている餅が多い。「赤福本店」内では、職人さんが目の前で作ってくれた赤福餅と番茶のセット「盆」がいただける。長旅で伊勢を訪れた人々にとっては、この赤福餅は、さぞかし特別な味だったんじゃないだろうか。

Mie's "Home Grown" Meal

By Yuki Aima (Director, d47 SHOKUDO)

Above photo, clockwise from the bottom right:
Ise *Udon*: *Udon* noodles in sauce made with *tamari-joyu* soy sauce and bonito shavings.; ***Mehari-zushi*:** Rice wrapped in *takana* mustard greens.; **Ise *Takuan*:** Dried and pickled Misono *daikon*.; **Simmered *Arame*:** Sweetly simmered *Arame* from Ise Bay.; ***Mehibi* Clear Soup:** *Mehibi* seaweed roots in a simple bonito-stock broth.; **Seaweed dressed with miso & vinegar:** Richly flavored with vinegared soybean *miso* from Tokai Jozo.; ***Namabushi* and *Kuki-zuke* with Ginger and Soy Sauce:** Ose Isamu Shoten's *namabushi* half-dried bonito and tart *kuki-zuke* pickles.

Abundance Brought by Rains
Mie enjoys products from both mountains and seas as well as abundant rice production. Every day for 1,500 years straight—since the Geku was established—*shinsen* food (→p. 141)

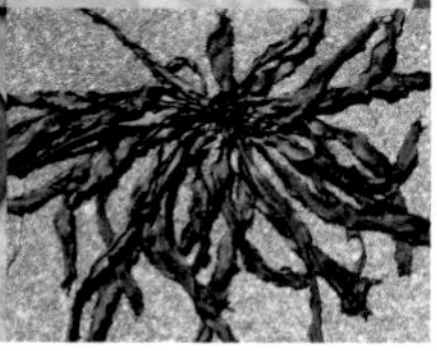

旨味《うまみ》が爆発。豆味噌文化圏。

愛知や岐阜も合わせた東海三県は、大豆と塩だけでつくる豆味噌文化圏。鈴鹿市の東海醸造では、伝統的な木桶《きおけ》仕込みで長期熟成の豆味噌やたまり醤油を醸造する。豆味噌を一口頬張ると、驚くほど口の中で旨味が続く。味噌汁はもちろん、伊勢市の「一月家《いちげつや》」で食べた「わかめ酢みそ」も格別だった。

たまり醤油を使った代表的な料理といえば「伊勢うどん」。たまり醤油と出汁のしっかり利いた濃厚なたれに、コシと呼ばれるものは何もない麺をしっかり絡めて食べる。伊勢に行くと必ず通っていたうどん店「つたや」。そこで大将から面白い仮説が出た。「昔は小麦をこのへんでつくっていなかったから、元は米麺だったかもしれない」と。確たるものは何もないけれど、信じてみても楽しい説だ。米作りの豊かな三重であったなら、あり得るじゃないかと。

島国に暮らす日本。

伊勢湾沿岸は、伊勢志摩から熊野へと続く山々からのミネラル豊富な水によって漁場が育

Island Life

Along the Ise Bay coast, mineral-rich mountain waters flow down to foster excellent fishing and kelp cultivation spots. I took a boat to Sugashima where Megumi Kodera, an active *ama* (Japanese female sea diver), took the time to show me around. Islanders engage in controlled fishing and sea-product harvesting, such as only harvesting *arame* kelp that naturally drifts ashore. At the appointed time of day, *ama* from around the island, clad in wetsuits, head to an auction to sell sea snails, abalone and other catches. It's an energetic gathering that brings people and nature together.

In Owase and Kumano, locals make Pacific saury *sushi*, *kokera-zushi* (layered *sushi* rice with vegetables and fish), and *namabushi* wherein the production process for katsuo-bushi dried bonito flakes is stopped partway and the half-dried bonito is served atop rice with ginger, soy sauce, and pickled taro stem and perilla. And, of course, none of these would be complete without delicious Mie-grown rice.

相馬 夕輝　滋賀県出身。D&DEPARTMENTディレクター。47都道府県に、ロングライフデザインを発掘し、発信する。食部門のディレクターを務め、日本各地に長く続く郷土食の魅力を伝え、生産者を支援していく活動も展開。また、d47食堂の定食開発をシェフとともに担当し、日々各地を巡る。
Yuki Aima　Native of Shiga prefecture. Representative Director of D&DEPARTMENT INC. He established D&DEPARTMENT which uncovers long life designs in the 47 prefectures of Japan and transmits information of such designs. He is also serving as director of the Food Department, and develops activities to convey the appeal of regional cuisine that has a long tradition in all parts of Japan and to support producers. He is also in charge of set meal development in the d47 SHOKUDO together with chefs, and frequently travels to various regions.

まれ、海藻の養殖が盛ん。伊勢志摩から船で菅島に渡った。現役海女さんの小寺めぐみさんに島を案内いただいた。アラメは海岸に自然漂着したものだけを採るなど漁獲管理に取り組む菅島。ある時間になると、漁を終えた海女さんたちがウエットスーツに身を包んだまま、原付バイクに跨《また》がり、収獲したサザエやアワビを持って島中から競り場に集まってきた。夏晴れの中、自然と人の営みが交差する活気がたまらない。

　また、尾鷲《おわせ》や熊野では、さんま寿司やこけら寿司、鰹の削り節や、その途中までの工程で敢《あ》えて止めたような「生節」（ずいきと紫蘇《しそ》を使ったたくき漬けと一緒に、生姜《しょうが》醤油にからめてご飯にのせるのが地元の食べ方）がある。どれも、山と海が近い地域の味。そこにもやっぱりお米は欠かせない。

　「先祖への感謝でしかない」伊勢たくあんの「岩尾食品」代表・岩尾昇平さんの言葉。三重を語ることは、まるで日本を語ることのよう。歴史が今も脈々と生活に息づいていることを認識させてくれる三重の食。もはやひとつの定食くらいでは、三重は圧倒的に語り尽くせない。

offerings have been provided to the gods. These include rice, salt, water, marine products, seaweed, vegetables, fruit and *sake*.

Near the shrine, visitors can relax in one of the old tea shops selling *mochi* rice cakes. This area is well-known for its *mochi*—the pilgrimage route from Kuwana to Ise has the nickname *Mochi* Road.

Center of Japanese Soybean *Miso*

The three prefectures of Aichi, Gifu and Mie form Japan's epicenter of soybean *miso*, a type of *miso* made with just soybeans and salt.

Tokai Jozo in Suzuka makes long-aged soybean *miso* in traditional wooden vats as well as *tamari-joyu* soy sauce and other products. Soybean *miso* has a surprisingly pronounced, long-lasting umami flavor. The kelp with vinegar *miso* offered by Ichigetsuya in Ise City was exceptional.

As for *tamari-joyu*, one of its more popular uses is in the noodle dish Ise *Udon*. The dish has a rich sauce with bold *tamari-joyu* and *dashi* stock flavors that are absorbed well by the ultra-soft *udon* noodles.

編集部が本音でお薦めしたい
三重県のおみやげ

1. KINO/ 帰農　全ての産業は農に帰する。無農薬無施肥、稲作と日本酒の関係を見つめ直す、元坂さんの一杯を。（高田） 720ml 3,850円 **元坂酒造株式会社** 三重県多気郡大台町柳原346-2 ☎0598-85-0001 www.gensaka.com/ KINO *junmai sake* 720ml ¥3,850 **Gensaka Sake Brewing Co., Ltd.** Yanagihara 346-2, Odai-cho, Taki-gun, Mie

2. 本草湯 Herbal bath　薬草の町・多気ならではのハーバルバス。ヴィソンオリジナルの薬草風呂は、旅の疲れを癒してくれました。（神藤） 大 25g × 5パック 2,000円 **本草湯** 三重県多気郡多気町ヴィソン672-1 本草湯1 ☎0598-39-3900 vison.jp HONZO SPA herbal bath product 25g×5packs ¥2,000 **HONZO SPA** HONZO SPA 1, Vison 672-1, Taki-cho, Taki-gun, Mie

3. リボンマット　規則的な柄をテープ状に編み込んで生まれ変わった松阪《まつさか》もめん！　なんと、ハギレから作られているのです！（田畑） 9,680円 **丸川商店** 三重県津市中央6-2 ☎059-253-7845 www.mrkw.jp/ Ribbon mat ¥9,680 **Maruyama Shoten** Chuo 6-2, Tsu, Mie

4. メイドイン熊野 ミニクルーザー　熊野の伝統工芸「市木《いちぎ》木綿」をまさかスケボーに。熊野古道では滑りにくいが、アートとしても大切にしたい。（神藤） 参考商品 **LOGJAM** 三重県熊野市飛鳥町大又98 logjamsurfboards.jp Made-in-Kumano mini cruiser board **LOGJAM** Omata 98, Asuka-cho, Kumano, Mie

5. 湯の花せんべい 丸缶　湯の山温泉地から生まれた、60年余り続くパッケージ。捨ててしまう包装ではなく、缶なのが嬉《うれ》しい。（高田） 24枚入り 850円 **日の出屋製菓** 三重県三重郡菰野《こもの》町《ちょう》菰《こも》野《の》5062 ☎059-394-2364 www.hinodeya-seika.net/ Yunohana Senbei rice crackers 24pcs ¥850 **Hinodeya Seika** Komono 5062, Komono-cho, Mie-gun, Mie

6. 松阪牛辣油　松阪牛《まつさかうし》の「松本畜産」のビーフオイルをさらにバージョンアップ。中華はもちろん、サラダや冷奴、焼肉、うどんにも抜群に合う。（神藤） 90g 2,500円 **レストラン カルティベイト** 三重県松阪市嬉野下之庄町《うれしのしものしょうちょう》1688-5 ☎0598-31-2088 www.cultivate.jp Matsusaka beef chili oil 90g ¥2,500 (Please check in advance) **Restaurant Cultivate** Shimonosho-cho 1688-5, Ureshino, Matsusaka, Mie

7. 黒鍋　ロクロで引かれた純伊賀産の土鍋。ステーキも焼けると知ったからにはフライパンの出番が減りました。（神藤） 9寸 16,500円 **土楽窯** 三重県伊賀市丸柱1043 ☎0595-44-1012 www.doraku-gama.com Black cooking pot Approx. 30cm ¥16,500 **Doraku-gama** Marubashira 1043, Iga, Mie

8. 伊勢海老《えび》のクリームスープ　レストラン「ラ・メール ザ クラシック」での感動を友人にもお裾分けしたい。イラストは、吉田カツ氏。（神藤） 155ｇ 1,730円 **志摩観光ホテル ザ クラシック ショップ** 三重県志摩市阿児町神明《あごちょうしんめい》731 ☎0599-43-1231(ショップ直通) www.miyakohotels.ne.jp/shima/ Ise shrimp cream soup 155g ¥1,730 **Shima Kanko Hotel THE CLASSIC SHOP** Shinmei 731, Ago-cho, Shima, Mie

9. 入子茶器　食器棚にしまいやすく、アウトドアにも持ち出しやすい、今まさに僕が欲しかった茶器。玉露や煎茶に。（神藤） 黒練（宝瓶・入子碗） 9,900円 **南景製陶園** 三重県四日市市八田1-9-14 ☎059-331-5715 www.nankei.jp *Ireko chaki* (Teapot and teacups) Black ¥9,900 **Nankei Pottery** Hatta 1-9-14, Yokkaichi, Mie

10. 伊勢角屋麦酒　神の国・伊勢で400年以上続く角屋の屋号を掲げ造られている、世界が認める“イセカドビール”。（浜津） 各330ml 558円～ **伊勢角屋麦酒 直売店 麦酒蔵** 三重県伊勢市下野町564-17 ☎0596-63-6515 www.biyagura.jp Ise Kadoya beer 330ml each From ¥558 **Ise kado Brewery Outlet Store Biyagura** Shimono-cho 564-17, Ise, Mie

Photo : Yuji Yamazaki

11. 焼寿司海苔　桑名市で50年ぶりに蘇った絶滅危惧種「アサクサノリ」は、東京の人にこそ食べてもらいたい。（神藤）　半切10枚 5,500円 **MARUYO HOTEL**　⚲三重県桑名市船馬町23 ☎090-2773-0004 ℹ www.maruyohotel.com Grilled *sushi nori* 10 half sheets ¥5,500 **MARUYO HOTEL** ⚲Senba-cho 23, Kuwana, Mie

12. 元永定正の絵本　子どもも大人もみんな大好き、伊賀市出身の美術作家。ぜひ一家に一冊。思わずクスッと笑ってしまいます。（神藤）『もこ もこもこ』1,430円　**メリーゴーランド**　⚲三重県四日市市松本3-9-6 ☎059-351-8226 ℹ www.merry-go-round.co.jp　Picture book by Sadamasa Motonaga ***Moko Mokomoko*** ¥1,430 **Merry-Go-Round** ⚲Matsumoto 3-9-6, Yokkaichi, Mie

13. 白餅黒餅　いつもの赤福餅をお土産にいただいたことがある人は、必ず感動します。ちなみに僕は黒（黒糖餡《あん》）派！（神藤）　8個入 1,000円 **赤福本店**　⚲三重県伊勢市宇治中之切町《うじなかのきりちょう》26 ☎0596-22-7000（総合案内）ℹ www.akafuku.co.jp Black and white ***mochi*** 8pieces ¥1,000 **Akafuku Main Shop** ⚲Ujinakanokiri-cho 26, Ise, Mie

14. CROSPEARL シリーズ　真珠がさまざまな素材とコラボレーション。ガラスやチタンの異素材に加えて、なんと「香り」まで！？（神藤）参考商品 **ヤシマ真珠**　⚲三重県伊勢市岡本2-7-16 ☎0596-28-2337 ℹ yashima-pearl.com CROSPEARL Series **Yashima Pearl** ⚲Okamoto 2-7-16, Ise, Mie

15. 海藻類　海女さんが志摩の海で採ってきたミネラルたっぷりの海藻。お父さん作の海藻のあれこれも付いてくる。（清水）　志摩半島産 あおさ 40g 900円　**海人《うみんちゅ》商会**　⚲三重県志摩市大王町波切429 ☎0599-72-3243 ***Aosa*** seaweed from the Shima Peninsula 40g ¥900 **Umincyu Shokai** ⚲Nakiri 429, Daio-cho, Shima, Mie

16. 百年乃茶　鈴鹿峠の麓にある樹齢100年を超える在来種のお茶を、「かねき伊藤彦市商店」が独自でブレンド。（清水）50g 880円　**かねき伊藤彦市商店**　⚲三重県亀山市関町中町《せきちょうなかまち》390 ☎0595-96-0357 ℹ www.kaneki-isecha.com Hyakunen-no-cha tea leaves 50g ¥880 **Kaneki Tea Store** ⚲Nakamachi 390, Seki-cho, Kameyama, Mie

17. 花鰹 四季重寶《ちょうほう》　波切《なきり》の薪を用いて燻製《くんせい》された鰹節《かつおぶし》は、波切そのもの。グラフィックデザインは版画家の徳力富吉郎。（藤川）40g 756円　**かつおの天ぱく まるてん有限会社**　⚲三重県志摩市大王町波切2545-15 ☎0599-72-4633 ※「鰹いぶし小屋」見学は、要予約（080-2612-3801） ℹ katuobushi.com/ ***Hana-gatsuo*** Shikichoho bonito flakes 40g ¥756 **Katsuo-no-Tenpaku Maruten Limited** ⚲Nakiri 2545-15, Daio-cho, Shima, Mie *Bonito smoking hut: Reservations required for tours（080-2612-3801）

18. 伊勢うどん　お伊勢参りの参拝客の腹を満たした伊勢のソウルフード。もちもち太麺の伊勢うどんらしさ感じるパッケージデザイン。（清水）　2食入り 648円　**丸川商店**　⚲三重県津市中央6-2 ☎059-253-7845 ℹ www.mrkw.jp/ Ise ***udon*** Two-meal pack ¥648 **Maruyama Shoten** ⚲Chuo 6-2, Tsu, Mie

13
伊勢名物
赤福
白餅黒餅
直射日光・高温多湿を避け保存して下さい
片寄りやすいので たいらにお持ち下さい
赤福 白餅黒餅
14
15
志摩半島産
あおさ
天日乾燥
16
百年乃茶
hyakunen-no-Cha
ゆで
伊勢うどん
2食入
18
伊勢
波切
一本釣鰹、
かつおぶし
傳承いぶし製法
削り節
花
波切節
天日
四季
重寶
謹製
17

d design travel 編集長が語る、パートナー企業のこと

LIST OF PARTNERS

000-001

VISON　薬草の町・多気郡多気町に誕生したリゾート商業施設「VISON」。食をテーマに世界一の〝美しい村〟を目指し、日々、進化を遂げていきます。総面積およそ東京ドーム24個分の広大な敷地内には、マルシェやアート、ホテル、薬草湯などさまざま。さらにクリニックも入って、スタッフだけでなく、地域住民の利用も可能になるなど、地元に根ざした構想があります。D&DESIGNによるグラフィックで、キャッチコピーは、〝さあ、いのちを喜ばせよう〟です。

☗ vison.jp

006

日の出屋製菓　戦後間もない昭和20年代、創業者の千種一夫さんが、当時まだ手焼きだった炭酸せんべいを、リヤカーを引きながら手売りで売り歩いたところから始まった「日の出屋製菓」。広告のビジュアルにもなっている現在の「湯の花せんべい」は、昭和34（1959）年の御在所ロープウエイ開通を機に生まれた可愛《かわい》い缶入りパッケージ。味も当時のまま、無添加で作っています。湯の山温泉街をはじめ、県内各地で購入できます。半世紀以上、味も変わらないデザインを、D&DESIGNで、可愛くイラスト化。

☗ www.hinodeya-seika.net

008

伊《い》勢《せ》製《せい》餡《あん》所《しょ》　1924年（大正13）年、伊勢神宮・外宮《げくう》のお膝元で創業した老舗《しにせ》あんこ屋さん。北海道十勝産の小豆、砂糖、三重県を流れる日本一の清流「宮川」の伏流水をふんだんに使用し、製造しています。「つぶあん」「こしあん」「しろあん」「黒糖あん」「ほうじ茶あん」など風味豊かな7種類のあんこと季節のあん。自社工場で製餡し、販売まで一貫して行なっているので、特注もきめ細かに対応してくれます。D&DEPARTMENT 三重店では、オリジナルのどら焼きのあんを作っていただいています。ぜひ、食べてみてくださいね。

☗ iseseian.jp

095

松阪《まつさか》偏愛マップ／vacant　県内のデザインあるフリーペーパーをご紹介するお馴染みのコーナー。今回、ご登場いただいたのは、活動地域特化型クリエイティブチーム「vacant」が発行する『松阪偏愛マップ』。在り来たりの観光情報ではなく、地元の人が愛して止まない、日常が垣間見える場所を、独自に紹介。松阪が生んだ国学のスター・本居宣長に、スーパー銭湯では味わえない松阪のワンダーランド「花岡温泉」や、昭和レトロな食堂も魅力な「松阪競輪場」など〝ディープ松阪〟が多数掲載。

☗ madoi.mie.jp

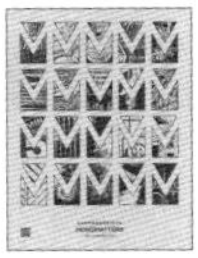
193

MONOMATTERS　「みんなで衣食住を創り伝える」をコンセプトに活動する「MONOMATTERS」。こちらのグラフィックは、D&DESIGNがデザインしたものですが、よく見ると木や鉄やタイルや米や花火まで、さまざまなマテリアルをモチーフにしていて、その全ては、MONOMATTERSによるもの。代表の小林正人さんは、松阪市出身。三重県滞在中は、本当にお世話になりました。特に思い出深いのは、松阪牛ではなく、地鶏のお店を巡りに巡ったこと。脂でギトギト、梅割りでベロベロ、大満足の夜でした。小林さん、ありがとうございました！

☗ www.monomatters.com

Back Cover

BRUNO／ダイアテック株式会社　京都に本社を構える、自転車の製造・卸会社。スイス人のブルーノ・ダルシー氏と共同開発した小径車「BRUNO」に乗って旅をする編集部「お気に入りの一本道」を連載中。今号は、江戸時代、関東と関西の境目、「関宿《せきじゅく》」の一本道。観光地にならずに、今も美しい町並みが続いています。荷物をたくさん運べる「e-tool」に続いて、アクティビティにアレンジした「e-hop」（電動アシスト）が登場！　世界遺産「熊野古道」の走行も夢ではない!?

☗ www.brunobike.jp

名物
へんば餅

どんな時にふつうの日常を想うのだろう。
この耳かきは民藝の名品としてコレクションしていたもの。
耳かきはふつうの日常だと思った。

デザイナーのゆっくりをききたい

連載 49

ふつう

「ふつうを読み解く異常」

深澤直人

どうなってんだ世界？　と言いたくなるほどの日々で、日常とかふつうを取り戻したいと思う気持ちはみんなの想いだろう。平穏な日常とはどういうものかをあらためて問い直す気持ちが、誰もの心に当たり前に存在することが異常さを物語っている。ふつうの日々を思わなければいけないことこそふつうの状況ではない。ふつうという言葉は、意識するものではないはずだ。ふつうに生きることはあえて意図的に行なうものではない。

非常事態宣言も、異常気象も異常なのに、それが長引くことで当たり前になっていくことを懸念する。報道される用語に「ふつう」はないような気がするが、「異常」は多くなってきた。

人々が目を背けたくなるような事態は、無関心というものではない。むしろほとんどの人の心に、不安が混ざり込んでしまったのは事実だろう。「異常」がふつうになってはいけない。社会問題に興味を持たざるを得ない世代、例えばZ世代のような自らが今後の社会の中心的存在として責任を担っていかなければならない世代の人々は、人ごとではない、あるいは人任せにしてはおけない社会状況において、自らが当事者としての社会的責任者となることを自覚する

Futsuu **(Normal): Deciphering normal through abnormal**

"What's the world come to?" That's what we're all asking as we try to bring some semblance of normalcy back to our lives. The fact that it's become so natural for us to question what a peaceful, everyday existence looks like, speaks to how abnormal things are. If we have to think about what a normal life is, our lives aren't normal. And living normally shouldn't have to be an intentional act.

Things like states of emergency or extreme weather should be abnormal, but the longer they last, the more ordinary they feel. It seems like we seldom hear the word "normal" in the news, but the word "abnormal" appears more and more.

People want to look the other way, but it's not because they don't care. The fact is, we're all anxious deep down inside. Abnormal cannot become the new normal. Members of generations like Gen Z, who have to take an interest in social problems because—like it or not—they are the future of our society and must deal with the fact that society's problems will not be someone else's problems; they must deal with them themselves. At the same time, they (→p. 151)

公園を一人で走る人の後ろ姿が好きだ。
自立し、心が安定している。
ふつうの日課な気がする。

のと同時に、自分らしい生き方、あるいは平穏な日々のあり方を親身になって考えていかなければならない。

　大きな社会問題として急速に変化してきている情報のリテラシーの欠如は、社会的な秩序を崩している。ちりばめられた情報の取得の容易さが、自らの生き方に必要な選択を迷わせたり、社会的に共有しておかなければならない規範や思想や哲学への深い洞察への秩序を拒んでいる。別の言い方をすれば情報システムの混乱や欠如ともいえるし、個人的で安易な情報の配信が困惑を生み出している。要は「どうでもいい」あるいは「極めて個人的な独り言」が公共のメディアに氾濫して混乱を招いている。リテラシーは抽象的思考の発達に欠かせないものであるがゆえに、その欠如は社会的な秩序を乱す。自然や環境や状況という抽象が読み解けないということが問題を引き起こしている。

　ふつうという定義は、曖昧で抽象であるが、無意識に感じ取っている「感じ」なのである。「ふつうからズレている」という感触である。SDGsの17項目提示は、持続可能な社会に赤信号が点《とも》り始めた「自覚」を意味する。これらの課題が顕著になることへの読みはすでに人々の「感」

abstract. And at the center of this abstract "normal" is a kind of core, an axis around which the world's fluctuations revolve.

We should take note when things deviate from normal. Use it to get a feel for what normal is. Be aware of our shared feelings. Point out more of the good things. Be more attuned to the strange things. In sharpening our senses, we come to realize that following our whims doesn't always lead us astray. In these abnormal times, we should strive to feel what's normal so that it stays normal.

What makes us think of normal, everyday life? This earpick is part of a collection of renowned folk art. It reminded me of what normal life looks like. (p. 148)

I love the way people look from behind as they run alone through the park. They look independent, at peace with themselves. Like part of a normal routine. (p. 150)

深澤 直人　プロダクトデザイナー。世界を代表するブランドのデザインや、国内の大手メーカーのコンサルティング等を多数手がける。2018年「イサム・ノグチ賞」など、国内外での受賞歴多数。著書に、『Naoto Fukasawa EMBODIMENT』(PHAIDON出版)、『ふつう』(D&DEPARTMENT出版)など。2012年より、「日本民藝館」館長。

Naoto Fukasawa　Product designer. Fukasawa has designed products for major brands in Europe, America and Asia. He has also worked as a consultant for major domestic manufacturers. Winner of numerous awards given by domestic and international institutions, including 2018 Isamu Noguchi Award. He has written books, 'Naoto Fukasawa EMBODIMENT' (PHAIDON). Since 2012, he is the Director of Nihon Mingei-kan (The Japan Folk Crafts Museum).

にはあったはずだ。リテラシーは情報を読み解く力と理解されがちだが、データサイエンスに頼りがちだった世界動向はむしろ抽象度が増している状況の中で「こんな感じ」という「感」を鈍らせている。ふつうという抽象には中心がある。それは「勘所」のようなもので「ゆらぎ」の中の軸のようなものである。

ふつうからのブレやズレに気づこう。そこからふつうを感じ取ろう。共感を自覚しよう。「ああ！　いい！」を増やそう。「あれ？」に敏感になろう。感覚が鍛えられると「気の向くまま」があながち間違えた方向ではないことが自覚できてくる。ふつうでない日々がふつうにならないようにふつうを感じよう。

must also think with compassion about how to live the lives they want, and what it even means to have a peaceful life.

Our lack of information literacy—a major and rapidly evolving social issue—is causing our social order to crumble. The ease of getting information from disparate sources is clouding people's lifestyle decisions and preventing them from gaining insight into the shared norms, ideologies, and philosophies our society is built on. Put another way, the problem is our chaotic, deficient information systems, and the ease with which individuals can transmit information generates confusion. In short, a flood of meaningless and intensely personal mutterings is causing disorder in our public media space. Because literacy is essential to the development of abstract thought, the lack thereof disrupts the social order. Our inability to decipher the abstract—nature, the environment, the world around us—is creating problems for us.

"Normal" is an ambiguous and abstract concept, but it's also a "sense" that we perceive unconsciously. We sense when things deviate from the norm. The 17 SDGs signify that we're aware our sustainable society is in trouble. We tend to misinterpret literacy as the ability to decipher information, but our overreliance on data science is actually making our "senses" duller even as the world around us becomes more

D&DEPARTMENT ORIGINAL GOODS

産地の個性でオリジナルグッズをつくっています。

1

2

3

4

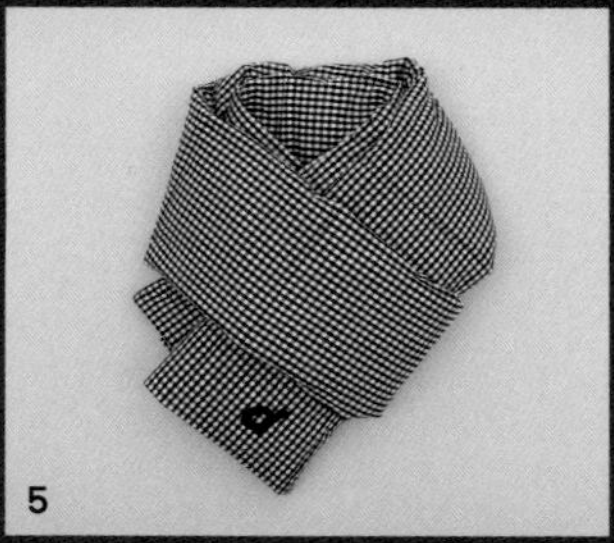
5

6

7

8

1. 阿久比レモンラドラー　d news aichi aguiの開発をきっかけにつくったビール。阿久比町のレモンを使用。　**2. SEAT CAP** / 6,380円～　カリモク60 Kチェア1シータに取り付けられるD&DEPARTMENT オリジナルのシートキャップ。　**3. d 名刺ファイル** / 1,980円　持ち運びしやすいコンパクトさが使いやすい名刺ファイル。名刺が240枚収納可能。　**4. ランタンスタンド** / 6,600円　ランタンを浮かせてあげると灯りが広がり、仕事をしたり本を読んだりと色々なシーンに活用可能なスタンド。※ランタン本体は付属しません。　**5. DOWN STOLE FROM LIFESTOCK** / 13,200円　持続可能なものづくりをしている河田フェザーのリサイクルダウンと生地産地に眠るLIFESTOCKの生地を使用したダウンストール。　**6. LONG SLEEVE T SHIRT** / 9,900円　三重の手彫りでつくる伝統工芸用品の「オコシ型紙」のデザインを使用したD&DEPARTMENT MIE by VISON 限定のTシャツ。　**7. d 102F WORK JACKET・ブルー** / 24,200円　動きやすくゆったりと着れる鉄工所の作業着のデザインに愛知県知多郡で60年以上続く、東洋織布で織られたヘリンボーン生地を使用。　**8. d art frame FLAT** / 7,150円～　ポスターや写真などの平面作品を飾れるフレーム。建具屋の製作過程で出る端材をなるべく活用して製作。※作品は付属しません。

お問い合わせは、店頭または www.d-department.com

D&DEPARTMENT PROJECT
FRIENDS

47 REASONS TO TRAVEL IN JAPAN

002
青森
AOMORI

十和田サウナ
青森県十和田市奥瀬十和田湖畔
宇樽部 宇樽部キャンプ場内
towadasauna.com

水から感じる、観光体験　観光の醍醐味《だいごみ》の一つといえば温泉がつきものだが、その土地に湧き上がる「水」そのものについて意識したことがあるだろうか。青森県と秋田県にまたがる「十和田湖」は、約21万年前から続く噴火活動によってできたカルデラ湖で、その水は極上。そんな中、湖のすぐほとりにできた「十和田サウナ」は、貸し切りでバレルサウナと湖を堪能できる施設だ。サウナで十分に汗をかき、すぐに歩いて10歩ほどの湖に飛び込めば、水温約1度の真冬でも不思議と湖水浴ができる。無論、春・夏・秋に四季を感じながら入るのも至上の体験。クロモジや羊毛など、北東北の地域資源を活かした、オリジナルサウナアイテムも。予約が必須でアクセスも大変だが、だからこそ全身で青森を感じられる、数少ないスポットだ。(岩井 巽／東北スタンダード)

下／Photo: Tetsuya Kumahara

001
北海道
HOKKAIDO

株式会社 WOW
北海道旭川市永山北3条6-4-32
0166-48-8222
mobeltoko.co.jp

アイデアを丁寧に形にする　旭川地域は明治期から木工場が多数あり、建築関係や建具職人も多く、旭川家具メーカーの工房が多く立ち並ぶ。その一つ「株式会社WOW(旧社名:株式会社メーベルトーコー)」は、品質を保ちながら、今の時代のライフスタイルに合った家具づくりをしている。「ニュークラシックアワード」で受賞した「SORAHE」や「half chair Op. 1」などの製作に加え、個人からのオーダーにも対応。工場内は、木材の保管から出荷作業に至るまでの動線が整理され、職人たちの丁寧なものづくりを感じる。「PALAPELI」は、フィンランドのデザイナー、ミッコ・ハロネン氏のデザインを製品化したもの。商品名はジグソーパズルという意味で、カラフルな色合いと、ころんとした形が愛らしい。幼い子どもでも組み立てられる、楽しい仕掛けがある。(山田曜子／ D&DEPARTMENT HOKKAIDO)

004

宮城

MIYAGI

郷土酒亭 元祖 炉ばた
宮城県仙台市青葉区国分町2-10-28
022-266-0897
www.z-no1.jp/shoplist/robata.html

守り続ける郷土の火　東北最大の歓楽街である仙台国分《こくぶん》町《ちょう》。煌《きら》びやかな夜の街の扉を開いて入った、一軒の郷土料理と酒の店。創業1950年の「郷土酒亭 元祖 炉ばた」は、炉端発祥の店であり、かつては岡本太郎など多くの文化人も訪れた老舗だ。部屋中央の囲炉裏《いろり》を囲うように設《しつら》えられた、コの字型のカウンターにはこの日の夜も、酒肴を愉快に楽しむ多くの客の姿があった。創業者である故・天江富弥《あまえとみや》氏の創意を大切に受け継ぐ、現在は3代目。初代の頃から変わらない、店の看板酒「天賞」に燗《かん》をつける。長い木べらの上にのせた徳利を、客の手元に器用に差し出す、「炉ばた」ではお馴染みの光景に見惚《みと》れながら、名物の「どじょう鍋」をいただいた。炉端に腰かけ絶やさぬように火を守る、店主の軽妙洒脱《しやだつ》な話術に乗せられて、するするとお酒も進んだ、みちのくの夜。（原田將裕／茅ヶ崎市役所）

003

岩手

IWATE

ととと－盛岡の泊まれるたまり場－
岩手県盛岡市鉈屋町1-2
080-4693-1837
bokunohosomichi.fun

惣門《そうもん》に建つ、まちへの入り口　築120年の蔵を改装した宿「ととと」は、豪商が暮らした面影を感じる古いまち並みが残る、盛岡市鉈屋町《なたやちょう》にある。江戸から明治期の水陸運の要衝で、良質な湧水が豊富なことから、醸造業でも栄えた。現在も麹《こうじ》屋があり、共同井戸である清水が生活用水として使用されている。蔵は、閉業した酒屋から「三田農林株式会社」が買い取り、設計施工を「杢創舎《もくそうしや》」が手がけた。傷みの激しい建物だったが、柱や梁《はり》はそのままに、木肌の壁だった桂の板を床板として再現。今では珍しいマサカリによる加工を見ることができる。場主は小野寺拓二さん。宿泊者へのまちの紹介はもちろん、宿泊者以外も利用できる「たまり場」をつくり、旅人とまちの人を繋《つな》いでいる。城下の玄関口「惣門通り」の入り口にある「ととと」は、まちへの入り口になる役割を果たしている。（佐藤春菜／編集者）

006

山形

YAMAGATA

八宝堂

山形県上山市蔵王2675-1

023-676-8393

www.instagram.com/happoudou/

やまがたの夏、涼を求めて　真夏日に山形盆地を車で走り、風に木々が揺れる甘味処を訪ねた。「八宝堂」（4月～12月のみ営業）は、山形市街地から離れた、蔵王猿倉の麓にあり、暑さを忘れて涼を取りながら、かき氷を堪能できる場所。夏季限定メニューの一つ「八宝氷」は、小豆や緑豆、落花生、押し麦、白キクラゲ、タピオカ、白玉、烏龍茶ゼリーなど、7～8種類のトッピングが、ふんだんに盛り付けられた台湾風かき氷。自家製の豆乳で作られた練乳や、きび糖などで作られた自家製の蜜をかけて食べる。ふわふわの舌触りと、豆類の香ばしさ、優しい甘さが癖になり、何度も訪れ楽しみたくなる

味だ。待ち時間や食後には、施設内に併設された、ツリーハウスやトレッキングコースを散策する楽しみ方も。運良く、カモシカに遭遇……なんてことも、この場所ならではの楽しみの一つ。（荒井優希／中川政七商店）

005

秋田

AKITA

Blanc Pa

秋田県大館市釈迦内家後29-15

0186-48-7700（大館工芸社）

www.blanc-pa.jp

希少な資源を生かした新ブランド　10年以上愛用している「大館曲げわっぱ」の弁当箱。見た目の美しさや、木の温もりに加え、調湿機能でご飯が美味《おい》しくなる。材は、樹齢100年以上の秋田杉で、中でも均一な木目が美しく強度に優れる内側の「赤身」材のみが使用されている。木の外側の若く白い「シラタ」材は、縮み率が大きく、同品質同規格が推奨される製品では利用されてこなかった。この「シラタ」を活用したいと生まれたのが「Blanc Pa」だ。「赤身」と「シラタ」の個性を生かした「Cup」「Dish」「Bowl」は、S·M·Lのサイズがあり、それぞれ幾通りもの使い方ができる。販売はオンラインのみ。限定数が不定期で製造され、製造年月とエディションナンバーが刻印される。「Blanc」はフランス語で白を意味し、「シラタ」へのリスペクトが込められている。（佐藤春菜／編集者）

008

茨城

IBARAKI

菓匠にいつま hanare

茨城県水戸市堀町2160-3

029-297-6385

www.niituma.com/hanare

和菓子文化の未来を拓《ひら》く　水戸市内の閑静な住宅街で、和菓子をカジュアルに提案するカフェ「hanare」を切り盛りするのは「菓匠にいつま」3代目の新妻優友さん。和モダンな店内には、週ごとにデザインが変わる上生菓子が並び、季節感のある彩りを楽しめる。お薦めは、焼きたての銅鑼焼《どらや》き。奥久慈卵を使用し、濃厚でふっくらとした生地が癖になる。笠間の栗や水戸の梅など、地域食材を用いたメニューも充実。美しい茶器や皿は、山崎さおりさん・船串篤司《ふなくしあつし》さんなど、実力ある笠間焼の作家もので、この土地ならではの喫茶時間が過ごせる。「作法は気にせず、それぞれの価値観で楽しんでほしい」と話す優友さんは、和菓子と珈琲のペアリングなどを通して、楽しみ方を常にアップデートしている。老舗《しにせ》の確かな技術と、瑞々《みずみず》しい感性が融合したこの空間を、ぜひ一度訪れてほしい。（国井 純／ひたちなか市役所）

007

福島

FUKUSHIMA

SIOME

福島県いわき市好間町
中好間川原子作17-1

0246-85-5977（株式会社起点）

kiten.organic/siome.html

潮目で生まれたコットン　福島県いわき市、親潮と黒潮が交わる潮目の海の近くで生まれたコットンブランド「SIOME」。商品には有機栽培された在来種の「備中茶綿」が織り込まれている。手ぬぐいには、綿花畑の風景や、周囲の生き物たちの営みなど「循環」がデザインされている。ブランドを運営するのは、株式会社起点。2019年からは、原料である綿づくりにも取り組み、商品化、そして人々の手に届くまでを一貫して担う彼らのものづくりは、とにかく「誠実」の一言に尽きる。誠実なものづくりのリーダーは、酒井悠太さん。普段は寡黙だが、コットンの話をし出すと止まらない。綿畑には、誰でも気軽に訪れ、「使い手」を超えて、「作り手」として、ものづくりの一端を味わえる。手ぬぐいやタオルを片手に、商品の原点でもある綿畑も、ぜひ訪ねてほしい。（宮本英実／MUSUBU・Demi）

010

群馬

GUNMA

荻原招き猫製造(ねこや)
群馬県高崎市下豊岡町40-1
027-325-1018
instagram.com/ogiwaramanekineko?igshid=YmMyMTA2M2Y=

高崎の文化を伝える招き猫　旧中山道沿いにある「荻原招き猫製造」通称“ねこや”。工房内には絵付け前の真っ白な招き猫が、巻き藁《わら》にびっしりと刺さっている。大きな張り子の猫が、中庭のひなたで乾燥を待つ光景は何ともなごむ。古くから絹産業が盛んな群馬県。養蚕地では蚕を食べ荒らす鼠《ねずみ》除《よ》けに、猫が守り神として大切にされていた。高崎市豊岡地区は張り子のだるま作りが盛んな地区である。そのような土地柄から、明治初期に鼠除け、豊蚕を願って張り子の招き猫が誕生した。現在は5代目の荻原浩史さんと、ご親族ら数名で、製造・卸・販売を行なう。紙型で作られた招き猫は、底のおもり付け、下地の胡粉《ごふん》塗り、絵付けなど、全てが手作業。日本一の生産量である「高崎だるま」と共に、各地の市や、寺社の授与品や郷土玩具として全国に旅立ち、高崎の文化を伝えている。(本多 寿美代／会社員)

009

栃木

TOCHIGI

『A GUIDE to KUROISO 栃木県、黒磯。あたりまえに未来が生まれる町』

huuuu.jp

人を旅する観光ガイドブック　日本全国に足を運び取材する『Huuuu』は、すぐに“わかった気”になれる現代で、意識的に“わからなさ”に向き合う芯の強さを感じる編集チームだ。そんな彼らの出版レーベル「風旅出版」の初刊行物として栃木県黒磯のガイドブックを制作。「観光ガイドとしては使いづらいと思う」と本人たちも語るように、整理された単なる情報ではなく、そこで商いをする“人”をとことん取材し、1年以上の期間をかけて完成した一冊だ。「この本を読んで来ました」と“人”を訪ねて旅すれば、これまでの観光とはひと味違う体験が生まれるだろう。「黒磯は“美意識”に人が集まり、あたりまえに未来が生まれる町」という編集視点は、まるで地域個性の解説書のようだ。そんな彼らの視点を借りて、また新たな発見をしに黒磯を旅したい。(黒江美穂／D&DEPARTMENT PROJECT)

012

千葉

CHIBA

椿森コムナ
千葉県千葉市中央区椿森1-21-23
www.tsubakimorikomuna.com

余白のある暮らしの提案　「コムナ」とはエスペラント語で「共有」を意味する。千葉駅からほど近くの森にある広場には、樹齢半世紀を超える樫と銀杏が、大きく枝を広げる。宅地開発予定だったこの場所を人が集うスペースとして有効活用し、時間や感動、暮らし方に対する考え方を提案しているのは、地域で宅地開発を行なう「拓匠開発」。アメリカ・ポートランドの「人と環境に優しい街づくり」を参考に、建築現場の残材や既存樹木を有効活用し、ツリーハウスやキッチンカー、タイニーハウスを設置。オーガニックコーヒーや、ハンバーガーなどが楽しめる森カフェは、風の通り道になっていて心地よい。朝は近くの千葉公園で運動を楽しんだご年配の方たちが、昼過ぎは地元の学生、夕方になると幼稚園帰りの親子連れ、週末には遠方からも人が集い、普段の暮らしに楽しみを与えてくれる。（松崎紀子／編集者）

011

埼玉

SAITAMA

CAWAZ base
埼玉県日高市栗坪46
042-978-9131
cawaz.co.jp

埼玉の民藝《みんげい》である川を象徴するCAWAZ　『埼玉県全63市町村キーマン』展で、日高市のキーマンとして紹介した北川大樹《たいき》さんは、カフェ、コワーキング、スペースレンタルを併設した「CAWAZ」を、高麗川《こまがわ》のほとりで、運営している。約10秒ほど歩けば、川の中に入れる環境は、ほとりと言うより、川の中と言ってもよい。工藝風向《こうげいふうこう》の高木崇雄《たかきたかお》氏は、『d design travel SAITAMA』の中で「埼玉の民藝は川だ」の旨、述べている。歴史的にも見ても、埼玉県の各地域は川との共存から仕事が生まれ、暮らしそのものが川に支えられている。20～30代前半の若者の感覚を携えながら、「CAWAZ」は活動そのものが、埼玉の現代の民藝となることを目指しているのかもしれない。もし「埼玉号」が今発刊されたならdマークに選定されるべき場所だ。（加賀崎 勝弘／ PUBLIC DINER）

014
神奈川
KANAGAWA

調理室池田
神奈川県川崎市宮前区水沢1-1-1
川崎市中央卸売市場北部市場
関連棟45
chourishitsu.tumblr.com

楽しさを引き出す調理法　約154万市民の食を支える「川崎市中央卸売市場北部市場」。水産物や青果が並ぶ場内が活気に溢《あふ》れる朝7時、「調理室池田」は開店する。荷物を載せたターレが忙《せわ》しなく行き交う市場の雑多な雰囲気とは対照的に、アンティークの食器や家具が並べられた瀟《しょう》洒《しゃ》な店内。店主である池田宏実さん・講平さんが日々発信する、旬の食材やその日のメニューに関する情報だけに留まらない、生産者や市場の人たちとの関係性をも含めた“調理の表現”。名物「ツナメルトのサンドイッチ」やケーキなど、その日の朝に仕入れたばかりの食材で作られる料理はどれも、格別だ。食の流通拠点である市場という場所ならではの、立地や素材を活かした調理の表現は、美味《おい》しさを超えて、作ることや食べることの楽しさを届けてくれる。早起きをして出かけたくなる、小さな食堂。(原田將裕／茅ヶ崎市役所)

013
東京
TOKYO

ビヤホールライオン　銀座七丁目店
東京都中央区銀座7-9-20
03-3571-2590
www.ginzalion.jp/shop/brand/lion/shop1.html

銀座と共に時代を歩むビヤホール　1934年に開店した「ビヤホールライオン　銀座七丁目店」。店内には、いくつかのガラスモザイク壁画があるが、中でもビール麦を収穫する風景を描いた大壁画は印象的。設計は旧新橋演舞場を手がけた菅原栄蔵。創建当時から変わらない内装は「豊穣と収穫」というコンセプトでデザインされ、「後世まで残る日本を代表するビヤホール」の想いが込められた。ビールの泡をイメージした照明や、麦の穂をイメージした柱など、探し出すと内装の一つ一つに意味があり面白い。そんな店内を楽しみながら伝統の一度注《つ》ぎのビールが呑《の》める。これがまたごくごく呑めてたまらない。教会のような雰囲気の中で、サラリーマンや、銀座の街を楽しんできた人など、それぞれが片手にビールで楽しむ光景にワクワクする。銀座に行くと、つい寄りたくなる。(富田朱音／D&DEPARTMENT TOKYO)

016
富山
TOYAMA

株式会社 室屋
富山県高岡市二塚199-19
0766-63-4668
www.muroyanokonbu.com

昆布をもっと身近に　昆布の消費量がトップクラスの富山県だが、私は正直、昆布を食べる機会が少ない。しかし室屋の「昆布小箱」に入っている「とろろ巻昆布（煮た昆布をとろろ昆布で巻いたもの）」は大好きだ。約90年以上、昆布の加工品を製造している「株式会社室屋」が製造。昆布は富山のソウルフードだが、消費量は年々減少。社長の室谷和典さんは「市場で出回る昆布は、パッケージがシンプルで似たものが多く、どれが美味《おい》しいのか、わかりにくいのでは」と感じ、「昆布小箱」は手軽に食べられるよう、小分けに楽しめるパッケージにした。デザインを担当したのは富山で活動する「ハヤシデザイン」。さらに、若い世代に向け、昆布の美味しさを伝える食育の活動も行なう。時代のニーズに合わせ、富山の昆布文化を全国へ伝えている。（岩滝理恵／D&DEPARTMENT TOYAMA）

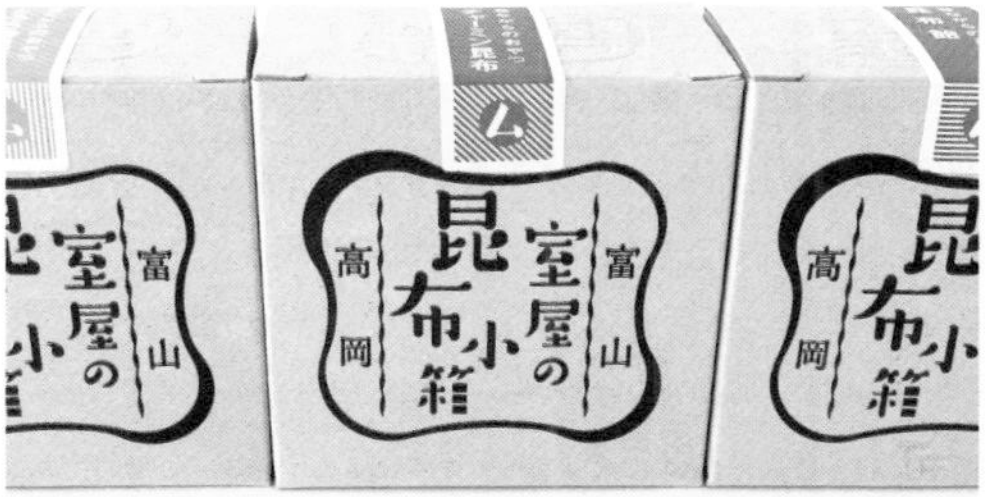

015
新潟
NIIGATA

小嶋屋総本店
新潟県十日町市中屋敷758-1
025-768-3311
kojimaya.co.jp

技と文化を繋《つな》ぐ「へぎそば」　魚沼地方で生まれた蕎麦「へぎそば」。この地では約1500年以上の織物産業の歴史があり、織物を作る際に使う、布海苔が蕎麦のつなぎとして使われる。織物の糸をより、紡いだ様子が「へぎ」と呼ばれる木の器に蕎麦を盛り付けた様と似ていて美しい。人によっては、棚田に見えるとも。十日町市では「小嶋屋総本店」が2022年に、へぎそば店開業100周年を迎え、新潟県内外にその味を伝えている。薬味には、わさびではなくカラシを使い、すりゴマを汁にバッと振りかけてツルッといただく。その喉越し、まさにこの町の技と、文化の融合からデザインされた芸術品の域。最近では、文化庁が新設した「100年フード」にへぎそばが認定され、SNSでへぎそばを軸に人の縁を繋ぐ「日本へぎそば部」の発足もあり見逃せない。（南雲克雅／首都圏新潟県人会代表）

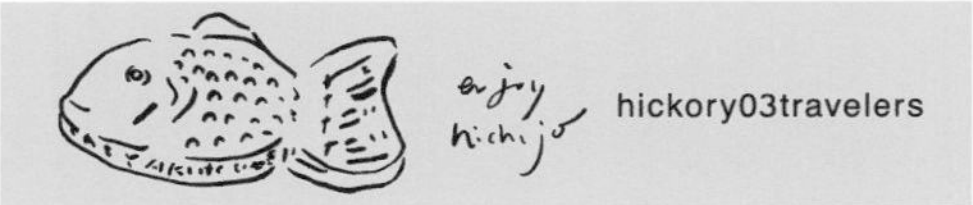

018
福井
FUKUI

スナックランド
福井県福井市中央1-22-7
snackland.site

欲しい場所は自分たちでつくれる　福井駅から徒歩約5分の場所にある「スナックランド」。DIYでつくられたことが、一見でわかるこの建物は、カフェやスナック、イベントスペースで構成されている。日中のカフェ営業は、店長が日替わりで、また夜も不定期でイベントが開催されており、まちの人の交流の場として、なくてはならない存在になっている。ミラーボールなど昭和のレトロ感が残り、どこか心惹《ひ》かれる雰囲気だが、元々は売却が検討されていた空きビル。2015年、福井でのリノベーションスクールの開催をきっかけに、「欲しい場所は自分たちでつくれる」という思いのもと、まちの人々の手で新しいコミュニケーションの場がこうしてつくられた。ここに行けば誰かと話せ、偶発的な出会いや、コミュニケーションが重なっていく。訪れるといつも胸が高鳴る場所だ。（新山直広／ TSUGI）

017
石川
ISHIKAWA

大勉強
石川県加賀市伊切町い239
0761-74-1881
www.phaeton-co.com

学びと美意識で地域の美しさを惹《ひ》き出す　加賀市にある「PHAETON」は、ファッションを中心に、アートや香水など、オーナーの坂《さか》矢《や》悠《よ》詞《し》人《ひと》さんの美意識で集めたものを紹介する店。『大勉強』は、その独自の世界観を、写し取ったような雑誌。海外のファッション誌のように洗練されたデザインで、ファッションをはじめ、石川の歴史や文化にも触れている。編集方針の根底には「学び」がある。一つの学びから見えた次の学びを、さらに深める。その丁寧な積み重ねから「宇宙」など、ファッション誌の領域を超えたテーマが特集されている。既存のカテゴリーに囚われない自由さと面白さ、唯一無二の個性は、健やかな学びのサイクルの賜物《たまもの》だ。何より、編集者たちの洗練された美意識によって見出された石川の美しさに感動し、地域の可能性に勇気をもらう。（進藤仁美／ D&DEPARTMENT TOYAMA）

GENOME REAL STORE

020

長野

NAGANO

中条アートロケーション《場》
長野県長野市中条4462
090-4181-4502
www.facebook.com/ba.nakajo

アーティストとの交流を楽しむ　長野市の西部に位置する中条地区（旧中条村）にある、古民家を利用した共同アトリエスペース。1階は自家焙煎《ばいせん》のコーヒーが美味《おい》しいカフェ「美《び》場《ば》」と、金属造形作家・角《すみ》居《い》康宏《やすひろ》さんの工房で、2階は画家·OZ-尾頭-山口佳祐さんのアトリエ。中条地区での滞在制作を希望するアーティストに貸し出しできるスペースもあるそうだ。山に囲まれた県道に面した場所で、車で近くを通ると「ちょっとコーヒーでも」と、ふらっと寄りたくなる。もちろんアーティストとの交流も楽しみの一つ。代表の角居さんはアーティスティックな作品はもちろん、錫《すず》の酒器なども制作している。錫には酒の味を美味しく変える性質があるそうだ。錫器のクールなイメージと陽気な角居さんとのギャップも面白い。作品をゆっくり鑑賞しつつ、アーティストとの交流も楽しんでほしい。（轟 久志／トドロキデザイン）

Photo : Shinichi Kanai

019

山梨

YAMANASHI

ホトリニテ
山梨県山梨市牧丘町北原4139-1
0553-39-9661
hotorinite.com

人間と自然との際を知る旅　山中湖のほとりに佇《たたず》んでいた宿「ホトリニテ」が、2020年に乙女湖のほとりに移り、1日1組だけを迎える新たな宿として再開した。宿は標高1500メートルに位置し、野性味溢《あふ》れる自然が、当たり前のように存在している。大自然、この地域の文化や伝承、農業や林業を含めた人々の生活、独自性を持った歴史などを、宿主の高村直喜さん自ら案内する基本プランが核。15通りもあるというそのコースの中から、気象状況、案内するお客さんの体調によって、異なった提案をしてくれる。そのガイドを体験する中で、“人間と自然との際”をしっかり感じとれる。高村さんは自身の宿を「旅寓《りょぐう》」（古い宿を表す）という言葉で表現した。寓話のように、その物語を体験する人によって、さまざまな解釈が可能なのだ。ここでしかできない、人間と自然との際を知る旅。（土屋 誠／BEEK）

022
静岡
SHIZUOKA

静岡シネ・ギャラリー
静岡県静岡市葵区御幸町11-14 3F
054-250-0283
www.cine-gallery.jp

静岡文化の秤《はかり》　静岡駅北口から徒歩約5分ほどの場所に、2003年に開業した「静岡シネ・ギャラリー」は静岡市民の文化的な好奇心の「秤」と言える。インターネット上では、次にお薦めの作品を一方的に推薦されるのに対し、「静岡シネ・ギャラリー」では、時代やトレンドに流されず、映画への「偏愛」によって推薦された作品が上映され、常に文化的攻防が繰り広げられているのが面白い。年々閉鎖に追い込まれる映画館が後を絶たない中「観客が一人であったとしても、面白いと思える作品を世に送り続ける」姿勢は、開業から1ミリもブレることはない。2021年『フィッシュマンズ』を1日限りで上映。近所のアパレル店主が呼び掛け人となり、上映が実現された。ぜひ、あなたの価値観も天秤にかけ、ここでくつろいでほしい。（本村拓人／Media Surf Communications）

021
岐阜
GIFU

新町ビル
岐阜県多治見市新町1-2-8
0572-44-7711
www.shinmachi-bldg.com

多治見《たじみ》のやきもの文化を未来へ繋《つな》ぐ　やきものの産地、多治見市にある「新町ビル」は、花山和也さん・水野雅文さんのお二人が各フロアでオーナーを務める複合ビル。築50年の空きビルを改装し、地域在住の陶芸作家の常設販売店や、異業種でも使えるギャラリー、さらには、飲食イベントなど多目的に活用するエントランスなど、多角的な視点で多治見の町を表現し、発信している。コンクリートがあらわになった空間には、温かみがある器や、あるいはアバンギャルドな花器などが並ぶ。多治見のやきものの多様性や、品質の良さ、そして作家と繋がる面白さを通して作品の魅力が体感でき、刺激を受ける。街に漂う穏やかさに加え、花山さん、水野さんの物腰が柔らかくて心地よく、魅力的。多治見のやきもの文化を発信する拠点として、これからの活動が、ますます楽しみな場所の一つだ。（熊沢祐哉／D&DEPARTMENT TOKYO）

024
三重
MIE

伊勢製餡所
三重県伊勢市河崎1-1-22
0596-28-5543
iseseian.jp

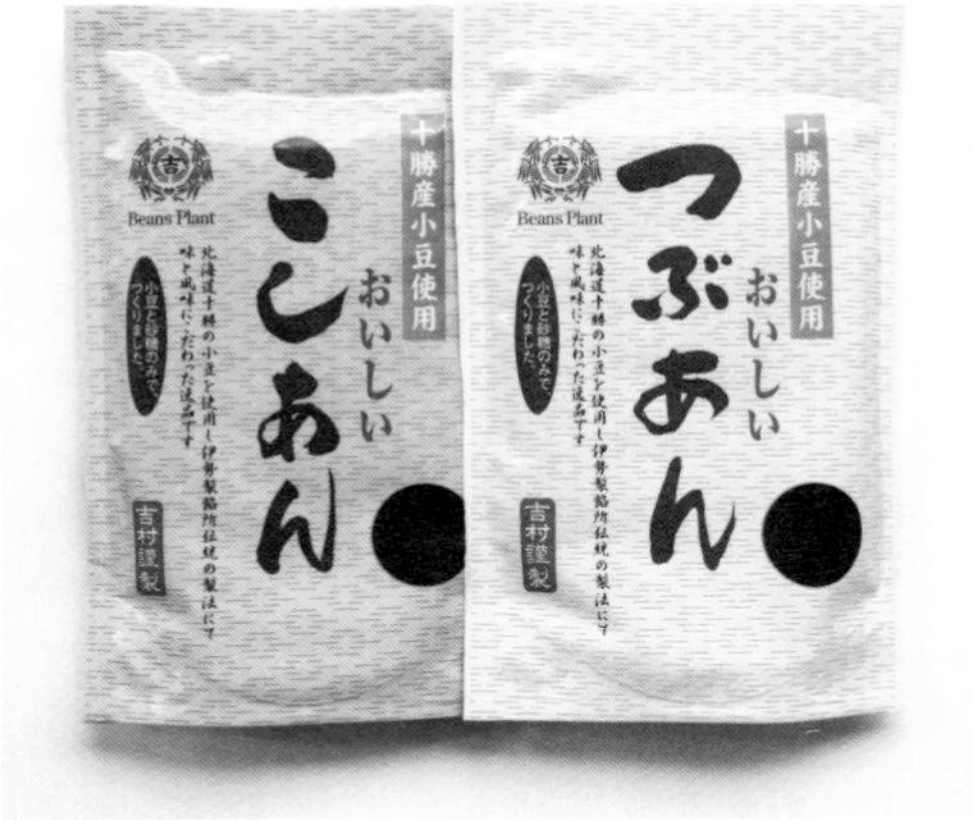

地域に根付くあんこ屋　大正13（1924）年創業の「伊勢製餡所」は、伊勢神宮・外宮から歩いて15分ほどの住宅街にある。日曜日以外の毎朝5時からあんこ作りは始まる。伊勢製餡所こだわりの北海道産小豆「雅」を贅沢に使用。余計なものを一切使わず、年季の入った銅釜でじっくり火を通し、粒感のしっかりしたあんこが炊き上がる。熱々のあんこを移すのは、手作業で粒を潰さないように丁寧に、手間隙を惜しまない。そうしてできたあんこは、ツヤっとした綺麗な赤色で優しい甘味、小豆の風味がしっかり感じられて本当に美味しい。「D&DEPARTMENTMIE by VISON」のどら焼き（「dどら」）にも伊勢製餡所と一緒に開発した粗糖のあんこを使っている。「餅街道」といって、お伊勢参りの人々がよく食べていた餅屋が、今でも数多く残る三重の人々にとって馴染み深いあんこ。近所の人たちがあんこを買いに来る姿も目立つ。その土地に根ざしたあんこの味を、今でも大切に守り続けている。（○○○○○○／ D&DEPARTMENT MIE）

025

滋賀

SHIGA

川内倫子写真集『やまなみ』
☎03-6321-9835（信陽堂）
shinyodo.net

自分を肯定できる時間　甲賀《こうか》市でアール・ブリュット作品を多く生み出す福祉施設「やまなみ工房」。滋賀県出身の川内倫子さんは、施設に何度も通い、その日常を撮影し、写真集『やまなみ』を刊行した。施設内には、ラーメンの袋をただただ見つめていたかと思えば、施設に鳴り響く大きな声で歌を歌い、時に飛び跳ね、時に黙々と作品作りに没頭し、作品が世界的な評価を得ながらも、絵を描くよりも掃除を好み、その時間を大切にしている方々がいる。写真集に映し出された、瑞々《みずみず》しい写真から、施設で過ごす皆さんの日常の美しさが、本当にキラキラと煌《きら》めいて見えた。毎日の瞬間、瞬間を、確かに感じ、大切に生きている。写真集を見終え、家族に「今この時間を一緒にいてくれてありがとう」と言いたくなった。写真集には「自分が自分であるだけでいい場所」と川内さんの言葉が記されている。生きることを見失っていないか……自分を確かめるように、何度も見返してしまう。（相馬夕輝／D&DEPARTMENT PROJECT）

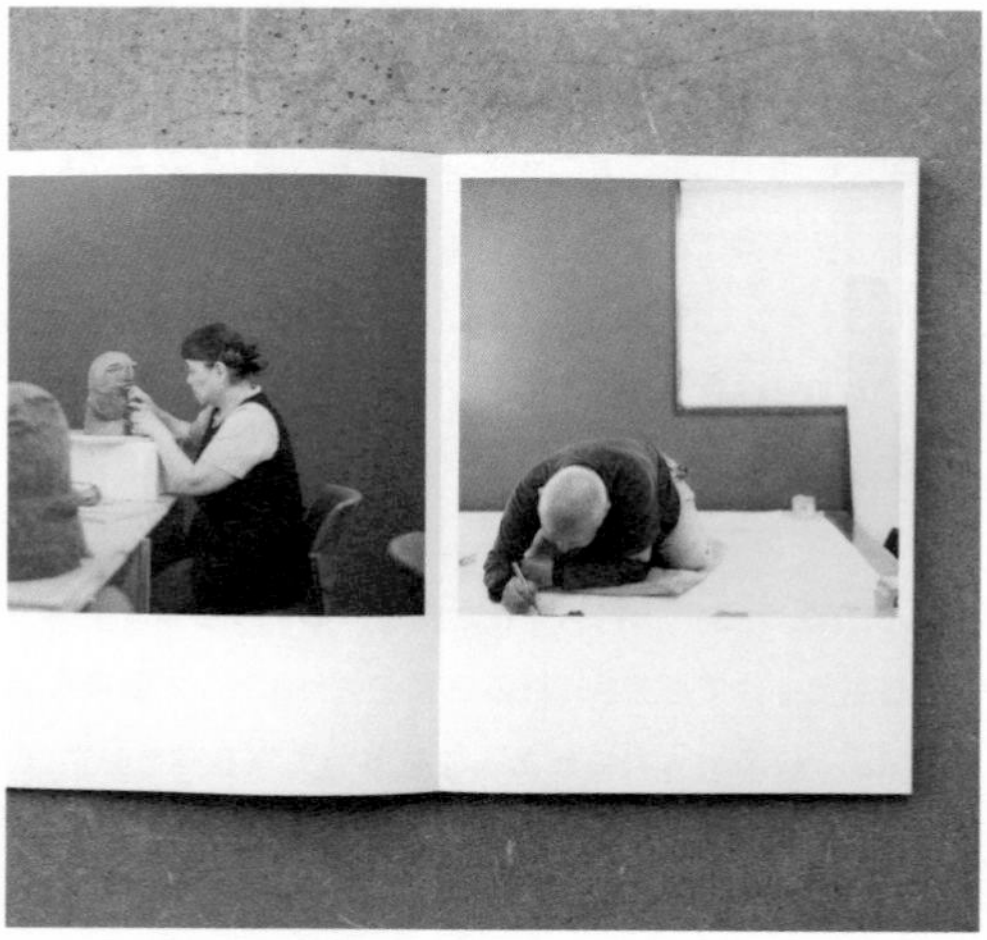

023

愛知

AICHI

急須と器 いそべ
愛知県常滑市金山上砂原100
☎0569-43-7788
tokoname-isobe.com

問屋と小売りの両面から産地を支える　やきもののまちとして知られる常滑《とこなめ》市にて、1964年に常滑焼茶器専門卸問屋として創業した「磯部商店」。創業から、急須の産地と消費地とを繋《つな》ぎ、常滑焼急須を全国に広めてきた。1993年、社屋の移転を機に、生活者が気軽に急須を手に取れるようにと、小売店舗「急須と器 いそべ」を構えた。急須問屋であることを大切に、量産を可能にした鋳込み製法の急須、安定供給できる職人ものの急須、数をつくらない産地の作家の急須などをバランスよく取り扱い、訪れる人が自分の生活様式に合わせて急須を選べる工夫がある。急須でお茶を楽しむ会や、地元作家の出張による作家市なども定期開催し、つくり手と使い手を結ぶ活動にも熱心だ。「つくり手が安心して作陶し続けられるよう、急須を販売し続けることが大切」と代表の磯部宏行さんは言う。ここに来ると、急須の面白さを実感し、急須は家にいくつあってもいいという気持ちになる。（坂田 実緒子／d news aichi agui）

027
大阪
OSAKA

船場センタービル
大阪府大阪市中央区船場中央2-3-6
06-6281-4500(代表)
www.semba-center.com

大阪の暮らしと文化を大胆に感じる　大阪市のビジネス街中心に位置し、地上4階・地下2階・全長約1キロメートルに及ぶ日本一長い商業ビル。屋上には、阪神高速道路と一般道の計12車線が走り、その大胆な外観に驚く。道路高架下に建築したのではなく、ビルを造りその上に道路が建設された。高度成長期に、大阪の発展を望み、新たな幹線道路を通すため、大阪商人の知恵が生み出した全国でもあまり例のない建築物だ。1970年の大阪万博に合わせて開業。2020年、開業50周年を機に公募で「せんびる」の愛称が決まった。輸入雑貨、繊維問屋街、アパレル、飲食店など数百の専門店がひしめき合う昭和レトロな雰囲気が若い世代にも人気だが、広告やブランディングに、新しいクリエイターを起用する若々しさも感じる。大阪の文化・市民の暮らしぶりを物語る、生きた建築だ。(石嶋康伸／ナガオカケンメイのメール友の会・管理人)

026
京都
KYOTO

有限会社南條工房
京都府宇治市槇島町千足42-2
0774-22-2181
linne-orin.com

Photo : Masuhiro Machida

小さい佐波理《さはり》おりん「LinNe」　「南條工房」は、銅と錫の合金「佐波理」のみを用い、仏具の「おりん」や祇園《ぎおん》祭の囃子鉦《はやしがね》などを制作する、国内でも数少ない工房だ。ライフスタイルや宗教観が、時代とともに変化したことから、仏具の概念を超え、もっと身近に「佐波理おりん」の音色を楽しんでほしいと、2019年に7代目の南條和哉さんが新たなブランド「LinNe」を立ち上げた。「佐波理おりん」の音色はそのままに、小型化された「LinNe」は、仏事に限らずいつでも自由に音色が楽しめる。南條工房独自の配合率で、限界まで錫の比率を高めた作りは、硬度が高くなり加工が難しい一方、その硬度があるがために、結び目を持って優しく振ると、凛《りん》とひと筋通った音色が長く響く。妥協しない実直なものづくりの姿勢を、音色からも感じられる。(下野文歌《しものふみか》／ D&DEPARTMENT KYOTO)

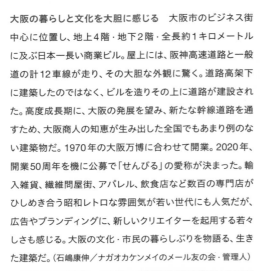

029
奈良
NARA

ume, yamazoe
奈奈良県山辺郡山添村片平452
0743-89-1875
www.ume-yamazoe.com

ちょっと不自由な山奥のホテル　奈良県北東部にある山添村は、鹿や大仏で知られる奈良市から、車で約40分ほどの大和高原に位置し、お茶など農業が盛んな地域だ。そんな山添村の、ちょっと不自由な場所にホテル「ume, yamazoe」がある。2020年のオープン以来、1日3組限定ながらも、ひっきりなしに宿泊客が訪れている。その、ホストである梅守《うめもり》志歩さんの社交性の良さという魅力。彼女は東京で働いたのち、地元の奈良で家業を継ぎ「人と自然が調和している山添村の暮らし」を体験できる、このホテルを立ち上げた。山奥というロケーションにありつつ、フィンランド式のサウナが屋外に設置され、自分が自然の一部であることに、改めて気が付く。今日も各地から、ちょっと不便を魅力に感じた人たちが「ume, yamazoe」に集っているに違いない。（坂本大祐／合同会社オフィスキャンプ）

028
兵庫
HYOGO

森果樹園 × ツギキ
兵庫県洲本市五色町鮎原西368
0799-32-0909
mori-kajuen.jp

樹を接ぎ、手を繋《つな》ぎ、家を継ぐ　淡路島の固有種「淡路島なるとオレンジ」を栽培している森知宏・晶子さん夫妻と出会った。原種の「淡路島なるとオレンジ」は、いわゆる甘くて美味しい類の柑橘ではない。「だからこそ、この果物の良さをもっと多くの人に伝えたい」と、2016年に、知宏さんの祖父が育ててきた果樹園を継いだ。果樹園の仕事に加え、加工品や収穫時期限定のパーラーの運営、島内外へのマーケットへの参加にも勤《いそ》しんでいる。また、1年のほとんどの期間を農家として従事する傍ら、知宏さんはグラフィックデザイナー、晶子さんは一級建築士としての活動も並行して行なっている。デザイン視点を取り入れた同じ生産者という立場から、「北坂養鶏場」など、主に第1次産業に携わる方々に、本当に必要で長く続けられるデザインを、共に考え提案している。淡路島の小さな果樹園だからこそ、持続的に繋がる生き方を探し続けている。（毛利優花／ D&DEPARTMENT PROJECT）

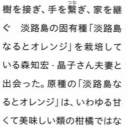

031
鳥取
TOTTORI

塩谷定好写真記念館
鳥取県東伯郡琴浦町赤碕1568
0858-55-0120
teiko.jp

“芸術写真の神様”の宿る場所　晴れた日には、2階の格子窓から沖を往来する漁船がよく見える。大正〜昭和期に活躍した芸術写真家・塩谷定好《しおたにていこう》は、生涯にわたり愛する山陰地方の自然を撮り続けた。定好の孫で「塩谷定好写真記念館」館長を務める塩谷晋さんが館内を案内してくれた。ススキ原と流れる川の写真の前で、そこに隠された仕掛けと遊び心を嬉《うれ》しそうに語ってくれる。2014年、塩谷定好が撮影した100年前の貴重な写真群は、塩谷の生家と共に残された。この記念館には、かつて海運業で栄えた時代を伝える高級材・鉄刀木《たがやさん》を使用した床の間も残され、のちに国の登録有形文化財にもなった。先日、女性が一人東京から訪れた。「どうして来られましたかな」と尋ねると「写真家ですから」と一言。写真を生業にする者にとってここは芸術写真の神様に会える場所なのだ。（永見陽平／ローカルジャーナリスト）

030
和歌山
WAKAYAMA

Kiranah
和歌山県有田市宮崎町1225-59
080-4173-6534
kiranah.site

自分たちが食べたいもの、大切な人に食べてほしいもの　有《あり》田《だ》みかんで有名な有田地域。太平洋に面した見晴らしの良い高台にカフェ「Kiranah」がある。サンスクリット語で“光の道筋”を意味する店名の通り、目の前に広がる海と太陽の輝きに包まれる。酵素玄米と、主に和歌山県産の無農薬や減農薬・有機栽培で育てられた旬の野菜を使ったランチや、和歌山県産の果物を使ったスイーツは絶品。和歌山の自然の恵みに、自然と「いただきます」という気持ちになる。「和歌山の豊かな自然に育まれた野菜は、パワーに溢れ個性的で、調理をするのも楽しい」とオーナーの橋本愛子さん。ヨガ講師としても活躍しつつ、「背伸びせず、自分だからこそできること」を大切に、スタッフと作ってきた。「Kiranah」で過ごす時間、柔らかい光に包み込まれ、本来の自分に還る感覚を抱かせる。（天津やよい／フリーランス）

033
岡山
OKAYAMA

J Terrace Café
岡山県岡山市北区津島中1-1-1
086-253-0567
jtcafe.jp

地域の繋《つな》がりを名建築カフェで味わう　岡山大学の正面入り口から入ると、まず一番に目に飛び込んでくる、流線型をした雲のような天井の建物。この「J Terrace Cafe」は、岡山大学の学生や職員だけでなく、周辺の地域にも開かれた「人が集まり、対話が生まれる場所」を目指し運営しているカフェだ。設計は妹島和世と西沢立衛の建築家ユニット「SANAA」。「金沢21世紀美術館」や「直島港ターミナル」など、一度は有名建築を目にしたことがあるだろう。「SANAA」らしい有機的な屋根、浮遊感のあるファサードの構造、そして周囲の芝生の隆起、それら全てが自然の一部と一体化しているようで美しい。ランチは地元の食材を使った料理や、外国のローカルな料理を提供していて、毎回違って楽しめる。ランチの後は、岡山大学のキャンパスを散歩するのもお薦めだ。（とつ ゆうた／ CIAL）

032
島根
SHIMANE

俵種苗店 SHIKINOKA
島根県鹿足郡津和野町後田口212
0856-72-0244
shikinoka.jp

循環する食とものづくり　明治期から約130年続く「俵種《たわらしゅ》苗店《びょうてん》 SHIKINOKA」は、この地の農業を長きにわたり支えてきた老舗店だ。種苗・農機具・肥料等を扱うほか、石見《いわみ》地域で、伝統的なものづくりを行なう職人と共に作った陶器や鉄工芸等を販売している。店主の俵志保さんは、染物や織物を学んだ後、働きながら自身でも、ものづくりを行なってきた。力を入れているのは、生産者や職人、デザイナーを繋《つな》ぎ、それぞれの個性を活かし、新しい価値を生む循環するものづくり。また、その取り組みは種苗店の根幹である、食をテーマにさらに広がっている。今後はプロダクトだけに留《とど》まらず、体に入るものも、作り手と一緒に丁寧に作っていくという。店内では豆やスパイス、ハーブの量り売りも。生活や日々の食卓を一層楽しくするアイデアがきっと見つかるはず。（玉木愛実／津和野まちとぶんか創造センター）

石見神樂　東京社中

035

山口

YAMAGUCHI

春帆楼下関本店

山口県下関市阿弥陀寺町4-2

083-223-7181

www.shunpanro.com

下関のアイコニックな割烹《かつぽう》旅館　下関観光の中心に位置する老舗《しにせ》高級割烹旅館。深い緑に抱かれたひときわ目を引く、黄金色に輝く外観が印象的。隣には竜宮城のような「赤間神宮」が鎮座し、視界には関門海峡が広がっている。「唐戸《からと》市場」や「海響館」、明治・大正期の趣が残る洋風建築が徒歩圏内にあり、対岸の門司港や巌流島へ渡る関門連絡船の乗船も可能だ。旧毛利邸のある城下町・長府へのアクセスも良い。この地には数々の歴史的なストーリーが存在する。かつて伊藤博文がふぐ料理をこの春帆楼で解禁し、下関はふぐの流通中心地となった。「ふぐといえば下関」と言われる所以《ゆえん》がここにはあり、「春帆楼」は歴史の証人なのだ。昭和天皇・香淳皇后も宿泊された格式のある旅館。しつらえや調度品にも凛《りん》とした姿を感じた。特別な時間を過ごせる宿であることは間違いないだろう。（安本 みゆき／プランナー）

034

広島

HIROSHIMA

江田島ポタジェ&レストラン
Bricolage17

広島県江田島市沖美町是長1782-11

www.facebook.com/104000927993113/

豊かさの感覚を磨く　「江田島ポタジェ＆レストランBricolage17」は、瀬戸内海に浮かぶ江田島で、島の情景美、豊かな食、人々の暮らしを五感で体感できる場所だ。ブリコラージュとは「あり合わせを寄せ集めて新しいものをつくる」の意を持つが、店主の空本健一さんは、「未完の美」さえも表現している。完全予約制のランチでは、訪れた人がポタジェ（家庭菜園）から草花を摘み、皿に飾り付けを楽しむ。それは、自らが創作者となり、ストーリーを拡張する体験。島内外の人々や文化が交わるイベント『汽水域』では、入場料と引き換えに「種」と通貨の「葉っぱ」が渡される。その種を敷地に撒くことで、新たな訪問者への想像と創作のパーツへと循環する。島の豊かさや、過去・今・未来という時間さえもブリコラージュされた場で、人と土壌は耕され続ける。（今田 雅／ CARRY on my way 44）

037

香川

KAGAWA

豆花

香川県高松市花園町1-9-13

090-7575-1212

www.mamehana-kasikigata.com

和三盆と伝統細工　香川は江戸時代から続く和三盆の産地。和菓子や干菓子づくりに必要不可欠な道具で、伝統工芸細工でもある「菓子木型」がある。今では香川にただ一人となった県の伝統工芸士・市原吉博氏の木型を使い、和三盆の型詰めを体験できる場所が「豆花」。ここは地元の子どもたちが、土地の文化を身近に体験できる学びの場でもある。日常ではあまり触れる機会はないが、日常のお菓子の裏方として活躍している「菓子木型」を手に取り、魅力を感じられる。貝や葡萄《ぶどう》、うどんにビール、鯛《たい》や灯台など、職人が作った美しくも遊び心溢《あふ》れる型から好きな型を選び、適度な水分を含めた和三盆をギュギュッと型に詰め、ポロリとできる干菓子。その場でお茶と共にいただいた。詰めたて、できたばかりの干菓子は、口に含んだ瞬間にふわりと溶ける食感。ここだから味わえる醍醐味《だいごみ》だ。（渡辺美穂／ d47食堂）

036

徳島

TOKUSHIMA

Natan 葡萄酒醸造所

徳島県三好市池田町マチ2187-7

0883-87-8688

natan.jp

三好の景色をつくるワイナリー　奈良県でソムリエとしてワインバーを運営していた井下《いのした》奈《な》未《み》香《か》さんが、徳島県三好《みよし》市への移住を機に畑を開墾。2021年に「Natan 葡萄酒醸造所」をスタート。ぶどう栽培がされていなかった土地で、新たな産業として立ち上げた。四国内の契約農家のぶどうも活用しつつ、自社畑ではヤマ・ソーヴィニヨンやピノノワールなど、10種以上の品種を栽培。阿波《あわ》市で放棄園となったデラウェアを再生させたオレンジワイン「renata」や、古くからのぶどう産地である美馬《みま》市のシャインマスカットとピオーネを使用した「what's ?」など、徳島県内で醸す味を模索しながら、ワイン造りを行なっている。繊細な中に野性味も感じ、飲むたびに新しい発見のある「Natan 葡萄酒醸造所」のワイン。出会う機会があれば、ぜひ飲んでみてほしい。（門脇 万莉奈／ d47 MUSEUM）

039
高知
KOCHI

赤岡冬の夏祭り
高知県香南市赤岡町
0887-55-3468（香南市赤岡町横町商店街）
fuyu-natsu.com

名物「路上こたつ」のある風景　赤岡町横町商店街メンバーと、ある学生との出会いがきっかけで始まった「赤岡冬の夏祭り」。毎年12月の第１週の土日に開催され、夏祭りの縁日のように、通りには赤岡名物のじゃこめしや日本酒、手作り雑貨など町内外からの出店もあり、賑《にぎ》やかだ。休憩スペースには、「こたつ」が並び、観光客も地元の人も一緒になって「路上こたつ」で暖をとる様子は、赤岡冬の夏祭りならではの風景だ。冬の夏祭りは、かつて宿場町であった赤岡の賑わいを復活させ、この土地の魅力や歴史を内外へ発信しながら、町を楽しむ仲間づくりを続けている。2020年、2021年は、残念ながら中止となったが、この場を楽しむ人の繋《つな》がりが継続すること、そして、毎年12月、赤岡の町に「冬の夏祭り」が戻ってくることを願ってやまない。（坂田 実緒子／ d news aichi agui）

038
愛媛
EHIME

マルブン小松本店
愛媛県西条市小松町新屋敷甲407-1
0898-72-2004
marubun8.com

変化を止めない百年レストラン　『d design travel EHIME』d マーク「マルブン小松本店」が、2020年12月にリニューアル。オープンキッチンのライブ感が味わえるカウンターキッチンや、遍路宿時代の戸など、旧店から引き継いだインテリアに懐かしさを感じる。4代目・眞鍋明社長は1992年にUターンし、大衆食堂からイタリアンへと業態を変えた。宇和島の養殖鯛《たい》「鯛一郎クンパスタ」、小松町発祥の四国三大発酵茶「石鎚黒茶《いしづちくろちゃ》」のスイーツなどは、地産地消へもこだわる。「西条てっぱんナポリタン」は「ポンジュース」が隠し味の看板メニュー。コロナ禍では、非接触のスマホオーダーシステムや、パスタやピッツァが自宅で楽しめる「ウチマルキッチン」など、チャレンジが続いている。5代目となる、眞鍋一成君をはじめ、スタッフの明るさと人懐っこさも、この店の魅力。（日野 藍／デザイナー）

041
佐賀
SAGA

佐賀県佐賀市大和町川上475
080-6426-4170
www.instagram.com/akimbo_curry

野菜の底力が味わえるカレー屋　佐賀の名店「カレーのアキンボ」。店主の川岸真人さんが、東京から佐賀に移住したのは、2015年9月。店主自ら古民家を改装した店内には、友人の書家・新ヶ江若菜さんや、川岸さんが描いたイラスト作品も展示。器は、近くの雑貨店「RITMUS」で知り合った作家ものが多い。提供される料理は、6000円のコースのみ。食材は、気に入った地のものを使う。特に野菜への思い入れが強く、多久市で、自然のままに野菜を育てる「古閑《こが》ベリー園」に足繁く通う。その理由は「自然栽培の畑では、個性的な野菜も数多く栽培されており、中には数年トライしてやっと提供できる料理もある」からだと言う。川岸さんの感性によって、野菜本来のさまざまな個性が引き出される。実際に料理をいただくと、うまい！と同時に、体が喜んでいる！と感じる。

（古賀義孝／光画デザイン）

040
福岡
FUKUOKA

ALSO MOONSTAR
福岡県福岡市中央区薬院3-11-22
092-401-0781
inuse.jp/also_moonstar

試着しに行きたくなるスニーカー店　履く人の佇《たたず》まいに寄り添う。そんなスニーカーが福岡にはある。ゴム産業の町・久留米に工場を構え、履き心地を真摯《しんし》に追求し続けるムーンスターの「MADE IN KURUME」のスニーカーだ。すっと足に馴染み、とにかく歩きやすい。2020年初夏に旗艦店「ALSO MOONSTAR」がオープン。日本建築の職人たちが手がけた空間は、洗練された雰囲気ながら落ち着いた趣がある。陳列台の腰部が、スニーカーのソール模様になっているのも面白い仕掛けだ。奥にある広い小上がりでは、スニーカーの試着ができ、しっかり歩いて履き心地を試せる。私はここに友人を連れて行くのが好きで、スタッフの方にフィッティングしてもらい、歩き出した時の友人の高揚感溢《あふ》れた表情を眺めていると、「そうそう、いいでしょう」と、とても誇らしい気持ちになるのだ。
（原 かなた／会社員）

043
熊本
KUMAMOTO

taishoji（泰勝寺）
熊本県熊本市中央区黒髪4-610
www.taishoji.com

熊本の“日常にしたい非日常”　熊本大学の程近く、立《たつ》田《だ》山のふもとに、肥後熊本藩主細川家の菩提寺《ぼだいじ》である「泰勝寺」があった。現在は、歴史ある趣を残し、洗練された広間やオープンキッチンが設《しつら》えられたギャラリーで、料理家の細川亜衣氏を中心に、さまざまなイベントが企画され、そのタイミングで一般にも開放される。普段は閉じられている山門をくぐると、心地よい径があり、そこを通る時はいつも期待と共に少しの緊張感がある。その緊張の先で待っている催しは、気さくにもてなしてくれるような料理や、日本全国から集まる作家たちの一品、時には、花や音楽など、“日常にしたいが、なかなかできない非日常なもの”と出会える、特別な空間のように思える。隣の立田自然公園も、ゆっくりとした時間の中、散策するのにお薦めだ。（末永 侑／フォトアトリエすえなが）

042
長崎
NAGASAKI

HOGET
長崎県西海市西海町川内郷1138-2
0959-32-0101
hoget.jp

西海の暮らしを楽しむ場　長崎県の中心にある大村湾の北西部に位置する西海市。海と山があり、農業と漁業を中心とした営みがある。この地に、地元企業「山﨑マーク」の山﨑秀平さんが立ち上げた「HOGET」は、民家をリノベーションし、カフェ、ショップ、DIYスペースを持つ地域の交流拠点。横長の階段の先に建物、横にはタープと芝生が敷き詰められ、開放感に溢《あふ》れている。縁側だったと思われる場所は、廃材となったシルクスクリーンの木枠で床張りされ、仕切りにはエキスパンドメタル。新旧・剛柔の素材が入り交じる。「HOGET」の名は、国指定史跡「ホゲット石鍋製作遺跡」に由来し「ほしいものは、つくる」の哲学で、西海の暮らしに根づいたクリエイティビティーを大切に、土地の魅力を伝え、感じられる交流の拠点として、活動。この土地の暮らしが続いていくことを感じた。（城島薫／パパスアンドママス）

KO MINKAN
ko-minkan.jp

045

宮崎

MIYAZAKI

國酒 松

宮崎県宮崎市橘通東3-4-9 2F

0985-23-9392

www.instagram.com/kokushu_matsu

宮崎焼酎と向き合う　宮崎焼酎の蔵元さんから、宮崎で焼酎を美味《おい》しくいただける店として教わったのが、宮崎の焼酎と国産酒を揃える「國酒 松」。ビルの2階に上がり店名「松」をデザインしたロゴを目印に扉を開けると、通り庭の先に、障子を一枚隔てて、9席のカウンターがあった。宮崎の職人たちと作り上げた空間に、背筋が伸びる。カウンターにはモルタル、焼き場には銅など、経年変化を楽しめる素材が使われており、「新旧の協調と不確実性の価値」という、店のコンセプトが感じられる。席に着いたらまずは、お通しの出汁《だし》で、一息。胃を温めてから、酒に寄り添う炭焼や、出汁の利いた酒の肴《さかな》で、店主がお薦めする宮崎焼酎や国産酒が進む。県内の蔵の仕込みにも参加する店主の小松山龍辰さんから、酒の味わいや、蔵の背景などを聞きながら次の焼酎を選ぶのも、楽しい。(田口 沙緒理／宮交シティ)

044

大分

OITA

七島藺工房 ななつむぎ

大分県国東市安岐町明治522

090-9409-0632

www.instagram.com/shichitoui_nanatsumugi

360年の時を紡ぐ美山河　かれこれ8年前、「国東《くにさき》産のミサンガ」と書かれたSNSの投稿が目に留まり、作者に会いに行った。江戸時代から国東半島で唯一栽培する七島藺《しちとうい》の工芸作家、岩切千佳さんの作品だった。円座やラグなどの日用品のほかにも身近に愛される作品を手がけたいと考えていたころ、東日本大震災で被災した漁師が網でミサンガを編み、復興を祈る姿をニュースで見たという。そこからインスパイアされ、風前の灯火《ともしび》となっていた七島藺の再興と、貴重な産物を未来に繋《つな》ぎたい一心で七島藺のミサンガが誕生した。豊かな自然が育む七島藺で編むことから「美山河《ミサンガ》」と命名。現在7戸の農家が栽培する規格外の素材で作品をつくるのが千佳さんのポリシーだ。腕に巻いた美山河の美しい編み目と革のような艶、若くて青い香りがたまらない。(牧 亜希子／フリープランナー・ライター)

047
沖縄
OKINAWA

玉城食堂
沖縄県南城市玉城玉城93-3
www.instagram.com/tamagusukushokudo

旅の思い出を綴《つづ》る食堂　南城市玉城《たまぐすく》は、小さな宿が点在する旅情感が高まるエリア。玉城公民館をリノベーションした「玉城食堂」が、2021年にオープン。「宮城陶器」の深緑のタイルを貼ったカウンターの奥では、画家活動の傍ら世界中を旅してきた梅原龍さんが旅をテーマにした料理を、亀谷修《かめがいおさ》身《み》さんが台湾を中心にしたアジア料理を振る舞う。時折カウンターから、二人が客席に顔を出し「どこからいらしたんですか?」などと気さくに声をかける。そこから広がる会話が、心に刻む旅の体験となるのだ。旅人だけでなく、地元のおじぃが時折やってきて、一休みすることも。店の奥には、共にこのスペースを作った木工作家の藤本健さんの器や、佐藤尚理《なおみち》さん、宮城正幸さんの陶器も販売され、南城生まれのクラフトと出会える。そんな旅と暮らしが緩やかに重なり合う場所で、旅のひと時を楽しんでほしい。(松崎紀子/編集者)

046
鹿児島
KAGOSHIMA

住吉社中
鹿児島県いちき串木野市

薩摩のお座敷芸　鹿児島には「お座敷芸」という戦前から続く文化がある。町芸者の一人、住吉小糸さんは「住吉社中」を立ち上げ、いちき串木野市を拠点に活動を続けている。方言を用いて歌う鹿児島の座敷唄から、軽快な三味線や太鼓の音に合わせて踊る舞は、小糸さんの陽気な語りも相まって、華やかで明るく、まるで新しいエンターテインメントを観ているようだ。伝統を継承するだけでなく、時代に合わせて少しずつ形を変え、踊り歌い語り継がれた座敷芸には勢いがある。住吉社中は、若い世代の育成も担い、さまざまなイベントでも引っ張りだこ。「続くことで、染物や縫い子、三味線屋など、芸事を取り巻く、周りの皆が生きていける文化圏になれば」と小糸さん。見据える先は、芸事の継承だけでなく、鹿児島の文化が、当たり前にあり続けることだ。(崎山智華/D&DEPARTMENT KAGOSHIMA)

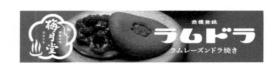

dの会員みんなでつくる

ロングライフデザインの会 会員紹介

今村製陶［JICON］
version zero dot nine
笠盛
亀﨑染工有限会社
カリモク家具
木村石鹸工業
株式会社キャップライター
Classic Ko
薩摩藩英国留学生記念館
JINS
ソウワ・ディライト
ダイアテック［BRUNO］
大地の芸術祭
デザインモリコネクション
合同会社てて協働組合
ドライブディレクション
日本デザイン振興会
FUTAGAMI
ムーンスター
山梨県産業技術センター
山梨ジュエリーミュージアム

AHH!!／相沢慎弥／四十沢木材工芸／akaoni／Akimoto Coffee Roasters／淺井勇樹／あさのゆか／浅見要介／安積とも絵／ADDress 後藤伸啓／飯石 藍／株式会社生き活き市場 虹のマート／生澤 亮／池田隼人／礒 健介／Mayumi Isoyama／一湊珈琲焙煎所／inutaku3／石見神楽東京社中 小加本行広／株式会社 INSTOCK／うた種／uchida 建築アトリエ／株式会社 ARC 地域研究センター／Oita Made／August Kekulé／大治将典／大山 曜／オクムサ・マルシェ／尾谷志津子／尾山製材／カーサプロジェクト 株式会社／風の杜／弁護士法人 片岡総合法律事務所／金子さつき／釜浅商店／河野秀樹／菊池祐二郎／機山洋酒工業 株式会社／北室白扇／国井 純（ひたちなか市役所）／久保田亜希／kumustaka45／黒野 剛／桑原宏充／建築事務所 ナカムラ製作所／コクウ珈琲／小林温美／kobayashi pottery studio／小船井健一郎／コルポ建築設計事務所／コンセプトラボ・ラゴム／COMFORT STYLE Co.,Ltd.／今 由美／酒井貴子／坂口慶樹／坂本正文／サトウツヨシ／佐藤丈公／saredo されど／三柏工業 株式会社 長澤登志也／シオタナナミ／志ば久 久保 統／Shovelz／JunMomo／白川郷山本屋 山本愛子／白藤協子／村主暢子／整理と収納、ときどき日本ワイン／sail 中村圭吾／zyynnn／そばきり助六 小林 明／竹内葉子／竹原あき子／田善銅器店／ちいさな庭／智里／妻形 円／紡ぎ詩／水流一水／つるまきばね／Daiton／DESIGN CLIPS／鳥居大資／DRAWING AND MANUAL／中之条町観光協会／中野苗穂子／中村亮太／Nabe／西村邸 杉本雄太／西山 薫／初亀醸造 株式会社／林口砂里／パラスポ河原レイカ／原田將裕（茅ヶ崎市役所）／HUMBLE CRAFT／東島未來／日の出屋製菓 千種啓資／合同会社 FIFTEEN／POOL INC. 小西利行／深石英樹／藤原慎也／plateau books／FURIKAKE 得丸成人／古屋万恵／株式会社ぶんぶく／ホテルニューニシノ／Marc Mailhot／松田菜央／matka／マルヒの干しいも 黒澤一欽／道場文香／峯川 大／宮崎会計事務所／meadow_walk／望月章弘／森 光男／森内理子／八重田和志／谷澤咲良／山口愛由子／ヤマコヤ やまさき薫／山崎義樹／ヤマモト ケンジ／山本文子／山本八重子／山本 凌／梁 有鎮／横山純子／横山正芳／リトルクリエイティブセンター／合同会社ルピナスデザインオフィス／ロクノゴジュウナナ／若松哲也／鷲平拓也／遠近 東尾厚志／他 匿名63名（五十音順・敬称略）

※2022年7月末までに入会された会員の方々の内、お名前掲載にご同意いただきました方々をご紹介しています。

D&DEPARTMENT SHOP LIST

D&DEPARTMENT HOKKAIDO by 3KG
北海道札幌市中央区大通西17-1-7
☎011-303-3333
O-dori Nishi 17-1-7, Chuo-ku, Sapporo, Hokkaido

D&DEPARTMENT SAITAMA by PUBLIC DINER
埼玉県熊谷市肥塚4-29 PUBLIC DINER 屋上テラス
☎048-580-7316
PUBLIC DINER Rooftop Terrace 4-29 Koizuka, Kumagaya, Saitama

D&DEPARTMENT TOKYO
東京都世田谷区奥沢8-3-2-2F
☎03-5752-0120
Okusawa 8-3-2-2F, Setagaya-ku, Tokyo

D&DEPARTMENT TOYAMA
富山県富山市新総曲輪4-18 富山県民会館 1F
☎076-471-7791
Toyama-kenminkaikan 1F, Shinsogawa 4-18, Toyama, Toyama

D&DEPARTMENT MIE by VISON
三重県多気郡多気町ヴィソン 672-1 サンセバスチャン通り6
☎0598-67-8570
6 Sansebastian-dori, 672-1Vison,Taki-cho, Taki-gun Mie

D&DEPARTMENT KYOTO
京都府京都市下京区高倉通仏光寺下ル新開町397 本山佛光寺内
☎ショップ 075-343-3217　食堂 075-343-3215
Bukkoji Temple, Takakura-dori Bukkoji Sagaru Shinkai-cho 397, Shimogyo-ku, Kyoto, Kyoto

D&DEPARTMENT KAGOSHIMA by MARUYA
鹿児島県鹿児島市呉服町6-5 マルヤガーデンズ4F
☎099-248-7804
Maruya gardens 4F, Gofuku-machi 6-5, Kagoshima, Kagoshima

D&DEPARTMENT OKINAWA by PLAZA 3
沖縄県沖縄市久保田3-1-12 プラザハウス ショッピングセンター 2F
☎098-894-2112
PLAZA HOUSE SHOPPING CENTER 2F, 3-1-12 Kubota, Okinawa, Okinawa

D&DEPARTMENT SEOUL by MILLIMETER MILLIGRAM
ソウル市龍山《ヨンサン》区《グ》梨《イ》泰《テ》 院《ウォン》 路《ロ》240
☎ +82 2 795 1520
Itaewon-ro 240, Yongsan-gu, Seoul, Korea

D&DEPARTMENT JEJU by ARARIO
済州島《チェジュトウ》 済州《チェジュ》市《シ》 塔洞《ダプドン》路《ロ》 2ギル 3
☎ +82 64-753-9904/9905
3, Topdong-ro 2-gil, Jeju-si, Jeju-do, Korea

D&DEPARTMENT HUANGSHAN by Bishan Crafts Cooperatives
安徽省黄山市黟县碧阳镇碧山村
☎ +86 13339094163
Bishan Village, Yi County, Huangshan City, Anhui Province, China

d47 MUSEUM / d47 design travel store / d47食堂
東京都渋谷区渋谷 2-21-1 渋谷ヒカリエ 8F
☎d47 MUSEUM/d47 design travel store 03-6427-2301
d47食堂 03-6427-2303
Shibuya Hikarie 8F, Shibuya 2-21-1, Shibuya, Tokyo

ちょっと長めの、編集長後記

日々磨《みが》かれる伊勢のデザイン

神藤《しんどう》秀人《ひでと》

今でも多くの人が、一生に一度は行ってみたい伊勢神宮。僕にとっての初めての〝お伊勢参り〟では、まず、この「三重号」のクラウドファンディングの成功をお願いした（昔は、一般人は個人的な願い事をすることはできなかった）。さらに、伊勢には、昔から「朔日《ついたち》参り」という風習があり、一年に一度、僕たちが初詣に行くのと同じように、伊勢の人は、毎月神様に感謝の気持ちをお伝えし、その月の健康と安全を祈願するそう。僕もそれにならって、早起きして、2度目のお伊勢参りに。そのおかげもあって、無事に目標金額に達して、改めて三重取材に本腰を入れたのだった。ご支援いただいた皆さま、本当にありがとうございました。

「三重号」のスタートは、2021年7月に「D&DEPARTMENT MIE by VISON（三重店）」が誕生したことがきっかけで、恒例のワークショップは、VISON内にある「NOUNIYELL」と、東京日本橋にある「三重テラス」と、2か所での開催になった。参加者の皆さんからは、貴重な三重の〝デザイン情報〟をいただいたが、特に面白かったのが、三重で参加した人は、移住者が多く、東京で参加した人は、三重出身者が多かったこと。これは、三重県に限ったことではなく、全国的に増えている地方への関心の意向もあるのだと思う。2022年現在は、リモートワークの整備などが進み、都会のオフィス近辺に暮らす理由がなくなった人も多いはず。そうした中で、移住者によって新しく生み出される観光施設もさらに増えてくるだろう。だからこれまで以上に〝デザインの視点〟が、重

and the Edo capital (Tokyo) flourished. Amid this growth, of particular importance was the work of Ise merchants, who were counted among Japan's three major groups of merchants along with Osaka merchants and Oumi merchants. Today, the spirit of these Ise merchants is carried on by major companies including AEON, Itoham, Ninben and Mitsukoshi. Although people in Mie don't dare to talk about it, Mie is a commercial prefecture that has supported the growth of Japan.

Some elements of Japanese lifestyles can be traced back to Mie and the Ise-jingu. The oldest banknotes in Japan, for example, are thought to be the *Yamada hagaki* used by the Ise Jingu tour guides. People of Japan learned about Ise through Ise merchants and *onshi*, the tour guides, taking back various aspects to their hometowns. There are likely to be other elements from various regions that are based on Ise lifestyles, too. Combined with the geographical conditions, Ise has formed new customs while maintaining their innate beauty. It is the ordinary workings of daily life that have created the Mie we know. Moreover, design elements unique to the prefecture continue to see enhancement today.

要になってくる。

東京の生活の中で、「伊勢屋」という屋号の店をよく見かける。それは、和菓子屋であったり、居酒屋であったり、さまざまあるが、実はこの伊勢屋、歴史を辿《たど》ると伊勢（三重県）に行き着く。戦国時代が終わり、江戸時代に入ると、街道の整備が進み、江戸（東京）は、大きく発展していったという。中でも、伊勢を発祥とする「伊勢商人」の活躍が目立った。大阪商人、近江商人と並ぶ日本三大商人の一つであり、今でも、伊勢商人の流れを汲《く》むとされる主な企業は、イオンや、伊藤ハム、にんべん、三越、などなど。三重の人はあえて語らないが、もはや日本を支えてきた〝商業県〟でもある。

日本人の暮らしのルーツは、伊勢神宮を中心とした三重県にあるのかもしれない。日本最古の紙製通貨は、御師《おんし》が使った伊勢市の「山田羽書」という説など、伊勢商人や御師により、人々は、伊勢を知り、伊勢の地に足を踏み入れ、そこで見て感じたものを故郷へと伝えた。こんなものがあった、あんなことがあった、と、各地の暮らしもひょっとしたら伊勢の暮らしを参考にしたかもしれない。木曽三川、伊勢湾、太平洋と、異文化が集まりやすい地理的条件も重なり、美しさを保ちつつ、新たに生まれてくるものも多い。年間1500ものお祭りが行なわれる伊勢神宮と同じように、来る日も来る日も、当たり前に続けてきた途方もない日々の営みが、今の三重県をつくってきた。神さまも一目置く（?）〝三重県ならではのデザイン〟は、今日も磨かれています。

Slightly Long Editorial Notes

By Hideto Shindo

The design of Ise is refined day by day

Work on this Mie issue began with the launch of D&DEPARTMENT MIE by VISON in July 2021. For this issue, our regular workshops were held in two locations—VISON, and Nihonbashi, Tokyo—and we received lots of valuable design-related information. Interestingly, many of the participants at the Mie workshop were originally from elsewhere, while many at the Tokyo workshop were from Mie. This, I think, is not limited to Mie, but shows an increasing interest in rural areas among people nationwide. With the rise of remote work styles in 2022, there is no longer the need for people to live near their big-city offices. As a result, we will no doubt see an increase in tourist facilities created by non-locals, making design a more important element than ever before.

As the Sengoku period ended and entered the Edo period, development of highways leading to the capital progressed,

18 **MADOI**(→p. 081)
三重県松阪市平生町10-2 2F
0598-67-7716
10:00–17:00(土・日・月曜のみ営業)
MADOI(→p. 080)
Hirao-machi 10-2 2F, Matsusaka, Mie

19 **つじ屋**(→p. 082)
三重県多気郡多気町古江1282
0598-49-4667　1泊素泊まり1名12,000円～
Tsujiya(→p. 083)
Furue 1282, Taki-cho, Taki-gun, Mie

20 **伊勢宮川の里 鄙茅**(→p. 082)
三重県多気郡多気町相鹿瀬615
0598-39-8080(要予約)
ランチ11:30–15:00 ディナー17:00–21:00
火・水曜休
Isemiyagawa-no-sato Hinakaya(→p. 083)
Oukase 615, Taki-cho, Taki-gun, Mie

21 **ボンヴィヴァン**(→p. 083)
三重県伊勢市本町20-24
0596-26-3131 ランチ12:00–15:00(L.O.13:00)
ディナー17:30–21:30(L.O.19:00) 月曜、第3火曜休
Bon Vivant(→p. 082)
Hon-machi 20-24, Ise, Mie

22 **ミキモト真珠島**(→p. 083)
三重県鳥羽市鳥羽1-7-1
0599-25-2028
10:00–17:00(入場は16:00まで)不定休
Mikimoto Pearl Island(→p. 082)
Toba 1-7-1, Toba, Mie

23 **横山展望台**(→p. 085)
三重県志摩市阿児町鵜方875-20
Yokoyama Observatory(→p. 085)
Ugata 875-20, Ago-cho, Shima, Mie

24 **三重県立 熊野古道センター**(→p. 086)
三重県尾鷲市向井12-4
0597-25-2666
9:00–17:00 年末年始休 他、不定休
Mie Prefecture Kumano Kodo Center(→p. 086)
Mukai 12-4, Owase, Mie

25 **LOGJAM**(→p. 086, 142)
三重県熊野市飛鳥町大又98
logjamsurfboards@gmail.com
LOGJAM(→p. 086, 142)
Omata 98, Asuka-cho, Kumano, Mie

26 **VISON**(→p. 096)
三重県多気郡多気町ヴィソン672-1
0598-39-3190
営業日・営業時間は、各施設異なる
VISON(→p. 096)
Vison 672-1, Taki-cho, Taki-gun, Mie

27 **二軒茶屋餅 角屋 本店**(→p. 110)
三重県伊勢市神久6-8-25　0596-23-3040
8:00–18:00(売り切れ次第終了) 年中無休
Nikenjayamochi Kadoya Main Shop(→p. 110)
Jinkyu 6-8-25, Ise, Mie

28 **へんばや商店 本店**(→p. 110)
三重県伊勢市小俣町明野1430-1
0596-22-0097　8:00–17:00(イートインは、
9:00–16:00)月曜休(祝日の場合は、翌日休)
Henbaya Shoten Main Shop(→p. 110)
Akeno 1430-1, Obata-cho, Ise, Mie

29 **笹井屋 本店**(→p. 110)
三重県四日市市北町5-13　059-351-8800
8:30–17:00 火、木曜休
Sasaiya Main Shop(→p. 110)
Kita-machi 5-13, Yokkaichi, Mie

30 **長新**(→p. 110)
三重県多気郡多気町相可564
0598-38-2018　8:30–17:00(売切れ次第終了)
不定休(月2～3回)
Choshin(→p. 110)
Ouka 564, Taki-cho, Taki-gun, Mie

31 **臼井織布**(→p. 109)
三重県津市一身田大古曽67　059-232-2022
8:00–17:00　土・日曜休
Usui Shokufu(→p. 109)
Isshinden Ogoso 67, Tsu, Mie

32 **御絲織物**(→p. 109)
三重県多気郡明和町養川甲373
0596-55-2217　9:00–17:00　土・日曜休
Miito Orimono(→p. 109)
Yokawako 373, Meiwa-cho, Taki-gun, Mie

33 **オコシ型紙商店**(→p. 109)
三重県鈴鹿市江島本町27-25
059-386-0229　9:00–18:00　日曜休
Okoshi Katagami Shoten(→p. 109)
Hon-machi 27-25, Ejima, Suzuka, Mie

34 **おぼろタオル株式會社**(→p. 109)
三重県津市上浜町3-155
059-225-8292　9:00–17:00　土・日曜休
OBORO TOWEL CO.,LTD.(→p. 109)
Kamihama-cho 3-155, Tsu, Mie

35 **河田フェザー**(→p. 109)
三重県多気郡明和町山大淀3255
0596-55-2431　9:00–17:00　土・日曜休
Kawada Feather Co., Ltd. (→p. 109)
Yamaoyodo 3255, Meiwa-cho, Taki-gun, Mie

36 **銀峯陶器**(→p. 124)
三重県四日市市三ツ谷町13-25
059-331-2345 (ギャラリーは要予約)
9:00–17:00　土・日曜休
GINPO Co., Ltd. (→p. 124)
Mitsuya-cho 13-25, Yokkaichi, Mie

37 **藤総製陶所**(→p. 124)
三重県四日市市八田1-7-22
059-331-4492　8:00–17:00　土・日曜休
Fujiso Pottery(→p. 124)
Hatta 1-7-22, Yokkaichi, Mie

38 **南景製陶園**(→p. 124, 142)
三重県四日市市八田1-9-14
059-331-5715 (ギャラリーは要予約)
9:00–17:00　土・日曜休
Nankei Pottery(→p. 124, 142)
Hatta 1-9-14, Yokkaichi, Mie

39 **めがね書房**(→p. 131)
三重県度会郡大紀町野原576-2
cafemeganebooks@gmail.com
火-金曜 12:00–19:30
土・日曜・祝日 11:00–17:00 月曜、第1・3日曜休
Café Megane Books(→p. 131)
Nohara 576-2, Taiki-cho, Watarai-gun, Mie

40 **ダウンズタウン プロジェクト** (→p. 132)
downstownpjt@gmail.com
Down's Town Project(→p. 132)

41 **元坂酒造**(→p. 142)
三重県多気郡大台町柳原346-2
0598-85-0001
Gensaka Sake Brewing Co., Ltd.(→p. 142)
Yanagihara 346-2, Odai-cho, Taki-gun, Mie

42 **本草湯**(→p. 099, 142)
三重県多気郡多気町ヴィソン672-1 本草湯1
0598-39-3900　6:00–24:00　無休
HONZO SPA(→p. 142)
HONZO SPA 1, Vison 672-1, Taki-cho, Taki-gun, Mie

43 **日の出屋製菓**(→p. 142)
三重県三重郡菰野町菰野5062
059-394-2364
Hinodeya Seika(→p. 142)
Komono 5062, Komono-cho, Mie-gun, Mie

44 **伊勢角屋麦酒 直売店 麦酒蔵**(→p. 142)
三重県伊勢市下野町564-17
0596-63-6515　10:00–17:00　無休
Isekado Brewery Outlet Store Biyagura(→p. 142)
Shimono-cho 564-17, Ise, Mie

45 **海人商会**(→p. 142)
三重県志摩市大王町波切429　0599-72-3243
Umincyu Shokai(→p. 142)
Nakiri 429, Daio-cho, Shima, Mie

46 **伊勢製餡所**(→p. 165)
三重県伊勢市河崎1-1-22
0596-28-5543　9:00–17:00
日曜休、年始休
Ise-Seiansho(→p. 165)
Kawasaki 1-1-22, Ise, Mie

d MARK REVIEW INFORMATION (→ p. 185)

d design travel MIE INFORMATION

1 FAVORITE
ちょろ松ふみ(→p. 126)
三重県松阪市愛宕町3-38
☎0598-21-4868 19:00–24:00 日曜休
Choromatsu Fumi(→p. 126)
Atagomachi 3-38, Matsusaka, Mie

2 FAVORITE
四日市ヒモノ食堂 本店(→p. 126)
三重県四日市市富双2-1-30
☎059-365-3123
月～金曜 7:00–19:00(L.O18:30)
土・日曜 7:00–20:00(L.O19:30) 年末年始休
Yokkaichi Himono Shokudo Main Store
(→p. 126)
Fuso 2-1-30, Yokkaichi, Mie

3 FAVORITE
イワジン真珠喫茶室(→p. 126)
三重県志摩市阿児町神明733-8 賢島
☎0599-43-1018 11:00–13:30(L.O.)
カフェタイム(15:00頃まで) 水曜休
Cafe Iwajin(→p. 126)
Kashikojima, Agocho-Shinmei 733-8, Shima, Mie

4 FAVORITE
D&DEPARTMENT MIE by VISON(→p. 126)
三重県多気郡多気町ヴィソン672-1
サンセバスチャン通り6
☎0598-67-8570 10:00–18:00
D&DEPARTMENT MIE by VISON(→p. 126)
San Sebastián St. 6, Vison 672-1, Taki-cho, Taki, Mie

5 FAVORITE
つたや(→p. 126)
三重県伊勢市河崎2-22-24
☎0596-28-3880 11:00–16:00 日曜休
Tsutaya(→p. 126)
Kawasaki 2-22-24, Ise, Mie

6 FAVORITE
坂本小屋(→p. 126)
三重県津市美杉町川上2705-26
☎059-274-0703 11:30– 13:30– 15:00–
(完全予約制) 火曜休(祝日は営業)
Sakamoto-goya(→p. 126)
Misugicho-Kawakami 2705-26, Tsu, Mie

7 FAVORITE
おかげ横丁 豚捨(→p. 126)
三重県伊勢市宇治中之切町52
☎0596-23-8802 9:00–17:30
年中無休 ※季節により営業時間が異なる
Okage Yokocho Butasute(→p. 126)
Ujinakanokiricho 52, Ise, Mie

8 FAVORITE
一升びん 平生町店(→p. 126)
三重県松阪市京町1-6
☎0598-23-9689
火～金曜 16:30–22:00(L.O. 21:30)
土・日曜・祝日 11:00–15:00(L.O. 14:30)
16:30–22:00(L.O. 21:30) 月曜休(祝日は営業)
Isshobin, Hiraomachi branch(→p. 126)
Kyomachi 1-6, Matsusaka, Mie

9 FAVORITE
マルマン(→p. 126)
三重県桑名市京町33
☎090-9943-3446 8:00–16:00 火曜休
Maruman(→p. 126)
Kyomachi 33, Kuwana, Mie

10 FAVORITE
前島食堂(→p. 126)
三重県松阪市大河内町612-1
☎0598-36-0057 10:30–17:30 金曜休
Maeshima Shokudo(→p. 126)
Okawachi-cho 612-1, Matsusaka, Mie

11 FAVORITE
一月家(→p. 126)
三重県伊勢市曽祢2-4-4
☎0596-24-3446 14:00–22:00 水曜休
Ichigetsuya(→p. 126)
Sone 2-4-4, Ise, Mie

12 FAVORITE
ぎょうざの美鈴(→p. 126)
三重県伊勢市宮町1-2-17
☎0596-28-8602 15:00–22:00(L.O.)
土・日曜 12:00–22:00(L.O.)
月曜休(祝日の場合は、翌日休)
Gyoza Misuzu(→p. 126)
Miyamachi 1-2-17, Ise, Mie

1
柿安精肉本店(→p. 069)
三重県桑名市吉之丸8 ☎0594-22-5554
9:00–19:00 年末年始休
Kakiyasu Seiniku Honten(→p. 069)
Yoshinomaru 8, Kuwana, Mie

2
桑名宗社 眺憩楼(→p. 068)
三重県桑名市本町46
☎0594-22-1913 10:00–15:00
Chokeiro Muramasa Museum(→p. 069)
Hon-machi 46, Kuwana, Mie

3
呼月(→p. 071)
三重県四日市市安島1-4-15
☎059-350-0500
ランチ 11:30–14:00(最終入店13:00)
ディナー 18:00–22:00(最終入店20:00)
Kogetsu(→p. 071)
Yasujima 1-4-15, Yokkaichi, Mie

4
侶居(→p. 073)
三重県四日市市朝日町1-13
☎059-340-9172 要確認(常設展は要予約)
Rokyo(→p. 070)
Asashi-machi 1-13, Yokkaichi, Mie

5
アクアイグニス(→p. 073)
三重県三重郡菰野町菰野4800-1
☎059-394-7733 営業時間は、各施設異なる
AQUAIGNIS(→p. 070)
Komono 4800-1, Komono-cho, Mie-gun, Mie

6
パラミタミュージアム(→p. 074)
三重県三重郡菰野町大羽根園松ケ枝町21-6
☎059-391-1088 9:30–17:30(入館は17:00まで)
PARAMITA museum(→p. 073)
Obaneenmatsugae-cho 21-6, Komono-cho, Mie-gun, Mie

7
松風カンパニー(→p. 074)
三重県いなべ市藤原町下野尻946-3
Matsukaze company CO. LTD.(→p. 073)
Shimonojiri 946-3, Fujiwara-cho, Inabe, Mie

8
クラフトアルマジロ(→p. 074)
三重県鈴鹿市国府町7669-57
☎059-370-6607 9:00–17:00 土・日曜休
Craft Armadillo(→p. 075)
Kou-cho 7669-57, Suzuka, Mie

9
岡田屋本店(→p. 075)
三重県亀山市西町438
☎0595-82-0252 10:00–17:00 火・水曜休
Okadaya Main Shop(→p. 073)
Nishi-machi 438, Kameyama, Mie

10
ひのめ(→p. 076)
三重県亀山市西町438
☎0595-83-4769 10:00–17:00 火・水曜休
(金～日曜は、10:00–17:00 18:00–22:00)
hinome(→p. 073)
Nishi-machi 438, Kameyama, Mie

11
メリーゴーランド(→p. 077, 142)
三重県四日市市松本3-9-6 ときわ文化センター
☎059-351-8226 10:00–18:00 火曜休
MERRY-GO-ROUND(→p. 074)
Tokiwa Bunka Center Matsumoto 3-9-6, Yokkaichi, Mie

12
NIPPONIA HOTEL 伊賀上野 城下町(→p. 077)
三重県伊賀市上野相生町2842
☎0120-210-289
1泊素泊まり1名 16,330円～(2名利用時)
NIPPONIA HOTEL Iga Ueno Joka-machi
(→p. 077)
Ueno Aioi-cho 2842, Iga, Mie

13
長谷園(→p. 078)
三重県伊賀市丸柱569 ☎0595-44-1511
9:00–17:00 お盆・年末年始休
Nagatanien(→p. 077)
Marubashira 569, Iga, Mie

14
稲葉直人(→p. 079)
三重県伊賀市丸柱886
☎0595-45-8073(要連絡)
Naoto Inaba(→p. 079)
Marubashira 886, Iga, Mie

15
点珈琲店(→p. 080)
三重県名張市赤目町丈六532-1
☎0595-74-0450 11:00–17:00 火・水曜休
Ten Coffee Ten(→p. 079)
Joroku 532-1, Akame-cho, Nabari, Mie

16
石水博物館(→p. 080)
三重県津市垂水3032-18
☎059-227-5677 10:00–17:00 月曜休
Sekisui Museum(→p. 078)
Tarumi 3032-18, Tsu, Mie

17
私立大室美術館(→p. 081)
三重県津市白山町川口712
☎080-1217-6522 企展示期間中のみ開館
OMURO MUSEUM(→p. 081)
Kawaguchi 712, Shiroyama-cho, Tsu, Mie

14 raf(→p. 044)
三重県多気郡多気町ヴィソン672-1 サンセバスチャン通り13
0598-67-8400
11:00–18:00　水曜休(祝日は営業)
vison.jp/shop/detail.php?id=58
勢和多気ICから車で約4分

raf(→p. 045)
San Sebastian Dori 13, Vison 672-1, Taki-cho, Taki-gun, Mie
11:00–18:00 Closed on Wednesdays (Open on national holidays)
4 minutes by car from Seiwataki Exit

15 淵ト瀬(→p. 046)
三重県三重郡菰野町菰野8621-2
059-344-3606
10:30–17:00(L.O.16:00) 金～日曜営業(臨時休業あり)
www.instagram.com/fuchi_to_se/
湯の山温泉駅から車で約5分

Fuchi to Se(→p. 047)
Komono 8621-2, Komono-cho, Mie-gun, Mie
10:30–17:00 (L.O. 16:00) Open Friday to Sunday (Closed occasionally)
5 minutes by car from Yunoyama Onsen Station

16 ideca(→p. 048)
三重県名張市井手朝尾890
0595-41-1175
11:00–17:00(L.O.16:30)　日・月曜休
www.instagram.com/ideca_fruit/
赤目口駅から車で約4分

ideca(→p. 049)
Ide Asao 890, Nabari, Mie
11:00–17:00 (L.O. 16:30) Closed on Sundays and Mondays
4 minutes by car from Akameguchi Station

17 志摩観光ホテル(→p. 050, 142)
三重県志摩市阿児町神明731
0599-43-1211
ザ クラシック 2名1泊 素泊まり 24,000円～
ザ ベイスイート 2名1泊 素泊まり 56,000円～
www.miyakohotels.ne.jp/shima/
賢島駅から車で約2分

Shima Kanko Hotel(→p. 051, 142)
Shinmei 731, Ago-cho, Shima, Mie
The Classic: One night (per person) from 24,000 yen (when two guests in one room) The Bay Suites: One night (per person) from 56,000 yen (when two guests in one room)
2 minutes by car from Kashikojima Station

18 MARUYO HOTEL(→p. 052, 142)
三重県桑名市船馬町23
090-2773-0004
1泊2食付き1人 50,999円(2名利用時)
www.maruyohotel.com
桑名駅から車で約5分

MARUYO HOTEL(→p. 053, 142)
Senba-cho 23, Kuwana, Mie
One night with two meals (per person) from 50,999 yen (when two guests in one room)
5 minutes by car from Kuwana Station

19 湯の山 素粋居(→p. 054)
三重県三重郡菰野町菰野4842-1
059-390-0068
1泊2食付き1人 57,000円～(2名利用時)
sosuikyo.com
菰野ICから車で約5分

SOSUIKYO(→p. 055)
Komono 4842-1, Komono-cho, Mie-gun, Mie
One night (per person) from 14,000 yen (when two guests in one room)
5 minutes by car from the Komono Exit

20 麻吉旅館(→p. 056)
三重県伊勢市中之町109-3
0596-22-4101
1泊2食付き1名 13,800円～(2名以上利用時)
sites.google.com/view/asakichiryokan/
伊勢西ICから車で約3分

Asakichi Ryokan(→p. 057)
Nakano-machi 109-3, Ise, Mie
One night with two meals (per person) from 13,800 yen (when more than two guests in one room)
3 minutes by car from the Ise-nishi Exit

21 ドラゴンブルームス　丸川竜也(→p. 058, 142)
三重県津市中央6-2(丸川商店)
059-253-7845
10:00–17:00　土日祝休
www.mrkw.jp
津駅から車で約10分

Tatsuya Marukawa, DRAGONBLOOMS (→p. 059, 142)
Chuo 6-2, Tsu, Mie (Marukawa Shoten)
10:00–17:00 Closed on Saturdays, Sundays, and national holidays
10 minutes by car from Tsu Station

22 ヤシマ真珠　山本行太(→p. 060, 142)
三重県伊勢市岡本2-7-16
0596-28-2337
10:00–18:00　日曜休
yashima-pearl.com
宇治山田駅から徒歩約10分

Kota Yamamoto, Yashima Pearl(→p. 061, 142)
Okamoto 2-7-16, Ise, Mie
10:00–18:00 Closed on Sundays
10 minutes on foot from Ujiyamada Station

23 而今禾　米田恭子(→p. 062)
三重県亀山市関町中町596
0595-96-3339
11:00–17:00　水・木曜休 不定休
www.jikonka.com
関駅から徒歩約5分

Kyoko Yoneda, Jikonka(→p. 063)
Naka-machi 596, Seki-cho, Kameyama, Mie
11:00–17:00 Closed on Wednesdays and Thursdays, Closed occasionally
5 minutes on foot from Seki station

24 内田鋼一(→p. 064)
Koichi Uchida(→p. 065)

d MARK REVIEW MIE INFORMATION

1
伊勢神宮(→p. 018, 106)
三重県伊勢市宇治館町1(内宮)
三重県伊勢市豊川町279(外宮)
0596-24-1111(神宮司庁)
5:00–17:00　無休
www.isejingu.or.jp
伊勢市駅から徒歩約5分(外宮)
外宮から車で約10分(内宮)
Ise Jingu(→p. 019, 106)
Ujitachi-cho 1, Ise, Mie (Naiku) Toyokawa-cho 279, Ise, Mie (Geku)
5:00–17:00 Open all year
5 minutes on foot from Iseshi Station (Geku) Naiku is 10 minutes by car from Geku

2
BANKO archive design museum(→p. 020)
三重県四日市市京町2-13-1F
059-324-7956
11:00–18:00　火・水曜休　当日臨時休館あり
banko-a-d-museum.com
近鉄四日市駅から車で約10分
BANKO archive design museum(→p. 021)
Kyo-machi 2-13-1F, Yokkaichi, Mie
11:00–18:00 Closed on Tuesdays and Wednesdays, Closed occasionally
10 minutes by car from Kintetsu-Yokkaichi Station

3
羽鳥市立 海の博物館(→p. 022)
三重県鳥羽市浦村町大吉1731-68
0599-32-6006
3～11月 9:00–17:00(入館は16:30まで)
12～2月 9:00–16:30(入館は16:00まで)
船の収蔵庫は、9:00–16:00
6月26～30日、12月26～30日休
www.umihaku.com
鳥羽駅から車で約20分
Toba Sea-Folk Museum(→p. 023)
Oyoshi 1731-68, Uramura-cho, Toba, Mie
9:00–17:00 (March to November, entry until 16:30) 9:00–16:30 (December to February, entry until 16:00) Boat Storage 9:00–16:00, Closed June 26–30 and December 26–30
20 minutes by car from Toba Station

4
伊勢現代美術館(→p. 024)
三重県度会郡南伊勢町五ヶ所浦湾場102-8
0599-66-1138
10:00–16:30(入館は16:00まで)
火・水曜休(祝日の場合は開館、
振替休館日あり)　臨時休館日あり
www.ise-muse.com
玉城ICから車で約30分
Contemporary Art Museum ISE(→p. 025)
Gokashoura Wanba 102-8, Minami Ise-cho, Watarai-gun, Mie
10:00–16:30 (entry until 16:00) Closed on Tuesdays and Wednesdays (Open if national holiday and closed on an alternative date) Closed occasionally
30 minutes by car from the Tamaki Exit

5
カフェ まつもと(→p. 026)
三重県多気郡多気町前村1808
0598-39-3368
9:00–14:00　木～土曜のみ営業、他、
第2木曜休(完全予約制)
www.matsusaka-ushi.com
勢和多気ICから車で約10分
Cafe Matsumoto(→p. 027)
Maemura 1808, Taki-cho, Taki-gun, Mie
9:00–14:00 Open only Thursday to Saturday, Closed on second Thursday of the month (Reservation needed in advance)
10 minutes by car from the Seiwataki Exit

6
レストラン カルティベイト(→p. 028, 142)
三重県松阪市嬉野下之庄町1688-5
0598-31-2088
ランチ 11:30–15:00(予約優先)
ディナー 18:00–22:00(要予約)
火曜、第2・4水曜休
www.cultivate.jp
一志嬉野ICから車で約5分
Restaurant Cultivate(→p. 029, 142)
Ureshino Shimonosho-cho 1688-5, Matsusaka, Mie
Lunch: 11:30–15:00 (Reservations prioritised) Dinner: 18:00–22:00 (Reservation needed in advance) Closed on Tuesdays and every second and fourth Wednesday of the month
5 minutes by car from the Ichishi Ureshino Exit

7
朔(→p. 030)
三重県津市美杉町八知3541
080-6928-3939
11:30–、13:15–(完全予約制)不定休
saku.jp.net
一志嬉野ICから車で約30分
Saku(→p. 031)
Yachi 3541, Misugi-cho, Tsu, Mie
Open from 11:30 and 13:15 (Reservation needed in advance) Closed occasionally
30 minutes by car from the Ichishi Ureshino Exit

8
東洋軒本店(→p. 032)
三重県津市丸之内29-17
059-225-2882
11:00–14:30(L.O. 14:00)
17:00～21:30(L.O. 20:30)
月曜休(祝日の場合は翌日休)
www.touyouken.co.jp
津駅から車で約10分
Touyouken Main Shop(→p. 033)
Marunouchi 29-17, Tsu, Mie
11:00–14:30 (L.O. 14:00) 17:00–21:30 (L.O. 20:30) Closed on Mondays (for Mondays that are national holidays, closed on following day)
10 minutes by car from Tsu Station

9
かねき伊藤彦市商店(→p. 034, 142)
三重県亀山市関町中町390
0595-96-0357
10:00–17:00　日曜休(7・8月は、日・水曜休)
www.kaneki-isecha.com
関駅から徒歩約7分
Kaneki Tea Store(→p. 035, 142)
Naka-machi 390, Seki-cho, Kameyama, Mie
10:00–17:00 Closed on Sundays (Closed on Sundays and Wednesdays in July and August)
7 minutes on foot from Seki Station

10
土楽窯(→p. 036, 142)
三重県伊賀市丸柱1043
0595-44-1012
11:00–17:00　土・日曜休(要予約)
www.doraku-gama.com
伊賀上野駅から車で約20分
Doraku-gama(→p. 037, 142)
Marubashira 1043, Iga, Mie
11:00–17:00 Closed on Saturdays and Sundays (Reservation needed in advance)
20 minutes by car from Iga Ueno Station

11
天ぱく 鰹いぶし小屋(→p. 038, 142)
三重県志摩市大王町波切393
080-2612-3801(見学は、完全予約制)
10～5月　11:00–、15:00–
6～9月　10:00–
katuobushi.com
賢島駅より車で約20分
Tenpaku Katsuoibushi-Goya(→p. 039, 142)
Nakiri 393, Daio-cho, Shima, Mie
Open from 11:00 and 15:00 (October to May) Open from 10:00 (June to September), (Reservation needed in advance for visit)
20 minutes by car from Kashikojima Station

12
gallery yamahon(→p. 040)
三重県伊賀市丸柱1650
0595-44-1911
11:00–17:30　火曜休
gallery-yamahon.com
伊賀上野駅から車で約20分
gallery yamahon(→p. 041)
Marubashira 1650, Iga, Mie
11:00–17:30 Closed on Tuesdays
20 minutes by car from Iga Ueno Station

13
赤福本店(→p. 042, 110, 142)
三重県伊勢市宇治中之切町26
0596-22-7000(総合案内)
5:00–17:00(繁忙期は時間変更あり)　無休
www.akafuku.co.jp
伊勢神宮(内宮)宇治橋から徒歩約5分
Akafuku Main Shop(→p. 043, 142)
Uji Nakanokiri-cho 26, Ise, Mie
5:00–17:00 Open all year (Operating hours may change during peak season)
5 minutes on foot from Ise Jingu (Naiku) Ujibashi

高田 弘介 Kosuke Takada
D&DEPARTMENT MIE by VISON 店長
観光とかじゃない、本当の三重が伝わりますように。

田口 沙緒理 Saori Taguchi
宮交シティ
宮崎の美味しいを、つなぐ、続ける。

谷本 紗央里 Saori Tanimoto
d47食堂
志摩の海女さんたちのたおやかな逞しさがかっこよかった。

田畑 知著 Chiaki Tbata
株式会社アクアイグニス
アートマネジメント
生まれも育ちも三重県。海が遊び場でした！

玉川 秀樹 Hideki Tamagawa
海人商会 代表
沖縄で10年間の海人生活の後、三重県に移住。地元の海産物を取り扱っています。

玉木 愛実 Manami Tamaki
津和野まちとぶんか創造センター
学校や地域の学びと創造を支える環境を作っています。

丹那 雅貴 Masaki Tanna
アクアイグニスアートマネジメント
祝！三重号！

千種 啓資 Hiroshi Chikusa
有限会社日の出屋製菓 代表
湯の山温泉で良き温泉旅をお楽しみください。

辻井 希文 Kifumi Tsujii
ふつうの絵を描いています
今回は三重の色々を描かせていただきました

土屋 誠 Makoto Tsuchiya
BEEK
ホトリニテに出会って「宿」に対する価値観は大きく変わったなぁ。

とつ ゆうた Yuta Totsu
CIAL
伊勢玩具かわいいすき。

轟 久志 Hisashi Todoroki
株式会社トドロキデザイン
伊勢うどん美味しかった！また食べに行きたい！

冨田 朱音 Akane Tomita
D&DEPARTMENT TOKYO
ショップスタッフ
今年は土鍋でご飯を炊きたい！

中瀬 皓太 Kohta Nakase
まちづくりプランナー
「未完の大器 松阪」へ偏愛マップ片手にぜひお越しを。

中田 早姫美 Sakimi Nakata
飛島たかな生産組合 組合長
澄んだ空気、清らかな水、塩だけで手作り！無添加たかな漬！

中谷 ミチコ Michiko Nakatani
彫刻家
www.michikonakatani.com/

永見 陽平 Yohei Nagami
ローカルジャーナリスト
山陰を中心に、オモシロいと感じる瞬間に出会いたい

南雲 克雅 Katsumasa Nagumo
首都圏新潟県人会代表
夢はメタバースで新潟の関係人口を集めた県人会開催。

新山 直広 Naohiro Niiyama
TSUGI 代表
越前鯖江の工房直営店が33店舗になりました。

濵津 実奈 Mina Hamatsu
D&DEPARTMENT MIE by VISON
縁あっての三重。もっと知っていきたい。

原 かなた Kanata Hara
会社員
福岡の美味しい情報アップデートしてお待ちしてます！

原田 將裕 Masahiro Harada
茅ヶ崎市役所
まちの個性を大切に、ずっと長く残したい。

日野 藍 Ai Hino
デザイナー
10月の西条祭りでも歌う伊勢音頭が大好きです。

藤川 吾子 Ako Fujikawa
D&DEPARTMENT MIE by VISON
三重を旅するときは車があると便利です。

古林 緩子 Hiroko Furubayashi
助産師
三重に住んで11年、どんどん三重県に魅了されてます。

本多 寿美代 Sumiyo Honda
会社員
おもにプラプラしています。百聞は一見にしかず。

本多 尚諒 Naoaki Honda
テンナイン・コミュニケーション
一度は行きたい伊勢神宮。三重号で予習始めます！

牧 亜希子 Akiko Maki
フリープランナー・ライター
自称・大分県の魅力案内人。言葉で、写真で伝えます。

松崎 紀子 Noriko Matsuzaki
編集者
お伊勢参りの旅に出たい。

松下 桂子 Keiko Matsushita
D&DEPARTMENT MIE by VISON
カフェにいます。
三重店の食いしん坊担当です。

丸川 竜也 Tatsuya Marukawa
デザイナー
クリエイティブ県を目指してがんばります！

水野加奈子 Kanako Mizuno
窯業技師
やっとの三重号。デザイントラベル元年に乾杯♪

宮本 英実 Hidemi Miyamoto
Demi / プランナー
福島から三重に旅し、伊勢海老を食べたい。

毛利 優花 Yuka Mouri
D&DEPARTMENT PROJECT
うどんと一緒に、くてくてに茹でられたい。

本地 猛 Takeshi Motoji
東海醸造（株）蔵人
木桶でゆっくりと発酵させる古式製法を守っています。

本村 拓人 Takuto Motomura
Media Surf Communications
ナガオカさんに質問。原研哉さんの欲望のただしいエデュケーションの作法はあるのでしょうか？

山﨑 悠次 Yuji Yamazaki
写真家
猫背な人生

山田 曜子 Yoko Yamada
D&DEPARTMENT HOKKAIDO
「○○のふつう」のページが毎号楽しみです。

山本 行太 Kota Yamamoto
ヤシマ真珠 パールディレクター
海と山と真珠と。三重いいとこ。

吉村 弘子 Hiroko Yoshimura
伊勢製餡所株式会社 代表取締役社長
トレンドに流されない独自の美学を貫くあんこ屋です。

米田 恭子 Kyoko Yoneda
Jikonka SEKI オーナー
知れば知るほどわくわくする衣食住の一つ一つ。

渡辺 美穂 Miho Watanabe
d47食堂
毎日美味しいごはんを食べて元気！

CONTRIBUTORS

相馬 夕輝　Yuki Aima
D&DEPARTMENT PROJECT
雨が三重の豊かさを育んでいた。
次は家族で詣でたい。

天津 やよい　Yayoi Amatsu
フリーランス
家の周りはみかん畑！
春はネロリの香りに包まれます。

荒井 優希　Yuki Arai
中川政七商店スタッフ
16歳の愛犬と山形暮らしを
楽しんでいます。

有賀 樹広　Mikihiro Aruga
会社員
YouTube動画のジングル製作を
担当しました！

石嶋 康伸　Yasunobu Ishijima
ナガオカケンメイのメール友の会・
管理人
ナガオカケンメイのメール読んでね！

井上 映子　Eiko Inoue
ダイアテック BRUNO広報
自転車の新たな楽しみを伝えたい！！

今田 雅　Miyabi Imada
CARRY on my way 44
直感的に探究する何者でもないわたし。

岩井 巽　Tatsumi Iwai
東北スタンダード
宮城県仙台市にて、暮らしを
あたたかくする、東北生まれの品々を
販売しています。

岩尾 昇平　Shohei Iwao
伊勢岩尾食品（株）代表
神都伊勢の地に育まれて
150余年伝統の味を守り続けて！

岩滝 理恵　Rie Iwataki
D&DEPARTMENT TOYAMA
赤福のおしるこは絶品。

植本 寿奈　Suna Uemoto
d47食堂料理人
ご先祖への感謝。三重の至るところで
感じました。

内田 鋼一　Koichi Uchida
陶芸家・造形作家
まさか三重号が刊行される事に
なろうとは、おめでとう！

衛藤 武智　Takenori Eto
にほんごこうえつ
小津映画で、而今を一献・・・
しかし、椅子の中は暑い

大北 貴志　Takashi Ogita
デザイナー／
D&DEPARTMENT MIE by VISON
日々、創作していきます。

大島 幸枝　Sachie Ohshima
株式会社りんねしゃ 取締役副社長
三重多気町visonにある「本草研究所
RINNE」を運営。

大室 佑介　Yusuke Omuro
建築家、私立大室美術館館長
年に数日だけ開館する美術館です。
運が良ければぜひ。

岡田 桂織　Kaori Okada
岡田屋本店、料理家
食べ物の背景の見えるお店と
料理教室をしています。

岡本（篠原）亜希　Aki Okamoto
wine&kitchen velo、デザイナー
東京から移住して10年。三重は
味わい深い処です。

加賀崎 勝弘　Katsuhiro Kagasaki
PUBLIC DINER
埼玉の民藝は川だ。

門脇 万莉奈　Marina Kadowaki
d47 MUSEUM
三重の餅文化が気になっています。
食べ比べをしに行きたい。

国井 純　Atsushi Kunii
ひたちなか市役所
デザインの力で、茨城の未来を
拓いていきたい。

熊沢 祐哉　Yuya Kumazawa
D&DEPARTMENT WEB
伊勢神宮で日が暮れるまで
地ビールを飲んでいたい。

黒江 美穂　Miho Kuroe
D&DEPARTMENT ディレクター
個性的な三重のものづくり、
またじっくり巡りたいです。

元坂 新平　Shimpei Gensaka
元坂酒造株式会社 専務取締役
簡単に手に入る物より、
そこにしかない宝物を皆様と

古賀 義孝　Yoshitaka Koga
光画デザイン
デザインで、世の中を明るくできると
信じています。

小寺 めぐみ　Megumi Kodera
海女
持続可能な生業にて海より人へ巡る
命を伝えています。

小林 正人　Masato Kobayashi
株式会社MONOMATTERS 代表取締役
三重のいいものまだまだこれから！

小柳 聡美　Satomi Koyanagi
READYFOR キュレーター
手に汗握ったクラファン。
達成おめでとうございます！

坂田 実緒子　Mioko Sakata
d news aichi agui
ふるさと阿久比に高知の面影を
重ねて懐かしむ日々。

坂本 大三郎　Daizaburo Sakamoto
山伏
三重は海の文化も興味深いです。

坂本 大祐　Daisuke Sakamoto
オフィスキャンプ
奈良県東吉野村で
コワーキングスペースを運営中。

崎山 智華　Tomoka Sakiyama
D&DEPARTMENT KAGOSHIMA
舞台で歌ったり、お店で伝えたりが
楽しい日々です。

佐藤 妙　Tae Sato
READYFOR キュレーター
クラファン達成おめでとうございます！
食も自然も文化も楽しめる、三重最高！

佐藤 春菜　Haruna Sato
編集者
旭川生まれ。東北を拠点に旅して暮らして
書いています。

佐藤 よし子　Yoshiko Sato
ダウンズタウンPJT 代表
ダウン症の人たちの文化を
伝える活動を、伊勢志摩から！

清水 友麻　Yuma Shimizu
D&DEPARTMENT MIE by VISON
三重号と一緒に三重ライフ楽しみます！

下野 文歌　Fumika Shimono
D&DEPARTMENT KYOTO
三重店のdどら&コーヒー牛乳の
組み合わせが大好きです。

城島 薫　Kaoru Jojima
パパスアンドママス
長崎のことを、d design travelで伝えたい。

進藤 仁美　Hitomi Shindo
D&DEPARTMENT TOYAMA
秋の富山は…きのこ鍋。紫色のきのこが
おいしい。

末永 侑　Yu Suenaga
フォトアトリエすえなが
男3人旅の写真データが飛んだのも
今ではいい思い出。

染川 卓摩　Takuma Somekawa
CAFEめがね書房 店主
生まれ育ったこの野原で新しい文化を
作っている途中。

高木 崇雄　Takao Takaki
工藝風向 店主
十月七日から、稲葉さんの土鍋も
並ぶ催事を行います。

SUPPORTERS of CROWD FUNDING

「三重号」の制作費の一部は、クラウドファンディングにて募集しました。
ご支援いただいた皆さん、ありがとうございました。

高杉亮／山のテーブル／ BANKO archive design museum ／株式会社アクアイグニスアートマネジメント／くらしとかたちのシューレ
wine&kitchen velo ／ 284 ／とくら建築設計／ craftarmadillo ／南勢資材有限会社／株式会社 良間／羽津本圭太／元田（BOSS）
NakaZima. ★ .Hideo ／カイダ建築設計事務所 一級建築士事務所 三重の魅力をふんだんに盛り込んだプロジェクトの設計をします！
MONOMATTERS ／ FUTAGAMI ／デザインモリコネクション有限会社／熊谷太郎／応援してます！ベレーの髭男／加賀崎勝弘（PUBLIC DINER）
Marc Mailhot ／藤代／後藤国弘／パンのゴルジュ／山中宗嗣／クラウドアーキテクツ／原田 崇／竹内葉子／大川真由
Jeremy Hunter & Tomo Ogino ／ AMIC 次郎／ささきまりか／ Gerd Knäpper Gallery ／ヤマシタ ユキコ／ tomobraver ／各務敦子／中村昌義・恵
Tamagomaru ／サカタミオコ／ eri. ／ルーフスケイプ・黒木裕行／ Kuro ／きくはな／ゆみこ／こずえ／湯の山温泉の桃太郎侍／日向野めぐみ
池田実乃里／林 孝嗣／ hibiyuu ／きむらだいすけ／中興五世森喜兵衛／ JUNKO TACHIBANA ／ yukarich ／ Yutoman ／佐藤妙／未帆／K子
モノ継ぎ／ DRAWING AND MANUAL ／山本真珠／渡辺さとみ／ morikacelica ／あきら／もう一歩！／ホリデセイコ／合同会社 馬鹿鳴都
道場文香／森内理子／小林ゆきこ／濱野恭行／田口雅教／北川夏希／ささきゆうすけ／崎山智華／安積とも絵／中森 響一朗・美奈子
にぼしちょうだい／加藤 勉／野呂／松田 大成／畑尻美香／（有）日の出屋製菓／おやまだ文化の森／香月 大道／稲田友美／杉山泰子
TACHIBANA Kenta ／友員里枝子／山本行太／波切屋／ MTB fam ／よしりん／米ディナンバー１／荒木康行／大北貴志／おっちゃん man
sail 中村圭吾／坂本正文／ AKAGERA32 ／フナトミワ／たかはし かつみ／ Y.Rika ／入船裕／ 821&350 ／ d 日本フィルの会／油田
濱地雄一朗／柳家花緑／清水秀樹／山本マオ／ eco ／アストニッシャーズ／大山 曜／西尾 麻美／ saredo -されど- ／山本 佳子
UNYdesign ／水野加奈子／渡邉淳子／ Samba2001 ／岩井まりな／熊本貴子／谷 佳津臣／末永あきこ／ visonRINNE サチエ／ハルナ
pon_suke ／ムラオ アキヒト／森本路子／中村麻佑／田畑裕二／高木ゆい／山本有記／しみずゆま／後藤哲憲／緩子／ JNJN ／ yamaryotknm
高田 弘介／花井悠希／岡部淳也／安藤克也／森 光男／どーも／角地志乃／原田將裕／ shiori ／けん／吹屋ふるさと村陶芸の会／松井章子
ピーくん／ tools & vintage YAMAGO ／嶋村悠子／シンスケ矢部直治／ヤマギシマサヒコ／田中淳一／にしかわ／山川綾菜／鈴木正人
石郷岡玲未／山崎義樹／ちくわぶ／ Nth ／ GBW 濱本／ Inutaku3 ／池内祥見／シャンソン／安田 篤德／ ALP, Inc. 江口智行／杉浦 作
HUT BOOKSTORE ／ murata ／栅山咲子／だんごむし／尾崎ななみ／室 稀歩／高沖 紗希／井上七枝／國松勇斗・素子／六月農園
坂田顕一／ぶんたろう／川口 瑞貴／八重田和志／桂樹庵／久爾子／ターボラカルダオオノ／そめかわたくま／山口和声／柳沼周子／さとくり
門脇万莉奈／小磯麻樹子／田邉直子／ケイコ／こやまちはる／ 47 ネイル・川田舞／マチヤノヒグチ／ながみね／ Shiro to Kuro ／未／ちゃんこう
伊部可那子／一木 典子／堀田美華／宇野真明／ ma2oka ／高田陸央／ Hiroyasu Ishida ／伊藤京子／ヘルベチカデザイン佐藤哲也
山本 那帆子／山本博之／角田秀夫／ヒデ／中村 亮太／矢守／後藤浩明／関本 亜紀／ HUMBLE CRAFT ／ hinodeartworks ／すみへい
Saori.M ／高久光男／嶋村悠子／澤田かおり／山本佐太郎商店／ Kento Hagiwara ／はるきゃべつ／路布／池田奈桜／うんのさき／川邊大登
東尾厚志／近藤波美／清水一史／森居 真悟／ガ産／北原 直／髙部典幸／小林しんじ／金田有加／鷹野寛之／くりはらゆうこ／岡田みなみ
中谷仁美／金津日出美／菅 真智子／村木 諭／谷口悦子／松井 未来生／ハカマタアキ／小田久美子／ yoko mori ／西村康朗／加藤宣正
西山薫／芝生かおり／辻本安芸／ Peek-a-Boo 御浜服屋・熊野農家体験型民泊（衣食住を大切に）／しゃかいか！編集部／平野光國／ヤセガエル
Bed and Craft ／ kimitaka1225 ／ regraviti ／ sousyun ／木下尚司／山下大介／遠藤 直人／伊藤篤史／暁工房／中川清／山脇耀平（ITONAMI）
埼玉粉問屋つむぎや／高江洲若菜／しなやん／彩／小松雅人／伊藤あや／池田亮子／国井 純（ひたちなか市役所）／濵津実奈／ふなき あやの
印南美紀／乾 行寿／たま／溝原ゆかり／ pinky ／合同会社オトナリ／ Akemi ／ tomi ／江見直子／水谷あかね／クロイワコウジ
shokdo&cafe osse ／ noiloni コバヤシナオキ／ 24EMIKO ／佐久間弘幸／有賀 樹広・みずき・詠作／力丸真行／ TAP&SAP
ふわっと＊させぼのひと／ Watanabe Shingo ／優駿かあちゃん／宮崎 雅久／吉田治代／あまいゆうし／印屋佐々木／永末武寛／森雅俊
中村雄也／酒井隆宏／エビナ／西田誓斗

1 北海道 HOKKAIDO	2 鹿児島 KAGOSHIMA	3 大阪 OSAKA	4 長野 NAGANO	5 静岡 SHIZUOKA	6 栃木 TOCHIGI	7 山梨 YAMANASHI	8 東京 TOKYO
9 山口 YAMAGUCHI	10 沖縄 OKINAWA	11 富山 TOYAMA	11.2 富山2 TOYAMA2	12. 佐賀 SAGA	13 福岡 FUKUOKA	14 山形 YAMAGATA	15 大分 OITA
16 京都 KYOTO	17 滋賀 SHIGA	18 岐阜 GIFU	19 愛知 AICHI	20. 奈良 NARA	21 埼玉 SAITAMA	22 群馬 GUNMA	23 千葉 CHIBA
24 岩手 IWATE	25 高知 KOCHI	26 香川 KAGAWA	27 愛媛 EHIME	28. 岡山 OKAYAMA	29 茨城 IBARAKI	30 福島 FUKUSHIMA	

HOW TO BUY

「d design travel」シリーズのご購入には、下記の方法があります。

店頭で購入

- D&DEPARTMENT 各店（店舗情報 P.179）
- お近くの書店（全国の主要書店にて取り扱い中。在庫がない場合は、書店に取り寄せをご依頼いただけます）

ネットショップで購入

- D&DEPARTMENT ネットショップ d-department.com
- Amazon amazon.co.jp
- 富士山マガジンサービス（定期購読、1冊購入ともに可能） www.fujisan.co.jp

※書店以外に、全国のインテリアショップ、ライフスタイルショップ、ミュージアムショップでもお取り扱いがあります。
※お近くの販売店のご案内、在庫などのお問い合わせは、D&DEPARTMENT PROJECT 本部・書籍流通チームまでご連絡ください。（☎03-5752-0520 ◎平日9:00～18:00）

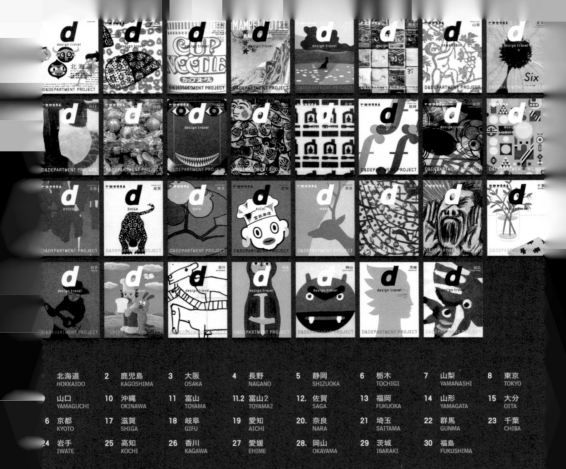

編集後記

有賀みずき Mizuki Aruga
d design travel 編集部。埼玉県出身。
d47、d 東京店スタッフを経て編集部に着任。

以前、三重に訪れた時に食べた「伊勢うどん」が忘れられず、数年経った今でもかなり鮮明にその味わいを思い出すことができます。それほどまでに印象に残る一皿は、記憶が上書きされてしまうんじゃないかと再訪に腰が引けたりもするのですが、三重号をきっかけにまた味わいに行きたいなという挑戦心が湧いてきました。同じお店の同じメニューだって、別名保存をすればよいという気持ちで。一味も二味も違うお伊勢参りへ出かけたい！

発行人 / Founder
ナガオカケンメイ Kenmei Nagaoka
(D&DEPARTMENT PROJECT)

編集長 / Editor-in-Chief
神藤 秀人 Hideto Shindo (D&DEPARTMENT PROJECT)

編集 / Editors
有賀 みずき Mizuki Aruga (D&DEPARTMENT PROJECT)
松﨑 紀子 Noriko Matsuzaki (design clips)

執筆 / Writers
高木 崇雄 Takao Takaki (Foucault)
坂本 大三郎 Daizaburo Sakamoto
相馬 夕輝 Yuki Aima (D&DEPARTMENT PROJECT)
門脇 万莉奈 Marina Kadowaki (d47 MUSEUM)
高田 弘介 Kosuke Takada (D&DEPARTMENT MIE)
田畑 知著 Chiaki Tabata (D&DEPARTMENT MIE)
清水 友麻 Yuma Shimizu (D&DEPARTMENT MIE)
藤川 吾子 Ako Fujikawa (D&DEPARTMENT MIE)
小林 正人 Masato Kobayashi (MONOMATTERS)
染川 卓摩 Takuma Somekawa (Megane Shobo)
深澤 直人 Naoto Fukasawa

デザイン / Designers
加瀬 千寛 Chihiro Kase (D&DESIGN)
高橋 恵子 Keiko Takahashi (D&DESIGN)

撮影 / Photograph
山﨑 悠次 Yuji Yamazaki

イラスト / Illustrators
辻井 希文 Kifumi Tsujii
坂本 大三郎 Daizaburo Sakamoto

日本語校閲 / Copyediting
衛藤 武智 Takenori Eto

翻訳・校正 / Translation & Copyediting
賀来 素子 Motoko Kaku
真木 鳩陸 Patrick Mackey
ジョン・バイントン John Byington
ブリーン・ニコラス Nicholas Breen
木村 リサ Lisa Kimura
陳阮 暖 Tran Nguyen Dan
(Ten Nine Communications, Inc.)
本多 尚諒 Naoaki Honda
(Ten Nine Communications, Inc.)

制作サポート / Production Support
ユニオンマップ Union Map
中村 麻佑 Mayu Nakamura (D&DEPARTMENT PROJECT)
植本 寿奈 Suna Uemoto (d47 SHOKUDO)
渡邉 壽枝 Hisae Watanabe (D&DEPARTMENT PROJECT)
日野 藍 Ai Hino (INDIGO)
d47 design travel store
d47 MUSEUM
d47 食堂 d47 SHOKUDO
D&DEPARTMENT HOKKAIDO by 3KG
D&DEPARTMENT SAITAMA by PUBLIC DINER
D&DEPARTMENT TOKYO
D&DEPARTMENT TOYAMA
D&DEPARTMENT KYOTO
D&DEPARTMENT MIE by VISON
D&DEPARTMENT KAGOSHIMA by MARUYA
D&DEPARTMENT OKINAWA by PLAZA 3
D&DEPARTMENT SEOUL by MILLIMETER MILLIGRAM
D&DEPARTMENT JEJU by ARARIO
D&DEPARTMENT HUANGSHAN by Bishan Crafts Cooperatives
Drawing and Manual

広報 / Public Relations
松添 みつこ Mitsuko Matsuzoe (D&DEPARTMENT PROJECT)
清水 睦 Mutsumi Shimizu (D&DEPARTMENT PROJECT)

販売営業 / Publication Sales
田邊 直子 Naoko Tanabe (D&DEPARTMENT PROJECT)
西川 恵美 Megumi Nishikawa (D&DEPARTMENT PROJECT)
菅沼 晶子 Akiko Suganuma (D&DEPARTMENT PROJECT)

表紙協力 / Cover Cooperation
中谷 ミチコ Michiko Nakatani
大室美術館 OMURO MUSEUM

協力 / Cooperation
READYFOR株式会社 READYFOR INC.
株式会社アクアイグニスアートマネジメント
AQUAIGNIS ART MANAGEMENT Inc.

表紙にひとこと

『空が動く』(2018年)　中谷 ミチコ(撮影:松原豊)
津市在住の彫刻家・中谷ミチコさんの作品は、絵画のように見え、実は立体。しかも、凹んだ造形で、カラスの群れは、見る角度や位置によって植物や海、風のようにも表情を変えます。そこにないようで、そこにある――それは、約2か月、三重県の“らしさ”を探した旅のようで、答えは繰り返される日常にこそあるのだと気づかされます。朝、陽が昇り、夕方、陽が沈む。目の前を過ぎ去る当たり前の風景が創造的で美しく、今ここにいることに改めて感謝した旅でした。

One Note on the Cover

The Sky Is Moving (2018)
by Michiko Nakatani (Photo: Yutaka Matsubara)
Although at first glance Nakatani's work looks like a painting, it is in fact 3D. Due to its sunken form, depending on the angle, the crows can resemble plants, the sea, or even wind, making you question what is really there. We spent about two months searching for the essence of Mie, and discovered that it can be found in the everyday. This trip enhanced our appreciation for the familiar things in front of us.

---

d design travel MIE
2022年10月30日 初版 第1刷
First printing: October 30, 2022

発行元 / Publisher
D&DEPARTMENT PROJECT
158-0083 東京都世田谷区奥沢8-3-2
Okusawa 8-chome 3-2, Setagaya, Tokyo 158-0083
03-5752-0097
www.d-department.com

印刷 / Printing
株式会社サンエムカラー SunM Color Co., Ltd.

ISBN 978-4-903097-31-2 C0026

Printed in Japan

掲載情報は、2022年8月時点のものとなりますが、
定休日・営業時間・詳細・価格など、変更となる場合があります。
ご利用の際は、事前にご確認ください。
掲載の価格は、特に記載のない限り、すべて税込みです。
定休日は、年末年始・GW・お盆休みなどを省略している場合があります。
The information provided herein is accurate as of February 2022. Readers are advised to check in advance for any changes in closing days, business hours, prices, and other details.
All prices shown, unless otherwise stated, include tax.
Closing days listed do not include national holidays such as new year's, obon, and the Golden Week.

全国の、お薦めのデザイントラベル情報、本誌の広告や、
「47都道府県応援バナー広告」(P. 154〜177のページ下に掲載)
についてのお問い合わせは、下記、編集部まで、お願いします。

宛て先
〒158-0083 東京都世田谷区奥沢8-3-2
D&DEPARTMENT PROJECT
「d design travel」編集部宛て
d-travel@d-department.jp

携帯電話からも、D&DEPARTMENTの
ウェブサイトを、ご覧いただけます。
http://www.d-department.com